BULLETIN

DE LA

SOCIÉTÉ DES SCIENCES

HISTORIQUES & NATURELLES

DE LA CORSE

IXᵉ ANNÉE

JANVIER-FÉVRIER-MARS 1889. — 97ᵉ-98ᵉ-99ᵉ FASCICULES

BASTIA

IMPRIMERIE & LIBRAIRIE Vᵉ OLLAGNIER

1889.

SOMMAIRE

DES ARTICLES CONTENUS DANS LE PRÉSENT BULLETIN

	Pages
Notice sur Marc'Antonio Ceccaldi	I à XVI
Chronique de Marc'Antonio Ceccaldi	1 à 324
Table des Noms propres	325 à 334

Pour paraître prochainement :

Chronique de Pietr'Antonio Filippini, (3ᵉ vol. de l'Histoire de la Corse).

HISTOIRE DE LA CORSE

TOME II.

SOCIÉTÉ DES SCIENCES HISTORIQUES ET NATURELLES
DE LA CORSE

HISTOIRE DE LA CORSE

COMPRENANT

LA DESCRIPTION DE CETTE ILE

D'APRÈS A. GIUSTINIANI

LES

CHRONIQUES DE GIOV. DELLA GROSSA & DE MONTEGGIANI

REMANIÉES PAR CECCALDI

LA CHRONIQUE DE CECCALDI & LA CHRONIQUE DE FILIPPINI

TRADUCTION FRANÇAISE

DE M. L'ABBÉ LETTERON

Professeur agrégé au Lycée de Bastia

Tome II.

BASTIA

IMPRIMERIE ET LIBRAIRIE Vᵉ EUGÈNE OLLAGNIER

1889

Notice sur Marc'Antonio Ceccaldi

Marc' Antonio Ceccaldi appartenait à la famille d'Omessa. Nous ne pouvons mieux faire que de lui emprunter à lui-même les détails qu'il a insérés dans la Chronique de Giovanni della Grossa relativement à l'origine de cette famille.

« Une autre famille se fit connaître à son tour à Vallerustie ; ses membres construisirent le château de Corsoli et s'emparèrent de cette piève. Afin de resserrer les Amondaschi, ils s'établirent en vue de Supietra, sur une roche qui domine l'endroit où se trouve aujourd'hui Omessa ; ils y construisirent un château appelé la Ferraiuola et l'occupèrent longtemps. Plus tard, un de ces gentilshommes laissa en mourant ce château aux mains d'un vassal, qui avait été son *balio* (père nourricier de ses enfants). Les fils du balio conservèrent la possession du château et se contentèrent toujours du rang de *popolani* (gens du peuple). C'est d'eux qu'est descendue la famille d'Omessa.

» Quelques anciens cependant ont une opinion différente relativement à l'origine de cette famille. Ambrogio d'Omessa, piévan de Giovellina, qui a dépassé sa quatre-vingtième année, est encore vivant ; il avait pour père Arrigo qui, à sa mort, avait environ quatre-vingt-dix ans. Le père d'Arrigo était Ambrogio, évêque d'Aleria, qui mourut également dans un âge très avancé. Ce piévan d'Omessa dit avoir entendu raconter à son père, qui le tenait de l'évêque, comment le gentilhomme qui sortait de Corsoli s'était fixé à la Ferraiuola et avait eu un grand nombre d'enfants ; que devenu vieux et peu respecté de ses fils et de leurs femmes, il avait, dans son dépit, donné le château à un berger, appelé Peloso, d'Ellerato, localité voisine, lequel comptait dans sa famille dix-huit fils ou petits-fils, et que le gentilhomme voulut qu'une de ses propres filles, que Peloso avait élevée, épousât un fils du *balio*. Suivant le même Ambrogio, de cette famille sortit plus tard Ristoruccio, homme d'un grand renom, dont les deux fils, Asinucello et Verdone, allèrent habiter Omessa. D'Asinucello naquit Ceccaldo, l'un de mes ancêtres, dont ma famille tire son origine et son nom. Ceccaldo alla plus tard s'établir à Vescovato. Verdone eut plusieurs fils : Giovanni, Ariguccello, Giovannuccello et deux autres encore. Giovanni fut plus tard évêque de Mariana ; de Giovannuccello naquit Ambrogio, évêque d'Aleria, dont nous venons de parler, et des autres descendirent les Verdonacci, les Pagnalacci et les autres autres familles de cet endroit (1). »

---

(1) Chronique de Giovanni della Grossa, pp. 137 et 138.

On lit dans un autre endroit de la même chronique :
« Ce Ceccaldo appartenait à l'une des premières familles d'Omessa ; ce qui le prouve, c'est que nous possédons encore aujourd'hui dans ce pays la cinquième partie d'une ancienne tour, dont les autres parties sont possédées en commun. Il était parent de trois évêques sortis de sa famille ; c'étaient les évêques de Mariana, d'Aleria et d'Accia. Comme il était chargé de percevoir tous les revenus, il alla s'établir à Vescovato, déjà peuplé depuis de longues années, parce qu'il lui était plus facile de là de remplir ses fonctions. Il y construisit une tour très forte à Ponte-Levatojo, sur la colline qui fait face à celle où est aujourd'hui l'église de San Martino.

» Ceccaldo se fit à Vescovato une fortune considérable pour la Corse. Ses descendants étaient si riches que, sans parler d'autres œuvres, pieuses et profanes, ils bâtirent en l'honneur de la religion l'église de l'Annunziata et une autre église dédiée à S. Sébastien. Ils donnèrent à celle de l'Annunziata une maison, des vignes, des terres, des châtaigniers, des oliviers, afin qu'avec le revenu, un prêtre pût dire chaque matin, comme il le fait toujours, une messe pour l'âme de leurs ancêtres. L'auteur de cette donation fut Francesco, notre aïeul, qui fonda encore un hôpital pour les pauvres, et donna pour servir à leur entretien plusieurs bois de châtaigniers. Il donna encore une maison aux Béguines de S. François. (1) »

---

(1) Chronique de Giovanni della Grossa, pp. 167 et 168. — Nous cor-

Marc' Antonio Ceccaldi naquit à Vescovato vers l'an 1521. C'est Filippini lui-même qui nous a indiqué cette date dans l'édition de Tournon. Nous lisons en effet à la page 219 : « Je puis dire aussi que ces événements ont eu lieu de mon » vivant, puisque Ceccaldi n'avait que huit ans plus que » moi. » Or on sait d'une manière précise quel était l'âge de Filippini en 1594, c'est-à-dire, au moment où il faisait imprimer à Tournon l'histoire de la Corse. Son portrait est accompagné de cette mention : ANTONIUS PETRUS FILIPPINUS ARCHIDIACONUS MARIANENSIS ÆTAT. AN. LXV. En 1594, Ceccaldi aurait donc eu soixante-treize ans environ, et par conséquent, il serait né, comme nous venons de le dire, vers 1521.

Ceccaldi, qui nous a transmis le nom de plusieurs de ses ancêtres et même celui de son aïeul, ne nous a pas dit comment s'appelait son père ; mais on peut reconnaître en lisant sa chronique que sa famille, jusqu'à lui, n'avait rien perdu de son opulence et de son illustration. Si les Ceccaldi avaient à Vescovato des propriétés considérables, ils semblent avoir possédé ailleurs encore des biens d'autre nature. Autrement que signifierait cette phrase : « Au lieu de s'attacher à la » fortune de Giacomo Santo Da Mare pendant la guerre pré- » cédente, Marc' Antonio Ceccaldi était resté chez lui, obéis-

---

rigeons une erreur qu'on nous a signalée dans le passage que nous venons de rapporter. Le mot *Pizzochere* n'est pas le nom d'une localité comme nous l'avions cru, mais désigne une association de femmes, des béguines.

» sant à ceux qui pouvaient disposer à leur gré de son
» petit avoir — *a dar ubbidienza a chi delle sue picciole*
» *sustanze era padrone ?* » (1) Il ne s'agit pas assurément de
possessions territoriales, puisque pendant cette guerre les
Français furent au moins aussi longtemps que les Génois les
maîtres de Vescovato. Ce mot *sustanze* paraît donc désigner
des sommes d'argent que les Génois avaient entre les mains
et dont ils pouvaient disposer à leur gré, c'est-à-dire probablement des fonds déposés à la Banque de S. George. Il est
vrai que Ceccaldi a qualifié ces *sustanze* de *picciole* ; mais il
ne faut pas se hâter de le prendre au mot. Filippini, en sup-
primant le mot *picciole*, a laissé entendre qu'il trouvait la
modestie de Ceccaldi quelque peu exagérée ; d'ailleurs Ceccaldi lui-même insinue que ces sommes n'étaient pas si minces, puisque la crainte de les voir confisquer entra pour une
large part dans la détermination qu'il prit de rester fidèle
aux Génois. Ce fut sans doute grâce à cette opulence, au
rang distingué que sa famille occupait en Corse, et peut-
être aussi grâce à une instruction fort remarquable en ces
temps, que Ceccaldi put entrer dans l'une des plus nobles
familles de l'île. Il épousa une sœur de Giacomo Santo Da
Mare, seigneur du Cap-Corse, qui devait suivre plus tard le
parti des Français.

Où Ceccaldi avait-il fait ces fortes études qui lui permirent

---

(1) P. 148.

de devenir l'un des premiers, ou plutôt le premier des chroniqueurs corses? On ne trouve nulle part, que nous sachions, le moindre renseignement à ce sujet. Cependant il n'est pas téméraire de croire qu'il a pu, sans aller en terre ferme, trouver d'excellents maîtres dans son pays natal, à Vescovato. Vescovato — *si parva licet componere magnis* — était alors l'Athènes de la Corse. Il y avait dans ce village, dit Ceccaldi lui-même, des jeux scéniques, des spectacles dans lesquels on représentait des traits de l'histoire religieuse aussi bien que de l'histoire profane, et où les costumes des habitants qui jouaient ces pièces étaient fort bien appropriés. Ce qui donna tant d'éclat à ce village, ce fut sans doute le séjour qu'y faisaient les évêques de Mariana, qui y résidèrent jusqu'en 1530, et la présence de nombreux prêtres qui pouvaient consacrer leurs soins à l'éducation de la jeunesse. Aussi parmi les quatre chroniqueurs dont Filippini a réuni les œuvres pour composer son histoire, trois sont-ils originaires de Vescovato : Monteggiani, Ceccaldi et Filippini lui-même.

Quels qu'aient été les maîtres de Ceccaldi, ce qu'il y a de certain, c'est qu'au moment où éclata en Corse la guerre entre les Français et les Génois, il se trouvait par son instruction, par son rang et par ses relations admirablement préparé à raconter les péripéties de cette lutte mémorable. Il semble même que la fortune ait voulu avoir sa part dans la composition de son œuvre pour la rendre encore plus complète. Ceccaldi, fidèle partisan des Génois, eût pu être sans doute fort exactement renseigné sur les mesures que leur gouvernement prenait à Gênes et en Corse, sur la préparation et le résultat de leurs opérations militaires. Mais s'il fût toujours resté avec eux, il eût été condamné à ignorer une grande partie des choses qui se passaient du côté des Français. Ce fut donc un bonheur, sinon pour le chroniqueur, du moins pour sa chronique, qu'il eût été fait prisonnier par Sampiero à Tenda. Cette captivité fut d'ailleurs courte et aussi douce que possible. Sampiero retint Ceccaldi auprès de lui, et lorsqu'il fut rappelé en France, il le présenta au maréchal de Thermes, qui le renvoya à Vescovato, après lui avoir fait promettre de ne plus s'occuper de la guerre. A Vescovato, et plus tard à Ajaccio, Ceccaldi (on le voit d'après plusieurs passages de sa chronique) fut en relations constantes avec les officiers français ; il avait même son franc parler avec Giordano Orsino, le successeur de Thermes. C'est ainsi que, lors de la signature du traité de paix, il n'hésita pas à lui faire des représentations relativement à l'ambassade que les Corses du parti français voulaient envoyer au roi de France, et qu'Orsino lui donna des explications qu'il eut peut-être refusées à tout autre. Ce caractère droit et loyal, qui lui avait acquis l'estime des officiers français, lui avait en même temps conservé celle des Génois et de ses compatriotes. En 1560, lorsque les Corses, écrasés sous le poids de nouvelles tailles, durent en demander la réduction à l'Office de S. George, Ceccaldi fut l'un des députés élus. Cette réduction était à peine obtenue qu'il tomba malade à Gênes et mourut au bout de quelques jours. Il n'avait que trente-neuf ans.

La Chronique de Ceccaldi va de l'an 1525 à l'an 1559. Le récit des événements qui eurent lieu de 1525 à 1552 est renfermé dans quelques pages. Après les guerres de Giovan Paolo della Rocca, de Renuccio de Leca et de Renuccio della Rocca, la Corse semble se recueillir avant de recommencer avec l'appui des Français, et plus tard sous la conduite de Sampiero, cette lutte au bout de laquelle elle devait succomber encore une fois sanglante, épuisée. C'est la première guerre, c'est-à-dire celle que les Français et les Corses firent aux Génois que nous a racontée Ceccaldi. La seconde guerre, celle de Sampiero, devait être racontée par Filippini.

C'est surtout Ceccaldi que la division par chroniques, que nous avons adoptée, remettra à sa véritable place. Sa mémoire recevra ainsi une réparation tardive, il est vrai, mais définitive ; nous irions presque jusqu'à dire que son nom sera tiré de l'oubli. En effet, tandis que le nom de Filippini est populaire en Corse, celui de Ceccaldi n'est guère connu que de quelques érudits. Et pourtant c'est Ceccaldi qui a rédigé sous la forme que nous connaissons les trois quarts de l'histoire à laquelle Filippini a donné son nom. C'est lui qui a remanié le *Dialogo* de Giustiniani ; c'est lui qui a choisi avec un tact et un discernement parfait dans la Chronique de

Giovanni della Grossa les événements dignes de l'histoire ; c'est lui enfin qui a enrichi le fond de la Chronique de Monteggiani et qui lui a donné une forme plus littéraire. Qu'on ajoute à ces trois ouvrages remaniés l'œuvre personnelle de Ceccaldi, et l'on verra que, pour être juste, il faudrait reporter sur le nom de ce chroniqueur la plus grande partie de la popularité qui s'est attachée jusqu'ici au nom de Filippini.

D'ailleurs l'œuvre de Ceccaldi est d'un intérêt plus général que celle de son successeur. Si le théâtre de la guerre qu'il raconte est restreint, nous y voyons paraître pourtant les troupes de tous les peuples alors en guerre les uns contre les autres : Français, Turcs, Corses, Génois, Italiens, Allemands, Espagnols. Les événements de la guerre de Corse sont véritablement le contre-coup des événements qui se déroulent en terre ferme. Néanmoins les nombreux historiens qui ont raconté la lutte gigantesque soutenue par la France contre l'empereur Charles-Quint et son fils Philippe II, aidés des Génois et de leur amiral Andrea D'Oria, ou ont omis complètement le récit de l'expédition de Corse entreprise par le maréchal de Thermes et continuée par Giordano Orsino, ou n'y ont fait que de courtes allusions. La Chronique de Ceccaldi, à peu près inconnue jusqu'ici de nos compatriotes de terre ferme, comble donc réellement une lacune de l'histoire de France, et nous faisons des vœux pour que les historiens, désormais mieux informés, mentionnent à l'avenir les siéges de Bonifacio, de S. Florent et de Calvi à côté des siéges les plus mémorables de cette guerre.

Les Génois eux-mêmes, qui avaient eu des intérêts autrement graves engagés dans la guerre de Corse, paraissent n'avoir entrepris le récit de cette lutte que lorsque Ceccaldi avait déjà achevé son œuvre ; aussi leurs historiens ont-ils fait à sa chronique de nombreux emprunts, plus ou moins déguisés. Le premier en date est Antonio Roccatagliata, dont le *Bellum Cyrnicum* a déjà été publié par notre Société. Après Roccatagliata vient Merello, son neveu. Son livre intitulé : *Della guerra fatta da' Francesi e de' tumulti suscitati poi da Sampiero da la Bastelica nella Corsica, libri otto,* est assurément supérieur à la chronique de Roccatagliata. Son mérite a pourtant des bornes. Nous trouvons pour notre part que la réputation de Merello est passablement surfaite, et que les amateurs paient aujourd'hui son livre beaucoup trop cher, s'ils cherchent autre chose que le plaisir d'ajouter à leur collection un ouvrage devenu assez rare. Merello, en effet, a eu la malencontreuse idée de prendre pour modèles les historiens de l'antiquité ; au lieu de faire simplement de l'histoire, il a voulu faire encore de la rhétorique. On trouve dans son ouvrage des discours, composés par l'auteur, qui ont jusqu'à dix et même jusqu'à vingt pages ; si bien que ce livre, tout en paraissant aussi volumineux que celui de Ceccaldi, renferme en réalité moins de matière. Un autre historien, Casoni, a raconté à son tour la guerre de Corse dans ses *Annali di Genova,* mais il n'a guère fait que répéter ce que ses devanciers avaient déjà dit. En réalité, nous n'avons donc qu'un récit original de la guerre de Corse, celui de Ceccaldi ; ajoutons que c'est aussi sans aucun doute le plus intéressant et le plus impartial.

Si Roccatagliata, Merello et Casoni ne cachent pas leurs sympathies génoises, — ce dont on ne saurait leur faire un crime, — Ceccaldi paraît avoir écrit sans parti pris ni pour les Français ni pour les Génois. Il ne ménage les éloges et les critiques ni aux uns ni aux autres ; il juge chacun d'après ses actes. S'il n'aime pas les Turcs, ce n'est point parce qu'ils sont les alliés des Français, ni parce qu'ils professent une religion différente de la sienne, c'est parce qu'ils sont cruels et sans foi. Les Espagnols sont les alliés des Génois, mais, pour la même raison, il les déteste à l'égal des Turcs, peut-être même un peu plus. Il paraît n'avoir eu de sympathie réelle et profonde que pour ses compatriotes ; quoique partisan des Génois, il est Corse avant tout. Si les troupes génoises sont battues, il ne s'en afflige pas autrement, pourvu que les vainqueurs soient des Corses ; et même l'on ne répondrait point qu'en écrivant sa chronique, il n'a pas laissé échapper de temps en temps quelque malin sourire, au souvenir des bons coups donnés par les compagnons de Sampiero aux défenseurs de la Sérénissime République.

Un témoignage décisif en faveur de l'impartialité de Ceccaldi, c'est que les historiens génois dont nous avons parlé plus haut, et d'autres écrivains plus modernes ou même contemporains, qui pour bien des raisons seraient plutôt favorables aux Français, ont pu suivre pas à pas sa chronique sans rien modifier à son récit ni à ses jugements.

Quant au style de Ceccaldi, nous n'en dirons qu'un mot, puisque aussi bien l'on ne trouvera ici que la traduction du texte original. Nous invoquons le témoignage de ceux qui ont lu et comparé entre elles les chroniques de Ceccaldi et Filippini ; ils ne nous démentiront pas, si nous affirmons que pour le mouvement simple et naturel de la phrase, pour la clarté de la pensée et la netteté de l'expression, l'avantage reste cette fois encore à Ceccaldi.

Nous rappelons au lecteur que le chiffre romain, placé au haut de chaque page, en regard du chiffre de la pagination, indique le livre correspondant des anciennes éditions, et que les deux autres indications placées au bas de chaque page renvoient, celle de gauche à la page correspondante de l'édition de Tournon, celle de droite au volume et à la page correspondants de l'édition de Pise.

CHRONIQUE

DE

MARC' ANTONIO CECCALDI

HISTOIRE DE LA CORSE

CHRONIQUE

DE

MARC'ANTONIO CECCALDI

On peut dire vraiment qu'il s'est passé relativement à l'histoire de notre île quelque chose de providentiel. En effet, Giovanni della Grossa étant venu à manquer, Pier Antonio Monteggiani, son disciple, parut à temps pour continuer son histoire, en style grossier, il est vrai, comme celui de son maître. Après la mort de Pier Antonio, je me trouvai à mon tour (bien que mon talent soit au-dessous d'une si grande tâche) fort jeune, sans doute, mais assez âgé pour me rappeler d'une façon précise tous les événements qui eurent lieu dans ces temps. Et en vérité ces années furent tellement lamentables que ceux-là mêmes qui étaient alors enfants peuvent en avoir gardé le souvenir (1). En effet,

---

1) Voici le texte italien du manuscrit de Ceccaldi : « È certo che in
» questo è paruto cosa fatale all'Isola, perciocchè mancando Giovanni,
» Pier'Antonio, discepolo di lui, fu a tempo (benchè rozzamente come il
» precettore) a continovare l'historia, e dopo la morte di Pier'Antonio io
» (con tutto che sia anco inhabile a sì gran peso) mi trovai pure all'hora

la peste qui, en 1525, avait déjà fait tant de victimes, reparut en 1528, mais beaucoup plus horrible et plus effroyable que la première fois ; la Corse resta comme anéantie sous ses coups terribles. Le fléau emporta une partie considérable de la population, et n'épargna pas le gouverneur lui-même qui était alors Pier Giovanni Salvago. Francesco Rodino, son vicaire, transporta la *ragione* à Vescovato, qui avait échappé jusque-là à la contagion. Mais ce pays fut frappé à son tour, et si cruellement qu'il en fut presque ruiné. La peste y éclata en effet l'an 1530, au mois de janvier, et continua ses ravages jusqu'au mois d'août suivant. Le mal était si contagieux et si terrible que, lorsque les malades avaient à communiquer avec les personnes bien portantes, il attaquait celles-ci, comme le feu attaque les matières sèches ou grasses qu'on en a approchées de trop près. D'ail-

(T. 200)   (P. III, 230)

» in tanta (benchè veramente tenera) età che non mi si scorda punto cosa
» alcuna di quanto avvenisse in quelli tempi. E veramente quegli anni la-
» crimabili ponno essere ricordevoli anco a fanciulli che all'hora fossero
» nati, perciò che una terribilissima pestilenza etc. »

Filippini s'est substitué à Ceccaldi dans tout ce passage qu'il a modifié de la façon suivante : « On peut dire vraiment qu'il s'est passé relative-
» ment à l'histoire de notre île quelque chose de providentiel. En effet,
» Giovanni della Grossa étant venu à manquer, Pier'Antonio, son disciple,
» a continué son histoire ; après la mort de Pier'Antonio, Marc'Antonio
» Ceccaldi l'a reprise où celui-ci l'avait laissée ; enfin Ceccaldi étant venu
» à manquer à son tour, moi-même, quoique je sois loin d'avoir la capa-
» cité et le talent que demande une œuvre si grande et si difficile, j'ai
» imité ceux qui pendant l'été ramassent les épis oubliés par les
» moissonneurs ; j'ai ajouté à leur œuvre, corrigé leurs erreurs et j'ai
» donné à mon tour la suite des événements qui ont eu lieu depuis la
» mort de Ceccaldi, de laquelle nous parlerons en son lieu, jusqu'au jour
» où se termine le présent ouvrage. Marc'Antonio Ceccaldi parle donc au commencement de sa chronique de ces lamentables années dont il fut témoin, et dont peuvent se souvenir même les personnes qui étaient s dans leur enfance. Car la terrible peste qui en 1525 etc. »

leurs le mal ne se communiquait pas seulement par le contact des pestiférés ; il suffisait de toucher leurs habits ou quelque autre objet qu'ils eussent touché eux-mêmes. Le fléau laissa donc dans ce malheureux village, comme du reste dans l'île tout entière, une profonde désolation.

Mais (1) il n'y eut guère à Vescovato de famille plus éprouvée que celle des Filippini, qui était devenue l'une des plus considérables du pays ; cette famille faillit disparaître sous les coups redoublés du fléau. Parmi les membres les plus distingués qui lui furent ravis, il faut citer Bastiano et deux de ses frères, Alessandrino et Teodoro, dont la mort fut une grande perte pour le pays. Bastiano était un esprit plein de noblesse et d'élévation ; il s'était embarqué par hasard pour le continent, où il avait, par de brillantes études, acquis des connaissances fort étendues qui lui firent une grande réputation. Aussi était-il chéri de tous les officiers génois qui étaient dans l'île. Il profita de leur bienveillance pour faire construire, en dépit d'un grand nombre d'envieux de Vescovato même, une grande et belle horloge, comme nous l'avons dit dans le premier livre (2). Ce fut lui qui le premier eut l'idée de construire un pont à Lago Benedetto, ouvrage que le gouverneur encourageait de sa protection particulière. Bastiano n'avait épargné aucune peine pour mener à bonne fin ce travail ; il avait déjà fait tailler au ciseau, pour les encoignures, un grand nombre de pierres, qui servirent plus tard, lorsque l'on commença la construction, comme nous le dirons en son lieu. Mais pendant qu'il se donnait tant de peine, la mort vint tout à coup interrompre non seulement ce projet, mais encore un autre non

---

1) Cet alinéa a été ajouté par Filippini.
2) Vol. I. p. 46 et 166.

moins important. Bastiano avait proposé en effet, comme je l'ai dit, de creuser un canal à travers toute la plaine, au-dessus de l'église cathédrale de Mariana et de conduire le Golo dans l'étang de Chiurlino, afin d'en faire un grand port et de rendre l'air moins malsain (1). Mais la mort empêcha l'accomplissement de tous ces projets.

Pendant que la Corse était ainsi désolée par la peste, survinrent à Gênes des événements qui, en mettant fin aux discordes civiles, firent goûter à la République, pendant de longues années, une paix et une tranquillité profonde. Gênes était alors sous la domination des Adorni ; Andrea D'Oria favorisait de tout son pouvoir le parti des Fregosi. Soit qu'il fût mécontent, soit qu'on lui eût promis des faveurs plus grandes, il abandonna le roi de France, François Ier, dont il était grand amiral à l'époque où ce roi avait allumé dans le royaume de Naples une guerre terrible ; il entra avec le même grade, et des avantages plus considérables, au service de l'Empereur, avec l'appui duquel il chassa les Adorni de la ville de Gênes.

En provoquant cet événement, la fortune avait manifestement voulu travailler à la grandeur de l'empereur Charles-Quint ; cette alliance lui ouvrait la voie pour devenir, en dépit du Roi, le maître de l'Italie, comme il le devint plus tard. Andrea D'Oria, qui fut créé par l'Empereur prince de

(T. 221)   (P. III, 232)

---

1) Dès l'année 1489, sous le gouvernement d'Ambrogio de' Negri, les habitants de Biguglia avaient demandé à l'Office de S. George de conduire les eaux du Golo dans l'étang de Chiurlino. Ils donnaient pour raison que le Golo se jetait anciennement dans cet étang, lequel servait de port à Bastia, et que l'air n'était pas aussi malsain. — « Quinto, perchè » anticamente il fiume di Golo entrava nel stagno di Biguglia, e a quel » tempo l'aria non era pestilente... e scusava quel stagno porto alla Bas-» tia etc. » —Voir le *Bulletin, Documents*. Vol. II, p. 558.

Melfi, ayant chassé de Gênes les Adorni, se mit à songer dans son grand cœur comment ce titre nouveau et si distingué pourrait servir et à lui-même et à la patrie. Il crut sage de ne pas permettre aux Fregosi eux-mêmes de reprendre le pouvoir; puis prenant une noble et généreuse résolution, il obtint de l'Empereur l'autorisation, non pas de soumettre Gênes à son autorité, comme il pouvait assurément le faire, et comme l'aurait peut-être fait tout autre, mais d'en faire une ville libre. Après avoir ainsi rendu la liberté à Gênes, il voulut s'assurer du commandant de la garde que les membres du gouvernement entretenaient dans la place, et résolut de s'adresser à la fidélité éprouvée du Corse Giocante de la Casabianca, qui était alors au service des Vénitiens. Giocante s'était distingué comme colonel pendant la guerre et avait réuni sous son commandement depuis quatorze jusqu'à vingt-deux enseignes. Bien qu'il fût cousin germain de Cesare, fils de Janus Fregoso et petit-fils, comme je l'ai dit ailleurs, de Giovan Paolo de Leca, Andrea l'appela néanmoins à Gênes cette même année, lorsque la République eut retrouvé la paix, et mit sous ses ordres les troupes qui gardaient la place, après en avoir retiré le commandement à Agostino Spinola.

Le prince D'Oria ne remplaça Spinola que parce qu'il voulait assurer à la République la liberté qu'elle commençait à goûter; il estimait qu'il n'était pas à propos de laisser à la tête de la garde un citoyen si puissant, naguère encore l'ami des Adorni. De l'autre côté, Giocante, comme étranger, était en dehors de tout esprit de parti, et lorsqu'il était à Gênes, au temps du Doge Ottaviano Fregoso qu'il avait servi avec honneur, Andrea l'avait connu pour un homme d'une loyauté et d'une fidélité inébranlables et au-dessus de tout soupçon.

Pour en revenir aux affaires de la Corse, qui ne trouvait

dans la réconciliation des familles génoises aucun soulagement à ses misères publiques ou particulières, je dirai que pendant l'année qui suivit la peste, sous le gouvernement de Cosimo Damiano Giustiniano, Martino de la Casabianca, qui avait été en Italie un capitaine d'infanterie fort distingué et méritait de vivre plus longtemps (1), fut tué par les fils de Teramo de Casta. Pour venger la mort de leur père et de leurs frères, dans le sang desquels s'était baigné ce Martino, ils le tuèrent sur le chemin de Bastia, et avec lui Sozzone de la Campana d'Orezza et Giovan Battista de Venzolasca, hommes considérables et fort attachés à Martino qui avait fait leur fortune. Martino était cousin germain de Giocante ; l'influence de ce dernier fit condamner à un bannissement perpétuel tous ceux qui s'étaient trouvés présents lors de l'assassinat de Martino.

Rinuccio de la Casabianca, adversaire de Martino, ayant laissé éclater sa joie, fut tué à son tour quelque temps après par deux neveux de Martino, Carlo et Teramo ; mais ils prirent si mal leurs précautions, que Carlo, jeune homme de grande espérance (2), fut tué par Giacomo, fils de Rinuccio, qui avait été témoin du meurtre de son père. A la suite de cet événement, beaucoup de gens se prononcèrent pour l'un ou pour l'autre parti, sans qu'il y eût pourtant aucune rencontre. Cette inimitié se trouva ainsi transportée à la Casabianca ; elle fit verser tant de sang qu'elle amena presque la ruine des Casta, et en particulier de la famille de Teramo qui était si brillante et qui fut complètement

---

1) MS. de Ceccaldi : « Martino della Casabianca, *stato capitano honorato di fanteria in Italia et huomo degno di più longa vita*, da' figliuoli etc. » Les mots soulignés ont été omis dans les éditions italiennes.

2) MS. de Ceccaldi : « Carlo, *giovine di buona speranza*, etc. » Les mots soulignés ont été omis dans les éditions italiennes.

anéantie. La famille de Vincentello fut moins malheureuse ; elle conservait encore quelque importance, surtout sous le gouvernement de Matteo Trucco, lorsque la mort de Carlo de Nonza fit passer cette seigneurie aux mains de Tristano de Casta qui était de cette branche. Tristano épousa la fille de Carlo qui lui apporta cette seigneurie en dot. Il est vrai que celle-ci vint à mourir à son tour ; et les autres seigneurs de Nonza intentèrent à Teramo un procès à la suite duquel la seigneurie fut rendue à la famille de ses anciens maîtres. Puisque j'en suis venu à parler des seigneuries, j'ajouterai, pour ne point interrompre le fil de l'histoire, que la seigneurie de Canari changea également de maître quelque temps après. En effet, Paris Gentile, qui l'avait gouvernée pendant de longues années, vendit toute la partie de la côte occidentale à Pier Battista de St-Florent (1).

Les inimitiés qui régnaient à la Casabianca furent de longues années sans s'apaiser ; il y eut de part et d'autre des meurtres, des blessures, des bannissements, si bien que les familles des Rossi et des Neri (2), qui étaient devenues si fameuses, furent à leur tour presque complètement anéanties. Il est vrai que celle des Neri éprouva encore d'autres malheurs. En effet, Giorgio, qui en était alors le chef, et Oliviero de Campocasso, se rendaient ensemble à Gênes, chacun avec une compagnie d'élite, qu'ils avaient enrôlée en toute hâte à la demande des Génois, lesquels vivaient dans de perpétuelles alarmes à cause de la guerre acharnée que se faisaient l'Empereur et le roi de France ; ils s'étaient embarqués sur un brigantin en fort mauvais état, lorsqu'ils furent attaqués par deux fustes turques au-dessus de Testa

(T. 222)   (P. III, 237)

---

1) Consulter à ce sujet le *Bulletin, Documents*. Vol. III, p. 71.
2) Consulter la page 40 du vol. I.

di Sacro. Cette rencontre fut fatale aux nôtres. On se battit depuis le soir jusqu'au matin ; Oliviero fut tué, Giorgio blessé.

[Troilo Filippini et Camillo, hommes pleins de courage et tous deux de Vescovato, furent tués également] (1) avec un grand nombre d'autres Corses de distinction ; le brigantin fut pris. Ce fut une perte cruelle pour la Corse et en particulier pour le parti de Giorgio. Ce Giorgio revint l'année suivante, 1538, après avoir fait la paix avec les Rossi. Giacomo, le chef de ce parti, condamné au bannissement, était alors en terre ferme ; autorisé à rentrer en Corse à la suite de cette réconciliation, il tua Giorgio dans l'église, pendant qu'il entendait la messe.

A la suite de ce meurtre, Giacomo fut condamné au bannissement perpétuel ; et comme représailles, Fabrizio, son frère, fut tué bientôt après par Pietro Paolo, cousin germain de Giorgio ; mais cette inimitié se termina encore une fois par une réconciliation. Par ces maudites divisions, la fortune répandit tant de venin qu'il n'y avait guère dans l'île de localité importante qui ne se baignât dans son propre sang ou dans le sang des autres, au grand détriment du pays. L'une des inimitiés les plus fameuses fut celle de Rostino, qui éclata entre les familles de la Brocca et celle de la Pastoreccia. Ces deux familles, en étant venues aux mains, rendirent tristement fameux un bois de chênes qu'elles se disputaient. Les Broccolani furent défaits et perdirent un grand nombre des leurs. Deux autres inimitiés non moins terribles régnaient, l'une à Omessa entre les neveux de l'évêque d'Aleria, et l'autre à Pietricaggio d'Alesani entre

(T. 223) (P. III, 238)

---

1) Le passage entre crochets a été ajouté par Filippini. On lit seulement dans le MS. de Ceccaldi : « et ferito Giorgio con morte di molti » altri segnalati etc. »

les fils de Carlo et ceux de Taddeo. Outre celles-là, il y en avait encore une foule d'autres qui accumulaient meurtres sur meurtres et ruines sur ruines.

En 1540, sous le gouvernement de Francesco Lucciardo, les Capucins vinrent pour la première fois dans l'île ; ils y bâtirent six monastères, à Bastia, à Brando, à Luri, en Balagne, dans le Nebbio et en Casinca. Ils observaient si rigoureusement la doctrine évangélique que la sympathie des populations se portait beaucoup plus sur eux que sur les Récollets, dont la discipline paraissait moins sévère. Les Récollets bâtirent pourtant cette même année un monastère à Zuani ; ils s'étaient fait d'ailleurs, eux aussi, une grande réputation, mais par des moyens différents. En effet, il y eut en même temps, appartenant à cet ordre, vingt-quatre prédicateurs Corses, de façon que la province de Corse, tant à cause des Récollets, qu'à cause des excellents prédicateurs Capucins qui y prêchaient alors, pouvait se vanter de n'être pas en arrière pour l'instruction, ce bien dont elle avait toujours été très pauvre, comme je l'ai dit. L'un des Religieux les plus distingués à cette époque était alors le frère Giovanni de Calvi. Sans avoir une science bien profonde, il avait une grâce si séduisante, et une éloquence naturelle si pleine de charme, qu'il gagnait pour toujours le cœur de l'homme auquel il avait parlé une seule fois. Aussi plusieurs princes avaient-ils pour lui une affection incroyable, surtout le roi de Portugal qui le combla d'honneurs, et lui fit avec une libéralité vraiment royale les cadeaux les plus magnifiques.

Les grandes qualités qu'on lui reconnaissait le firent élever au grade de Supérieur général de tous les Religieux de son ordre. Il était revêtu de cette dignité depuis plusieurs années, et le pape Paul III lui avait promis le chapeau de cardinal, lorsqu'il paya en mourant sa dette à la nature. L'inconstante fortune ne se borna pas alors à priver l'île d'une lumière si éclatante ; comme si elle se fût repentie d'avoir laissé fleurir, contrairement à ses habitudes, tant d'hommes si illustres (auxquels leurs vertus assuraient, de leur vivant, une affection loyale et assurent après leur mort des éloges sincères), elle voulut que, dans l'espace de huit ou dix ans, ces prédicateurs distingués vinssent à manquer l'un après l'autre. Il semblait que Dieu les eût envoyés à dessein dans ces temps où les inimitiés et les discordes régnaient partout, afin que par leurs douces et affectueuses exhortations ils humiliassent le cœur farouche de ces hommes, habitués à se baigner sans relâche dans le sang humain.

Si l'île pouvait se vanter alors de posséder tant d'esprits élevés et sublimes, elle pouvait encore être fière de ceux qui, au service de grands princes ou de républiques illustres, s'étaient rendus fameux dans les armes. Puisque je suis arrivé à parler de cette matière, je ne crois pas devoir passer leurs noms sous silence. En remontant un peu en arrière, je nommerai d'abord Emanuele de Vescovato, qui s'acquit une grande réputation au service de Ferdinand d'Aragon, roi de Naples.

Il y eut après lui des colonels qui se rendirent célèbres par leur valeur: ce furent Pieretto d'Istria, Guglielmo de la Casabianca, Pasquino de Sia, Giacomo della Fica qui devint général au service des Florentins, Giacomo de Loppio, Battista de Leca, neveu de Giovan Paolo, et Carlo Mal'herba. Dans ces mêmes années, on connaissait pour des hommes d'une bravoure singulière Giocante de la Casabianca qui fut élevé, comme nous l'avons dit, à un rang distingué; Sampiero de Bastelica, né d'une famille plébéienne, mais d'une grande réputation militaire auprès du roi de France, parce que la vraie noblesse consiste uniquement dans le mérite; son neveu, Teramo de Bastelica, s'était également fait un nom au service du même roi (1). Angelo Santo de Levie servait aussi avec distinction, avec le grade de colonel, sous les ordres de Don Ferrante Gonzaga, général de l'Empereur en Italie. Un capitaine non moins illustre, ou plus illustre encore, ce fut Bartolommeo de Vivario, surnommé de Talamone, que le pape Paul III nomma, à cause de ses hauts faits d'armes, général des galères de l'Eglise. Giovan Battista, de Bastia, et Gasparino Ceccaldi, de Vescovato, n'eurent pas le grade de colonel ; mais l'un fut mestre général d'un camp de 17,000 hommes sous les ordres de Pietro Strozzi ; l'autre fut sergent général des Vénitiens.

Ce ne fut pas seulement en Italie, en France et en Espagne, ce fut aussi chez les infidèles que les Corses s'acquirent de la réputation et de la gloire. Lazaro, de Bastia, qui portait chez les infidèles le nom d'Hassan (2), s'étant fait rénégat, devint avec le temps roi d'Alger. Tous ces hommes que je viens de nommer ont fleuri de notre temps ou du temps de nos pères tout au plus. Si les Corses anciennement ne s'élevaient pas à une pareille célébrité, c'est qu'ils ne quittaient pas leur pays natal et n'étaient pas familiarisés avec la mer et la terre ferme comme ils le sont

(T. 224) (P. III, 243)

---

1) Filippini, qui dédiait son livre à Alfonso d'Ornano, a jugé à propos de supprimer le passage relatif à l'origine de Sampiero. Voici le texte du MS. de Ceccaldi : « In questi tempi erano conosciuti per huomini di sin- » golar valore Giocante dalla Casabianca della cui grandezza s'è in parte » fatto mentione ; San Piero da Bastelica nato di gente plebeia, ma (perchè » la vera nobiltà non consiste in altro che nella virtù) in valor d'armi ap- » presso il Re di Francia, di chiarissimo nome ; il quale haveva anco fatto » grande Theramo di Bastelica, suo nipote. Era ancora colonnello etc. » La suppression de ce passage a rendu possibles les plates flatteries de l'Hermite de Souliers et l'erreur d'autres historiens plus sérieux. — Voir l'*Istoria di Corsica* éditée par G. C. Gregorj, vol. II. Appen. p. XXII.

2) MS. de Ceccaldi : *Assano*. — Editions italiennes : *Arsano*.

aujourd'hui. Ils sont d'autant plus dignes d'éloges qu'ils ont dû leur fortune, non à la grandeur de leur famille, ni à l'éclat de leur naissance, ni à leurs richesses, mais à leur seul mérite, à leur courage qui leur faisait affronter chaque jour les périls les plus manifestes; ils se faisaient tellement apprécier dans toutes les occasions, soit par la vigueur de leur bras, soit par leur prudence naturelle et leur habileté, que les princes ou les grands capitaines qu'ils servaient, rendant justice à leurs talents militaires, les élevaient, comme je l'ai dit, aux plus hauts grades.

A l'époque où les Capucins arrivèrent pour la première fois dans l'île, comme je l'ai raconté, les Turcs ne laissaient aucun repos aux malheureux paysans de la côte, bien que, l'année précédente, le port de Girolato fût devenu célèbre par la prise d'un de leurs fameux corsaires, Dragut, qui y fut fait prisonnier, avec neuf galères ou galiotes, par Giovanni D'Oria et la flotte du Prince, son oncle ; mais avant d'être pris, le cruel barbare avait déjà pillé plusieurs villages. Il racheta sa liberté, puis, avec une flotte plus considérable que la première fois, il pilla et brûla Castellare, en Casinca, Monticello, en Balagne, Sarla, dans le Delà des Monts, ainsi que beaucoup d'autres villages qu'il rencontra sur son passage.

L'Office désirait vivement mettre l'île à l'abri de tous ces pillages; sachant que les corsaires avaient fait de Portovecchio leur résidence, qu'ils partaient de là lorsqu'ils voulaient aller piller les côtes, et qu'ils s'y retiraient ensuite en sûreté comme chez eux, les Protecteurs prirent le sage parti de peupler cet endroit, et de le fortifier de façon que les Turcs ne pussent plus pénétrer dans le port. Ils envoyèrent à cet effet des commissaires spéciaux, qui, après avoir étudié le terrain, firent commencer aussitôt l'entreprise. Meliaduce Uso da Mare, alors gouverneur, n'épargna rien pour hâter l'achèvement des travaux. Lorsqu'ils furent terminés, on établit dans cet endroit des familles d'autres pays (1), et pour augmenter plus rapidement la population, il fut décidé qu'on y entretiendrait un officier nommé pour un an, comme les autres officiers de l'île, lequel porterait le titre de commissaire et rendrait la justice à toute la seigneurie de la Rocca.

Vers le même temps, la funeste inimitié de l'Empereur et du roi de France alluma en Europe une guerre terrible. Le roi de France fit alliance avec Soliman, empereur des Turcs, et en obtint, en 1543, une flotte de cent cinquante galères, dont l'amiral était Ariaden Barberousse, fameux pirate, qui fut de son vivant roi d'Alger. Lorsque cette flotte traversa les mers de Corse, sous le gouvernement de Giovanni Salvago, elle jeta une grande épouvante parmi toutes les populations de la côte, mais elle passa sans faire aucun mal et gagna la Provence pour y attendre les ordres du Roi. Elle prit bientôt une autre direction et délivra les Génois d'une grande crainte, pour ce qui concernait la Corse. Alors l'Office, déterminé encore par une foule d'autres bonnes raisons, prit, heureusement pour lui, une résolution fort sage ; il voulut avoir dans l'île deux places importantes, et l'an 1544, il fit fortifier en toute hâte Calvi où il transporta la résidence du gouverneur, qui était alors Niccolò Imperiale.

L'année 1545 fut pour l'île une année remarquable ; en effet, pendant le mois d'août, il tomba des pluies torrentielles et les cours d'eau grossirent tellement qu'ils emportèrent la plupart des ponts et beaucoup de maisons. Le Golo en particulier fit des ravages terribles et présentait alors un

(T. 225)   (P. III, 246)

---

1) Il faut lire comme dans le MS. de Ceccaldi : « famiglie di fuori, » et non, comme dans les éditions italiennes : « famiglie di *Ficoni*. »

spectacle vraiment extraordinaire; non seulement il emporta les ponts, déracina les arbres, transporta des terres d'un endroit dans un autre; mais il fit encore de la plaine un vaste lac qui s'étendait de la *foce* de l'étang de Biguglia jusqu'au gué du Fium'alto, c'est-à-dire, que sur une largeur de quinze bons milles, on n'apercevait que de l'eau et des débris flottants. Lorsque le fleuve fut rentré dans son lit, on trouva morts un nombre infini d'animaux sauvages et domestiques. A la suite de cette inondation, un grand nombre de champs, jusque-là gras et fertiles, perdirent tout leur sol végétal et ne présentèrent plus que des pierres nues; d'autres au contraire, qui n'étaient que du sable aride, devinrent des terrains très riches.

Bientôt après, l'Office envoya en Corse, avec le nouveau gouverneur, Benedetto Pernice, deux commissaires, Troilo de'Negroni et Polo de Moneglia, hommes vraiment distingués, qui furent chargés de prendre les mesures réclamées par les besoins de l'île. Ces commissaires parcoururent la Corse, réglèrent une foule de questions et infligèrent aux usuriers des châtiments sévères. La *malaria* avait déjà fait périr un grand nombre des habitants de Portovecchio; comme les commissaires ne voulaient pas qu'on abandonnât cet endroit, ils décidèrent qu'un certain nombre de familles, prises dans toutes les localités de l'île, iraient s'y établir. Le Niolo lui-même ne fut pas excepté, bien qu'on n'eût recommencé à l'habiter que depuis fort peu de temps; l'Office avait en effet permis aux Niolins, quelques années auparavant, de rentrer dans leur pays, à condition qu'ils n'y bâtiraient que des maisons très basses (1). Les Douze

(T. 225)   (P. III, 248)

---

1) Cette autorisation fut accordée aux Niolins l'an 1540. — Voir les Annales de Banchero p. 85.

de Corse furent chargés de désigner les familles ; il leur était difficile de s'entendre, car chacun avait ses protégés qu'il voulait soustraire à l'obligation d'aller s'établir à Portovecchio. Mais les efforts des commissaires finirent par tout arranger ; et comme quelques-uns des Douze avaient manqué de droiture dans l'accomplissement de leurs fonctions, les commissaires irrités les bannirent impitoyablement de l'île à perpétuité et publièrent un édit en vertu duquel il ne devait plus y avoir en Corse, en aucun temps, d'élection pour nommer les Douze.

L'édit des commissaires mécontenta vivement les populations. En réfléchissant, elles trouvaient que leur situation était loin de s'améliorer ; l'Office, qui précédemment les traitait avec tant d'affection et de bienveillance, avait changé de conduite à leur égard sans qu'elles eussent démérité ; le *bacino* de sel, qui coûtait d'abord quatre sous et demi de Gênes, se vendait dix sous; l'Office, non sans leur faire un grand tort, leur avait enlevé les greffes des tribunaux civils ; il avait retiré les *arringhi* aux Podestats ; en un mot, elles avaient été dépouillées d'une foule de privilèges dont la perte leur était fort sensible (1). Elles disaient, et avec plus de tristesse encore, que parmi ceux qui étaient venus gouverner l'île, un grand nombre auraient pu se comporter d'une façon plus honnête, parce qu'ils étaient venus plutôt pour remplir leur bourse que pour autre chose. Mais les hommes qui avaient l'expérience du monde disaient hautement que les Corses étaient mieux traités par leurs maîtres que n'importe quel autre peuple, et ils restaient tranquillement soumis à leurs maîtres légitimes. Ce qui leur faisait tenir ce langage,

(T. 226)   (P. III, 249)

---

1) MS. de Ceccaldi : « ... *non poco* considerate. » Éditions italiennes: « .... *poco* considerate. »

c'est que, si les Protecteurs avaient, pour de bonnes raisons, enlevé à l'île certains privilèges, ils avaient pourtant toujours, avec une équité rigoureuse, surveillé leurs officiers, pour les empêcher de rien faire qui fût contraire à leurs bonnes intentions ; il fallait reconnaître que toutes les fois qu'on s'adressait à eux, on obtenait satisfaction en tout ou en partie, à moins que la justice ne s'y opposât. Aussi, si jamais les Corses avaient été fidèles aux Génois, ils le montraient alors plus qu'en aucun autre temps ; lors de la conjuration du comte Fiesco particulièrement, ils donnèrent une preuve nouvelle et éclatante de leur fidélité.

Le comte Giovan Luigi Fiesco, d'accord avec un grand nombre de gentilshommes de Gênes, avait formé une conjuration qui échoua contre le gouvernement établi et contre le prince D'Oria. Au mois de janvier 1547, le comte, qui savait bien que dans les grandes entreprises il ne faut pas tenir compte des dangers, entra tout à coup dans la ville pendant la nuit avec de nombreux partisans, et répandant partout le désordre et la confusion, il s'empara hardiment des portes et des galères qui hivernaient dans la darse, et enfin de tous les postes à l'exception de la place. Réveillé par le bruit de l'émeute, Giovanni D'Oria, lieutenant du prince, dans le palais duquel il habitait un riche appartement, se leva en toute hâte, et accompagné de deux pages seulement, il courut à la porte St-Thomas pour se rendre sur les galères ; il comptait sur la fidélité de la garde qui s'y trouvait, mais il fut cruellement massacré à l'entrée du *Portellino*. Le comte était donc maître partout, si la fortune eût secondé ses desseins, et si lui-même eût poursuivi son entreprise avec plus de prudence. Mais lorsqu'il était dans la darse, au moment où il sautait précipitamment d'une galère sur l'autre pour soumettre les esclaves qui cherchaient tous à s'échapper, il tomba à la mer et se noya. En apprenant cette nouvelle, le comte Girolamo, son frère, qui parcourait la ville avec ses partisans afin de la réduire à l'obéissance, montra peu de courage et encore moins de prudence. Oubliant que, dans les revers, une résolution énergique est plus sûre qu'une résolution longuement méditée, il eut peur et sortit de la ville; sa retraite, puis sa mort rendirent tout-à-fait impossible le succès de l'entreprise, et Gênes échappa ainsi à un danger terrible.

A l'occasion de cette conjuration, les Corses se firent remarquer par leur fidélité et leur attachement au gouvernement génois. En effet, Giocante de la Casabianca, capitaine de la place, dont la clairvoyance avait pénétré les desseins du comte, en informa, inutilement il est vrai, les personnages intéressés, et lors de l'émeute, il montra son courage et sa loyauté ordinaires. Tous les Corses qui se trouvaient dans la ville, soldats, marins, passagers, prirent parti pour le gouvernement et défendirent la liberté de Gênes.

La paix ayant été rétablie entre les princes chrétiens, l'Office délivré de ses inquiétudes et toujours bienveillant à l'égard des Corses, envoyait régulièrement ses gouverneurs chaque année, selon son habitude, en ordonnant à chacun d'eux de faire pendant son gouvernement quelque construction utile au pays. On avait donc déjà bâti des tours et des ponts, sans parler des autres constructions, lorsqu'en 1548 le gouverneur Giovan Maria Spinola, considérant combien il était difficile de passer à gué le fleuve du Golo, depuis que l'ancien pont avait été emporté par les eaux, lors de l'inondation terrible dont j'ai parlé [et (1) ayant examiné le

---

1) Le passage entre crochets, c'est-à-dire la fin de cet alinéa et les cinq alinéas suivants, a été remanié et complété par Filippini. Le voici tel qu'il se trouve dans le MS. de Ceccaldi :

plan judicieux et les magnifiques pierres d'encoignure que Bastiano Filippini de Vescovato avait, comme je l'ai dit, préparés avec beaucoup de talent pour construire le pont à Lago Benedetto, fit commencer les travaux dans ce même endroit. Il voulait en faire une œuvre d'une remarquable architecture, mais lorsque la grande arche fut presque achevée, par suite de la largeur excessive de la voûte et de l'incapacité de l'ingénieur, elle s'écroula.

Vers ce même temps, Sampiero de Bastelica était arrivé

(T. 227) (P. III, 253)

« ... essendo quello di prima per l'ingiuria delle rovine di esso fiume ch'io dissi mancato, ne fece fabricare uno di bellissima struttura a Lago Benedetto; ma come l'arco maggiore fu quasi compito, per l'estrema larghezza dello spatio rovinò. Perchè succedendogli l'anno di poi Paolo Gregorio Raggio, attese anco egli a seguitare questa lodevole e veramente pietosa opera; ma medesimamente questo, e ciò con maggior rovina, si disfece; il quale, benchè i popoli pagassero la spesa che vi si sborsò (secondo alcuni presso di sei mila scudi) per l'utile nondimeno che ne trahevano, l'havevano grato quanto cosa che si fosse potuto fare. Ezellino Spinola che seguì appresso fece fare la torre di Solenzara, Franco Passaggio quella di Girolato et ultimamente Lamba d'Oria quella della Paludella. Gio. Maria Spinola pertanto fu il più lodato governatore che a dì nostri venisse nell'Isola, e fu quello, havendo così ordinato l'Officio per relatione di Troilo Negrone e di Paolo di Moneglia commissarii, che ritornò la Corte di Calvi alla Bastia. Nello qual tempo ancora sendo venuto in Corsica San Piero da Bastelica (che così lo cognomino per essere quella la terra ove egli nacque), havendo l'Officio havuto qualche odore che egli vi era passato per sollevare l'Isola, ordinò con una fregata che mandò in fretta al detto Governatore che lo facesse con ogni diligenza sostenere. Ma San Piero, come lo seppe, sendovi veramente (come si è poi saputo) innocente, spontaneamente comparse e fu ritenuto nella cittadella della Bastia, finchè Arrigo secondo, Re di Francia, il quale era successo nel Regno a Francesco suo padre, con lettere et ambasciatori che mandò a' signori Genovesi non lo fece liberare, e perciò esso non volendo più stare in quei pericoli, subito navicò in Francia. »

en Corse ; il y était déjà venu de France quelques mois auparavant pour épouser Vannina, fille de Francesco d'Ornano, maître de la seigneurie du même nom ; mais il avait dû retourner précipitamment à la cour, à cause d'une querelle qui avait éclaté quelques jours auparavant entre lui et Giovanni de Turin, colonel très distingué. Ils étaient tous deux au service du roi de France, François Ier, sous les ordres du comte de Saint-Second, lorsque, dans une discussion, Sampiero, blessé par certaines expressions de son adversaire, lui donna un démenti ; ils tirèrent aussitôt leurs épées et se jetèrent l'un sur l'autre ; Giovanni fut blessé au visage. Le comte, qui ne voulait pas que cette querelle mît tout son camp en désordre, eut la sagesse de les séparer, et leur commanda à l'un et à l'autre de se présenter devant le roi. Tout d'abord pourtant le comte, froissé du peu de respect qu'imposait sa présence, ou peut-être à cause de l'affection particulière qu'il portait à Giovanni, avait réuni ensemble toutes les compagnies et voulait attaquer Sampiero les armes à la main ; mais celui-ci de son côté, avec plusieurs compagnies corses et deux compagnies italiennes, se retira à quelque distance, se fortifia aussi bien qu'il put, et attendit qu'on l'attaquât, décidé à se défendre. Alors le comte, ayant examiné de plus près les suites que pourrait avoir cette affaire et voyant la discorde prête à éclater dans tout son camp, prit, comme je l'ai dit, un parti plus sûr et donna aux deux adversaires l'ordre susdit. Ils se conformèrent à ses volontés, et se présentèrent devant le roi. Comme la querelle était toute récente, le roi suspendit son jugement.

Sampiero était donc revenu en Corse après avoir envoyé ses agents dans les plus grandes villes ; il pensait bien qu'un soldat aussi brave que l'était Giovanni, ne supporterait pas si facilement son humiliation. En effet, Sampiero étant venu à Gênes pour s'y embarquer, on trouva quelques jours après affiché dans la ville, un cartel au nom du susdit Giovanni. Il y était dit que si Sampiero s'était vanté en présence du roi d'avoir donné à Giovanni un démenti accompagné d'une blessure, il mentait toutes les fois qu'il disait une chose semblable. L'intention de Giovanni était d'arriver à avoir le choix des armes. Sampiero en fut informé par Girolamo Rosecco, son agent à Gênes. Il s'embarqua aussitôt, arriva à la cour en fort peu de temps, et se fit faire un certificat attestant qu'il n'avait jamais rien dit ni ne s'était jamais vanté de rien de semblable. Mais le roi, qui prenait un grand intérêt à cette affaire, interposa son autorité ; il prit tout sur lui, et les deux adversaires se réconcilièrent quelques jours après.

Il advint pendant ces jours que Pier Luigi Farnese, fils du pape Paul III, fut tué ; Sampiero en fut avisé par ses amis particuliers, et passa du côté de Rome, comptant bien être nommé général des troupes de l'Eglise pour continuer la guerre. Mais ses espérances furent déçues et il retourna en Corse auprès de sa femme chérie. On rapporta à Gênes aux Protecteurs que Sampiero avait eu à Moncaliere en Piémont une conférence intime avec Cesare Fregoso, qui, descendant le cours du Pô, allait en Orient chercher la flotte turque au nom du roi de France. Il avait été décidé dans cette entrevue, disait-on, que Sampiero irait en Corse, et essaierait de s'emparer par surprise de la forteresse de Bonifacio, afin de pouvoir plus facilement entraîner dans la révolte les populations de l'île.

L'Office informa aussitôt de ces menées le gouverneur Giovan Maria Spinola, et lui enjoignit de retenir prisonnier Sampiero. Celui-ci, appelé à Bastia, s'y rendit avec Francesco son beau-père, et à peine arrivé, il fut enfermé dans la citadelle. Francesco passa aussitôt sur le continent, et de Gênes fit en toute hâte savoir au roi ce qui s'était passé. Le roi écrivit à l'Office, envoya des députés, et Sampiero fut remis en liberté quelque temps après, malgré le gouverneur. Spinola l'avait bien trouvé innocent, mais il s'apercevait du profond attachement qu'avaient pour lui les populations, et afin de conjurer les dangers qu'il prévoyait pour l'avenir, il voulait absolument le faire mourir. Une fois délivré, Sampiero, pour ne plus donner aux Génois l'occasion de le reprendre, s'embarqua pour la France. Ce Giovan Maria Spinola était le gouverneur le plus estimable qui fût venu en Corse depuis quarante ans (1); ce fut lui, qui sur une décision prise par l'Office conformément à un rapport des commissaires, Troilo de Negrone et Paolo de Moneglia, transporta la cour de Calvi à Bastia.

Son successeur, Paolo Gregorio Raggio, voulut poursuivre la construction du pont de Lago Benedetto qui eût été si utile aux populations, mais le pont s'écroula encore cette fois et sur une plus large étendue. Les populations avaient supporté les frais de cet ouvrage, qui s'élevèrent, suivant quelques-uns, à près de six mille écus. Néanmoins, comme elles en espéraient de grands avantages, elles avaient montré toute la bonne volonté possible. Ezzelino Spinola fit ensuite bâtir la tour de Solenzara; Franco Passaggio, celle de Girolato, et enfin Lamba D'Oria, celle de la Padulella].

L'année suivante, pendant laquelle Paolo Gregorio Raggio était gouverneur, fut remarquable par les froids extraordinaires qu'engendra dans le mois de janvier un rude et cruel

(T. 228) (P. III, 258)

---

1) Est-il besoin de faire remarquer ici avec quelle maladresse Filippini a rattaché à son interpolation la phrase de Ceccaldi? Il vient de dire que Spinola voulait absolument mettre à mort Sampiero, et il l'appelle maintenant le gouverneur le plus estimable qu'on eût vu en Corse depuis quarante ans! Et il dédiait son Histoire au fils de Sampiero!

libeccio; il souffla avec une rage si soudaine et si violente, que les arbres qui craignent naturellement les atteintes du froid, comme les oliviers, les orangers et autres arbres semblables, séchèrent presque tous sur pied. L'année suivante, un incendie terrible, poussé par je ne sais quoi, étendit ses ravages étranges dans l'île entière et dévora tous les bois. Je crois véritablement que tous ces désastres produits par l'eau, puis par le froid, et enfin par le feu, étaient un présage manifeste des calamités qui devaient bientôt fondre sur nous; il semblait que les trois éléments conjurés ensemble nous annonçassent que le quatrième se préparait à fondre sur notre île à son tour et à y entasser ruines sur ruines.

En effet, lorsque Franco Passaggio était gouverneur en Corse, la guerre éclata entre l'Empereur Charles-Quint et le roi de France, Henri II, à Parme. Ottaviano, duc de cette ville, se révolta contre l'empereur et déploya la bannière du Roi. L'Empereur et le pape Jules III prirent les armes contre lui, et la guerre s'étendit bientôt non seulement en Italie, mais encore dans une partie de l'Europe. Pendant cette guerre, le Roi conserva l'alliance de Soliman et se servit presque chaque année de la flotte turque, en dépit de tout sentiment chrétien; il semblait que toutes les plus riches côtes de l'Europe fussent exposées aux insultes des barbares.

Comme les fréquentes apparitions de cette flotte dans nos mers furent pour la Corse le prélude funeste de ses malheurs (1), je laisserai un moment les choses de notre île pour raconter en quelques mots les événements que sa pré-

(T. 229) (P. III, 260)

---

1) MS. de Ceccaldi : « E perchè i semi fatali de' travagli di Corsica nac-
» quero solamente dalla frequenza continova di tale armata etc. » — Editions italiennes : « ..... *dalla frequentia ; con la nuova* di tale etc ; » leçon qui ne présente aucun sens.

sence provoqua d'abord en Italie; de cette façon, lorsque j'aurai à parler de la guerre qui désola à son tour notre malheureux pays, il me sera plus facile d'en faire comprendre l'origine et d'expliquer comment elle fut apportée en Corse.

Le roi Henri tenait toute prête une flotte de plusieurs galères; mais comme en dehors de Marseille, de Toulon et d'Antibes, il n'avait pas d'autre port dans l'intérieur de la Méditerranée, il voulait, par un profond calcul politique, se servir de l'armée du Turc pour s'emparer de quelque pays commodément situé, où il trouverait des ports sûrs, afin de pouvoir plus facilement s'ouvrir un chemin en Italie et y faire de glorieuses conquêtes. On dit que Ferrante Sanseverino, prince de Salerne, qui, dépouillé de sa seigneurie quelques années auparavant, avait abandonné le parti de l'Empereur et s'était retiré en France, faisait de vives instances auprès du roi Henri pour qu'il s'emparât du royaume de Naples; on dit aussi que Pietro Strozzi, banni également de sa patrie, insistait pour la Toscane; d'autres, pour d'autres raisons, insistaient pour la Sardaigne. Sampiero de Bastelica, qui n'avait pas pardonné aux Génois de l'avoir retenu en prison quoique innocent, avait plusieurs fois proposé la conquête de la Corse, île si avantageusement située sur la route de l'Italie. Mais le roi, dans sa prudence, n'avait communiqué qu'à fort peu de personnes ses vastes desseins; il attendait le moment favorable pour en commencer l'exécution.

Soliman lui ayant donc promis sa flotte pour l'été de l'année 1552, Henri résolut d'y joindre la sienne, et de profiter de l'attachement qu'avaient pour Sanseverino les populations du royaume de Naples pour attaquer d'abord ce pays. En Italie, on avait la certitude que la flotte turque arriverait bientôt; mais comme on ne pouvait savoir sur quel point se déchaînerait la tempête, tous les princes et toutes les républiques veillaient sous les armes. Don Diego de Mendoza, ambassadeur de l'Empereur auprès du pape, à Rome, et gouverneur de Sienne pour le même Empereur (1), en voulant pourvoir à la défense des choses éloignées, perdit sottement celles qu'il avait sous la main. Il retira de Sienne une partie des troupes espagnoles pour les envoyer sur d'autres points soutenir les affaires de El'mpereur (2), et la garnison se trouva tellement réduite que les habitants, qui ne pouvaient plus supporter les insolences des Espagnols, saisirent l'occasion, et se soulevèrent tous à la fois ; puis se riant de la négligence de Don Diego qui, en fabriquant une forteresse sous leurs yeux, les avait dépouillés de leur ancienne liberté et oubliait ensuite de prendre les précautions les plus élémentaires, ils massacrèrent impitoyablement tous les Espagnols. En fort peu de temps, tout le pays était révolté contre l'Empereur, qui ne conservait plus de partisans qu'à Orbitello.

Les principaux citoyens de Sienne, ayant donc pris le pouvoir en main, appelèrent à leur secours le roi de France. Monseigneur de Lansa, ambassadeur du roi auprès du pape, entra aussitôt dans la ville. Bientôt après Monseigneur Paul de Thermes, lieutenant général du roi en Italie, arriva avec l'infanterie, et laissa courtoisement aux Siennois leur liberté.

(T. 230) (P. III, 263)

---

1) « Fra questi Don Diego di Mendoza, ambasciatore per l'Imperatore » *appresso il Papa in Roma, essendo egli anco per esso Imperatore,* Governatore etc. » — Les mots soulignés ont été omis dans les éditions italiennes.

2) MS. de Ceccaldi : «Perciochè cacciando egli in Siena una parte delle » genti spagnuole *che vi haveva per mandarle in soccorso di altri* » affari etc. » — Les mots soulignés ont été omis dans les éditions italiennes, ce qui rend le texte inintelligible.

Pour la leur assurer d'une façon plus certaine encore, il rasa la forteresse élevée par Don Diego. Ce fut en vain que celui-ci revint de Rome pour réparer la grande perte qu'il avait causée à l'Empereur. Cette perte ne fut pas la seule que firent les Impériaux. En effet, dans ces mêmes jours, le prince D'Oria voulant passer à Naples avec un certain nombre de galères chargées d'infanterie allemande, afin de pourvoir à temps aux besoins qui pourraient se présenter de ce côté, rencontra sans s'y attendre, par suite de la même négligence, l'armée turque à la hauteur de l'île de Ponza. Il voulut rebrousser chemin immédiatement, mais il ne put s'empêcher, après avoir couru lui-même un grand danger ainsi que toute sa flotte, de laisser aux mains de l'ennemi sept galères, quatre des siennes et trois d'Antonio D'Oria; les Turcs le poursuivirent même, mais inutilement, pendant plusieurs milles.

La flotte turque avait fait ce long parcours sans toucher terre nulle part, grâce à l'activité admirable de Rustan Pacha, favori du Grand-Seigneur; il était arrivé sans qu'on eût connu son approche, et, conformément à ses instructions, il attendait la flotte française. Le Barbare désirait qu'elle arrivât promptement, afin de pouvoir donner un libre cours à sa cruauté aux dépens des malheureux chrétiens. Mais ses plans et ceux du roi Henri furent déconcertés par un remarquable artifice du Napolitain Cesare Mormille, homme brave d'ailleurs, mais qui dans cette circonstance se montra traître consommé.

Ce Cesare qui se trouvait également banni de sa patrie, avait, en France, acquis la première place dans la confiance de Ferrante Sanseverino, prince de Salerne. Ce prince avait passé tout l'été à Marseille, pour faire les préparatifs nécessaires à l'entreprise; il avait envoyé Mormille à Rome en le chargeant, aussitôt qu'il verrait arriver la flotte turque, de se rendre à bord, et de dire au capitaine ce qu'il avait à faire en attendant qu'il arrivât lui-même avec la flotte française. Mais Mormille changea tout à coup de parti ; il obtint de rentrer dans sa patrie et en retour il révéla tout de point en point à Don Pedro de Tolède, vice-roi de Naples. Sur l'ordre de Don Pedro, Mormille se rendit auprès de Rustan et comme il avait par hasard une lettre de créance du roi Henri, il lui dit que la saison était désormais trop avancée, et que le roi désirait que l'entreprise fût remise au printemps de l'année suivante. En entendant ces paroles, Rustan entra dans une violente colère contre le roi ; il fit de nombreux pillages dans le royaume et repartit avec sa flotte.

Ce fut en vain que quelques jours plus tard Antoine Ascalin de Simar, baron de la Garde, appelé encore Paulin, arriva avec la flotte française (1) qu'il commandait de concert avec Sanseverino ; ils avaient espéré, avec le concours de Rustan, faire beaucoup pour les affaires de leur roi. Mais quand ils surent qu'il était parti, ils furent extrêmement contrariés ; ils voulurent le rejoindre et ne l'atteignirent que dans le golfe de Lépante. L'été étant tout à fait passé, ils ne crurent plus à propos de faire aucune entreprise et partirent ensemble pour le Levant où ils demeurèrent pendant tout le printemps suivant. Soliman qui, par un calcul habile, voulait entretenir la division parmi les princes chrétiens, promit à Paulin et au prince de leur donner de nouveau, pendant l'été suivant, sa flotte pour le service du roi de France.

Cependant l'Empereur, qui se trouvait en Allemagne, ne pouvant supporter en aucune façon l'outrage que les Sien-

(T. 231) (P. III, 266)

---

1) MS. de Ceccaldi ; « Vi giunse indarno pochi giorni appresso *con l'ar-* » *mata francese* Antonio Ascalino etc. » Les mots soulignés ont été omis dans les éditions italiennes.

nois avaient fait à ses armes, se prépara à leur faire la guerre et à les châtier sévèrement de leur folle témérité. A cet effet, il envoya de ce côté le vice-roi de Naples qui, étant beau-père de Cosme II de Médicis, duc de Florence, devait faire cette expédition avec l'appui de ce Duc. et d'Ascanio della Cornia, neveu du pape.

Mais le vice-roi ne fut pas plutôt arrivé en Toscane qu'il mourut, laissant comme chef de l'expédition le fils de Don Garzia, homme d'une hardiesse singulière. Celui-ci, avec vingt-trois mille fantassins et deux mille cavaliers, s'empara sur les Siennois de Pianza, Asinalunga, Lucignano, Monticello et Torrita; puis il marcha avec ses troupes sur Mont'Alcino où commandait Giordano Orsino, jeune homme plein de valeur. Pendant trois mois, il s'obstina au siège de cette place. Mais enfin, dans le courant du mois de mai de l'an 1553, soit sur l'intervention du pape, soit qu'il eût appris de bonne source que la flotte turque allait revenir, soit encore parce que, l'armée impériale étant très affaiblie et décimée par la peste, il ne pouvait espérer prendre la place de si tôt, il leva le siège et abandonnant tout ce qu'il avait mis sept mois à conquérir, il se retira dans le royaume de Naples.

La flotte turque inspira également des craintes à l'Office de St-George à Gênes, relativement aux affaires de la Corse; il prit, quoique un peu tard, des mesures pour parer aux éventualités. Il envoya en plusieurs fois à Bonifacio, sa place principale en Corse, quatre cents hommes; il y en avait quatre-vingts à Calvi. L'Office n'était pas rassuré, parce que Gênes était favorable à El'mpereur, et parce que, quelques années auparavant, le roi de France ayant envoyé dans cette ville Luigi Alamanni, (banni florentin et poète fameux, qui méritait par conséquent toute autre chose que l'exil), pour demander à entretenir un ambassadeur à Gênes, comme faisait l'Empereur, et plusieurs autres choses encore, avait vu, pour des motifs très graves, toutes ses demandes repoussées.

Le gouverneur de l'île était alors Lamba D'Oria ; il oublia que Franco Passaggio, son prédécesseur, avait été, à cause de sa partialité, privé de ses fonctions et remplacé par Vincenzio Merrello, précédemment capitaine à Calvi ; il favorisa à son tour plus qu'il ne convenait Pietro Paolo de la Casabianca, qui était en procès avec Giacomo du même village, relativement à certains bénéfices. Les Protecteurs lui retirèrent également ses fonctions, et au mois de juillet ils envoyèrent dans l'île comme commissaires Paolo Vincenzio Lomellino et Bernardo Castagna, tant pour réparer les torts commis par Lamba D'Oria, que pour prendre les mesures nécessaires, dans le cas où la flotte turque aborderait de ce côté, comme on le craignait.

Toutes les fois (1) qu'un peuple insolent s'est tout à fait écarté du droit chemin et que, dans sa licence effrénée, il a entassé péchés sur péchés et crimes sur crimes, lorsqu'il n'a plus droit à la pitié ni à aucun délai pour obtenir le pardon, alors Dieu,. providence souveraine et auteur de toutes choses (2) déchaînant sa colère contre ce peuple, le ramène au repentir par le châtiment, et le frappe des cruels fléaux de la guerre, de la famine ou de la peste, de manière

(T. 233) (P. III, 273)

---

1) Ici commence le livre VI⁰ dans les éditions italiennes.
1) MS. de Ceccaldi : « Iddio, somma providenza et autore di tutte le
» cose » mots que Filippini a eu le mauvais goût de remplacer par ceux-ci :
« Il giustissimo ed eterno Iddio, verità infallibile. »

qu'écrasé sous le poids de toutes sortes de calamités, il devienne un exemple douloureux pour ses voisins et mémorable pour les générations suivantes. Et parce que Dieu, en vertu de cette loi immuable qui n'épargne aucun être vivant, a souvent, comme l'attestent toutes les histoires anciennes et modernes, dompté de grands empires, de puissants royaumes, des nations redoutables, de notre temps aussi, afin que les hommes, après de longues épreuves, pussent porter leurs regards sur les crimes qui se commettaient journellement dans nos malheureux pays, il a fini par armer toutes les nations pour qu'elles se déchirassent entre elles, et en permettant que, dans leur aveugle fureur, elles vinssent s'engraisser du sang et des biens de nos compatriotes, il a fait comprendre à ceux-ci, en leur faisant éprouver à la fois tous les genres de misères, combien sa colère est terrible contre ceux qui, ne voulant point reconnaître leur créateur, s'obstinent pendant longtemps à suivre la voie du mal.

La Corse se trouvait, comme je l'ai dit plus haut, gouvernée depuis longtemps par l'Office de St-George, et sous ce gouvernement, elle avait vécu tranquillement pendant soixante-dix ans, sans avoir eu à souffrir d'aucune guerre importante qui eût empêché la croix rouge de flotter fièrement dans tous les présides. Les populations de l'île, n'ayant plus à craindre comme autrefois les soulèvements et les révoltes, ne laissaient pas pourtant de se laisser aller aux inimitiés des partis, à l'usure, au vol, aux meurtres et à toutes sortes d'excès monstrueux et incroyables. D'ailleurs ces mêmes désordres se commettaient généralement dans tous les autres pays. Aussi Dieu, après les avoir longtemps soufferts, afin de châtier du même coup les désordres de notre île et ceux des autres peuples, coupables eux aussi d'une infinité de fautes, voulut que deux souverains, l'empereur Charles-Quint et le roi de France Henri II, se fissent une guerre sanglante et cruelle en Flandre, dans le Piémont et sur bien d'autres points de leurs Etats et de leurs royaumes; et voulant frapper au moyen de cette guerre les populations établies sur les côtes de la mer aussi bien que celles qui résidaient dans l'intérieur des terres, il fit du roi de France l'allié de Soliman, Grand Seigneur des Turcs, et lui donna ainsi une flotte puissante qui, munie de toutes sortes d'approvisionnements, devait faire la loi sur ces mers et porter sur toutes les côtes la ruine et l'effroi.

Cette flotte était composée de cinquante-cinq galères et elle se grossit encore plus tard de vingt-deux galiotes de corsaires. Elle était commandée par Dragut, amiral plein de valeur et marin consommé. Elle était accompagnée de la flotte française qui comptait vingt-cinq galères, comme je l'ai dit dans le livre précédent, et que commandait Paulin, baron de la Garde. Les deux flottes avaient hiverné ensemble dans le Levant, pour le malheur de l'Italie.

Pendant l'été de 1553, elles partirent de Constantinople et arrivèrent en Sicile après une heureuse traversée. Les Turcs débarquèrent à certain endroit de la côte pour dévaster le pays. Mais les officiers impériaux avaient pris partout leurs mesures; les Turcs furent vigoureusement attaqués par une nombreuse cavalerie, et après une défense fort molle, après avoir perdu environ cinquante hommes et un de leurs principaux chefs, ils regagnèrent honteusement leur flotte. Les deux flottes se réunirent ensuite et s'emparèrent, dans la même île, de l'Alicata, château très fort, ainsi que de l'île de Pantellaria, située sur les confins de la Barbarie. Dans ces deux expéditions, le sang des malheureux chrétiens coula à flots. Après s'être arrêtés en Sardaigne et avoir traité cruellement le château de Terranova, elles arrivèrent en Corse, dans le golfe de Sant'Amanzia le 15 août.

(T. 234) (P. III, 277)

Les commissaires génois qui étaient dans l'île, informés de leur dangereux voisinage, commencèrent, non sans de bonnes raisons, à craindre qu'elles ne leur apportassent la guerre et éprouvèrent les plus vives alarmes.

Mais élevés dans les délicatesses de la ville, les commissaires étaient peu au fait des choses de la guerre; ils se décidaient lentement à prendre une résolution énergique. Sur le seul espoir que cet orage irait crever ailleurs que sur les possessions génoises, ils ne montraient pas, pour se prémunir contre un pareil danger, toute l'activité que réclamait un besoin si urgent. Quelques personnes les blâmaient secrètement d'entretenir un tel espoir; elles disaient que l'on devait créer vingt-cinq ou trente capitaines corses; sans doute leurs compagnies seraient généralement composées de paysans, de montagnards mal armés et sans aucune expérience des choses de la guerre, néanmoins, puisque les présides étaient approvisionnés, on pourrait, avec ces milices, se mettre en campagne; si elles ne pouvaient tenir tête à des forces aussi considérables, on aurait là du moins un moyen de maintenir le peuple dans la fidélité; on pourrait se retirer dans des endroits sûrs et s'y fortifier assez pour n'avoir rien à craindre de la fureur des ennemis; on y trouverait toutes les ressources nécessaires pour prolonger la guerre jusqu'au départ de la flotte turque; il semblait impossible que les Corses, malgré leur inconstance naturelle, fussent assez peu fermes dans leur fidélité pour tourner leurs armes contre les commissaires, leurs maîtres, qui partageraient leurs dangers en opposant aux ennemis une résistance énergique.

Il y avait à Bonifacio les quatre cents soldats dont j'ai parlé, lesquels paraissaient suffire pour soutenir un long siège. Comme il n'y en avait que quatre-vingts à Calvi, les Commissaires y envoyèrent avec une compagnie de Corses Anton

(T. 235) (P. III, 278)

Paolo de S. Antonino, homme sûr et jouissant dans le pays d'un grand crédit. Ils s'occupèrent ensuite de la défense de Bastia, et appelèrent dans cette place les principaux chefs du Deçà des Monts. Ceux-ci, conformément aux instructions qu'ils avaient reçues, emmenèrent avec eux quelques partisans, et comme la place elle-même n'était que faiblement défendue par ses murs et par sa position, on les établit dans la citadelle qui présentait plus de garanties.

Ces chefs étaient Alessandro Gentile d'Erbalunga, qui, ayant plus que les autres la pratique des choses de la guerre, fut nommé commandant général; on lui donna pour *alfiere* Giacomo de la Casabianca, homme plein de valeur et d'autorité. Puis venaient, avec le grade de capitaine, Anton Marco de Campocasso, Pietro Paolo de la Casabianca, Grimaldo et Raffaello de Casta, un fils de Taddeo et Frate de Pietricaggio, tous caporaux et des premiers personnages de l'île; il y avait encore d'autres capitaines appartenant à la classe populaire et jouissant d'un grand crédit. Les populations des *marine* voisines devaient tenir leurs armes toujours prêtes, et s'il en était besoin, aller au secours des capitaines au premier coup de canon.

Les Commissaires avaient pris ces mesures, lorsque les deux flottes, côtoyant la Corse, remontèrent jusqu'à Solenzara, et firent voile de là pour l'île de Montecristo. Le départ des flottes sembla avoir quelque peu calmé les craintes des Commissaires, surtout quand ils apprirent que, partout où elles avaient touché terre, les officiers avaient fait payer aux populations tous les rafraîchissements qu'elles avaient fournis. Quelques jours après, ils furent encore rassurés davantage par Altobello Gentile de Brando, homme considérable, qui avait pendant cette année navigué avec son frère Raffaello sur les galères françaises.

Altobello, on ne sait pour quelle raison, s'était fait débarquer en Sardaigne. Etant venu en Corse, seulement pour voir ses parents, disait-il, il n'y était resté que quelques jours, parce que, en apprenant le départ de la flotte, il s'était embarqué sur une frégate pour la rejoindre. Pendant qu'il était dans l'île, Altobello s'était entretenu longuement avec les Commissaires : ils n'avaient, disait-il, rien à craindre de cette flotte, parce que, s'il connaissait l'implacable ressentiment de Dragut contre la Corse, depuis qu'il avait été fait prisonnier, Paulin et Ferrante Sanseverino, l'ancien prince de Salerne, semblaient l'avoir dissuadé de rien entreprendre contre cette île ; de plus, ces deux chefs avaient déclaré au nom du roi de France que son intention était de ne faire aucun mal à la Corse, tant pour conserver l'amitié des Génois que pour reconnaître les bons et loyaux services des Corses. Il donnait ainsi à entendre que, tant que Dragut, avec l'armée turque, serait au service du roi, on n'avait rien à craindre de lui, mais qu'il pouvait être à redouter lors de son départ, à cause de son caractère violent et des intentions hostiles qu'il manifestait hautement.

Altobello parlait ainsi, parce qu'alors, comme il l'a dit plus tard pour se justifier, on ignorait sur la flotte même quelle entreprise se préparait. Mais comme à Bastia, il avait conseillé d'enlever l'artillerie établie dans certaine position, ce qui fut cause plus tard que la place fut prise, les Génois furent toujours convaincus qu'il était au courant des opérations futures, et qu'il n'était venu en Corse que pour faire aux capitaines français un rapport détaillé sur l'état des choses. De Montecristo, les deux flottes gagnèrent l'île de Pianosa, proche de l'île d'Elbe. L'insolent barbare brûla tout le pays et fit prisonnier tous les habitants qu'il put atteindre. Passant ensuite dans l'île d'Elbe, il y brûla également beaucoup de villages et y fit un grand nombre de prisonniers. Puis les deux flottes réunies allèrent tirer quelques

(T. 236)   (P. III, 282)

coups de canon contre Ferraio, forteresse de cette île qui appartenait à Cosme de Médicis, duc de Florence. Les soldats qui composaient la garnison, quoique peu nombreux, résistèrent bravement et se servirent si bien de leurs canons qu'ils firent croire aux deux flottes qu'elles n'avaient rien à faire de ce côté. Elles se retirèrent sur d'autres points de la même île. Paulin, laissant Dragut avec la flotte turque sur laquelle il déposa six compagnies françaises qui, sous les ordres de Vallerone, capitaine plein de bravoure, n'avaient pas quitté, depuis le commencement du voyage, les galères royales dont elles augmentaient les forces, passa avec la flotte française ainsi allégée à Castiglione della Pescara pour y recevoir les instructions de Monseigneur de Thermes et d'Hippolyte d'Este, cardinal de Ferrare, qui étaient alors à Sienne, comme je l'ai dit, au nom du roi de France. Quelques jours auparavant, Sampiero de Bastelica, qui avait quitté sous un déguisement le Piémont, où la guerre entre les Français et les Impériaux était dans tout son feu, était arrivé par la poste à Sienne. Il était envoyé par Monseigneur de Brissac, qui commandait de ce côté l'armée française; il apportait, outre des lettres du roi Henri, des instructions secrètes pour Thermes qui devait diriger l'expédition et attendait à Sienne. Ces instructions l'éclairaient sur ce qu'il avait à faire lors de l'arrivée de la flotte et sur la manière dont il devait s'en servir.

Quelques mois auparavant, le roi Henri avait envoyé trente mille écus au cardinal Hippolyte, qui avait été placé à Sienne pour y affermir l'influence française. Avec cette somme, le cardinal devait faire du biscuit et préparer des vivres en assez grande quantité pour approvisionner les deux flottes; après avoir consacré le reste de l'été à commencer quelque entreprise importante, les flottes devaient hiverner en Corse ou en Sardaigne, pour se trouver prêtes, au retour du printemps, à continuer la guerre commencée. Mais Hippolyte avait dû faire tant de dépenses pour les besoins de Sienne qu'il avait épuisé la somme entière sans préparer aucun approvisionnement pour la flotte. Dans ces conditions, il devenait impossible d'hiverner dans ces mers ; comme l'été était déjà trop avancé et qu'ainsi la flotte ne pouvait rien faire d'important jusqu'à la fin de l'année, il paraissait nécessaire qu'elle s'en retournât sans faire nulle part aucune tentative.

Thermes et le cardinal appelèrent à un conseil secret tous les personnages et tous les capitaines qui se trouvaient en ce lieu au service du roi, afin de délibérer sur ce qu'il y avait à faire. On discuta longtemps sur le parti que l'on devait prendre. Le cardinal et tous les assistants étaient d'avis que, puisque la flotte turque ne pouvait rester et hiverner sur ces côtes, on n'avait plus le temps d'entreprendre aucune expédition, mais que l'on pouvait, pendant son absence, faire de grands préparatifs, pour qu'elle revînt l'année suivante plus tôt que les autres années et que l'on pût ainsi faire dans le royaume de Naples, en Sardaigne, en Corse ou en Toscane quelque expédition glorieuse, dans laquelle les intérêts du roi seraient discutés avec prudence et soutenus avec valeur. Thermes seul était d'avis qu'avant le départ de la flotte il fallait faire une tentative sur quelque point avec des troupes légères : or la Corse se trouvait tout indiquée, parce qu'on savait de source certaine qu'elle était moins bien approvisionnée que tous les autres endroits ; il ajoutait que la conquête en était si facile qu'il comptait bien être maître de l'île au bout de quelques jours. Il avait la ferme espérance que les populations ne lui feraient pas attendre leur concours, parce que l'on connaissait leur affection pour la France, non moins que leur peu d'attachement pour le gouvernement génois qu'elles avaient toujours

(T. 237) (P. III, 286)

détesté. Les populations prendraient donc les armes, et avec leur appui on s'emparerait facilement des présides qui se trouvaient, comme on le savait de bonne source, sans garnison, sans chef capable et presque sans approvisionnements.

D'ailleurs on n'avait pas à craindre que les vivres vinssent à manquer à l'infanterie; la récolte de l'année avait été riche et abondante, et le blé suffirait pour nourrir pendant longtemps une grande armée.

Thermes alléguait en outre que, si cette entreprise ne réussissait pas, l'échec aurait peu d'importance; mais qu'au contraire, si elle réussissait (et comme le succès n'était pas douteux, il fallait se mettre résolument à l'œuvre), on pouvait comprendre combien la possession de cette île située en pleine Italie avancerait les affaires du roi non seulement pour aborder dans la Toscane où les Français étaient déjà fortement établis, mais encore sur tous les autres points où il voudrait diriger ses forces pour reculer les bornes de son glorieux empire. Puisque cette entreprise, si elle réussissait, devait avoir des résultats si considérables, et que, si elle ne réussissait pas, la perte serait nulle ou presque nulle, un capitaine avide de gloire ne devait pas, pour un vain motif de prudence, laisser échapper aussi sottement de ses mains une magnifique occasion.

On demanda à Sampiero, parce qu'il était Corse et qu'il connaissait le pays, son avis sur cette question : il déconseilla, dit-on, énergiquement cette expédition, parce qu'il ne pensait pas que l'on dût commencer une entreprise, quelque facile qu'elle fût d'abord, si l'on devait trouver, pour la terminer, les difficultés les plus graves. Si l'on n'avait, disait-il, pour faire une pareille expédition, que les vivres que l'on pensait trouver en Corse, ils ne suffiraient pas pour nourrir tant de monde même une soirée ; et d'ailleurs, quand même les vivres seraient en quantité suffisante (1) une fois que la flotte de Soliman se serait éloignée de l'Italie, on pouvait s'attendre à voir les Génois, avec la flotte du prince D'Oria et celle de l'Empereur, soudoyer des troupes nombreuses, qui ne laisseraient pas aux Français le temps de se mettre en défense et reprendraient en fort peu de temps tous les pays conquis, ce qui serait un grave préjudice pour la réputation du roi. D'autre part, pour ce qui regardait Calvi et Bonifacio, c'étaient des places que l'on pouvait maudire de loin, mais que l'on ne pouvait songer à prendre. Or, faire dans l'île une démonstration sans résultat, c'était ruiner d'avance l'entreprise que l'on pourrait projeter pour l'année suivante. En effet, une fois que les Français auraient manifesté leurs intentions hostiles, les Génois ne seraient que prudents en se préparant à la guerre avec plus d'activité qu'ils ne le faisaient alors, ayant cru jusqu'à présent qu'on les considérait comme neutres. On loua fort cet avis, et Sampiero lui-même eût été loué bien davantage dans la suite si, en voyant l'expédition décidée, il eût pris le parti de ne point porter les armes contre ses maîtres légitimes et s'il n'eût pas fait peser un joug si lourd sur la tête de sa patrie.

Thermes, préférant son propre avis à celui de tous les autres, résolut de faire à tout prix un débarquement en Corse, poussé, je crois, par la malheureuse destinée de cette île plutôt que par toute autre raison. C'est ainsi que la Corse vit troubler la paix profonde dans laquelle elle vivait

---

1) MS. de Ceccaldi : « .... era certissimo che a pascer tanta gente la non » bastasse *pure una sera sola, e che poi quando pure quella veramente* » *bastasse*, non havendo etc. » — Les mots soulignés ont été omis dans les éditions italiennes.

et qu'elle fut précipitée dans un abîme de misères. Quelques hommes clairvoyants crurent deviner alors le mobile secret qui avait inspiré la conduite de Thermes; ils pensèrent que, s'il s'était obstiné à entreprendre cette expédition malgré l'avis de tous les autres, c'est que le roi Henri l'avait, comme je l'ai dit, désigné pour la commander, et que, si cette année se passait sans rien faire, son honneur lui semblait gravement atteint. Un vieux capitaine, qui s'était fait à la guerre un nom si fameux, qui était venu en Italie avec le titre de général, pouvait-il vivre obscurément à Sienne, soumis aux ordres du cardinal Hippolyte, un homme portant une robe longue, qui gouvernait cette ville et était plus habitué à feuilleter des livres dans son cabinet qu'à donner l'assaut à des places vigoureusement défendues? C'était uniquement pour se soustraire à cette dépendance, pensa-t-on alors, que cet homme habile et circonspect voulut aller allumer la guerre en Corse. Cette guerre se continua avec un acharnement terrible pendant sept années consécutives, au bout desquelles les Français n'obtinrent que de minces résultats, quoiqu'un grand nombre d'entre eux eussent trouvé en Corse leur tombeau.

Ces détails me furent racontés par des personnages et des capitaines distingués (1) qui avaient assisté au conseil. D'autres prétendent au contraire, et ils appuient leur opinion sur des conjectures parfaitement fondées, que Sampiero, dans sa haine contre les Génois, ayant toujours essayé (2)

(T. 238) (P. III, 290)

---

1) MS. de Ceccaldi : « Queste cose, intesi io dire a Signori e Capitani honorati, i quali etc. » — Editions italiennes : « Queste cose furono dette da' Signori e Capitani onorati e giudiciosi, i quali etc. » Ici, comme en beaucoup d'autres endroits, Filippini a tenu à reléguer dans l'ombre la personnalité de Ceccaldi.

2) MS. de Ceccaldi : «... che in quanto San Piero havendo egli con

d'attirer en Corse les armes françaises, on ne peut guère croire, qu'après être venu alors à Sienne uniquement pour cette expédition, il l'ait déconseillée, surtout quand cette occasion, sur laquelle il comptait beaucoup pour avancer sa fortune, se présentait si à propos, et que, s'il la laissait échapper, il pouvait survenir certains incidents qui l'empêcheraient de la retrouver jamais aussi belle que cette fois.

Le conseil avait été tenu quelques jours avant l'arrivée de la flotte turque. Lorsque cette arrivée fut connue, Thermes, outre les compagnies de Vallerone, desquelles il avait l'intention de se servir, prit encore avec lui quatre mille fantassins d'élite italiens qu'il entretenait à Sienne à cet effet, et se mit aussitôt en route. Ces compagnies italiennes étaient presque toutes commandées par des personnages illustres ou de vieux colonels de grande réputation : c'étaient le Duc de Somme, Francesco Villa, mestre de camp, les trois Orsini Maarbale, Giordano et Francesco, Giovanni Vitelli, le colonel Giovanni de Turin, Don Carlo Caraffa et Passotto Fantuzzi, tous issus de familles très distinguées et très importantes. Chacun d'eux avait sa compagnie ; deux compagnies n'avaient pas leurs chefs : c'étaient celle de Pietro Strozzi et celle du comte Camillo Martinengo. Venaient ensuite, avec leurs compagnies ordinaires, le Corse Bernardino d'Ornano et le Calabrais Moretto, qui jouissaient, eux aussi, d'une certaine réputation. Il y avait encore d'autres personnages de marque qui n'exerçaient aucune fonction ; c'étaient des chevaliers et des gentilshommes italiens et corses. Toutes ces compagnies, habituées à la guerre, d'une belle et fière apparence, furent conduites à petites journées à Castiglione.

(T. 239) (P. III, 292)

---

l'animo corrotto tentato sempre etc. » La suppression du mot *con* dans les éditions italiennes rend le sens à peu près inintelligible.

Pendant que l'infanterie s'embarquait, Thermes et Paulin arrêtaient leur plan de campagne. Ils ne se bornèrent pas à se concerter sur leurs opérations futures en Corse, mais par un calcul habile, ils distribuèrent sur le champ les seigneuries et les biens que les Génois possédaient dans l'île aux Corses qui étaient avec eux, et se les attachèrent ainsi très étroitement. Ils promirent à Sampiero la seigneurie de Leca ; à Bernardino d'Ornano et à Pier Giovanni, son frère, qui se trouvait là également, la seigneurie de la Rocca ; aux deux frères Altobello et Raffaello Gentile de Brando, les domaines que possédait le Génois Marchio Gentile à Sisco et à Pietracorbaia ; on fit également à tous les Corses présents dans cet endroit, des promesses proportionnées à leur grade et à leur qualité.

Lorsque le plan de l'expédition fut arrêté et que les troupes furent embarquées, on mit à la voile et on se dirigea vers l'île d'Elbe, où l'on trouva Dragut qui, dans cet intervalle, avait fait des incursions sur d'autres points et était arrivé la veille. La flotte française se réunit à la flotte turque, et toutes deux cinglèrent de conserve vers l'île de Corse. Mais il s'éleva tout à coup une bourrasque si terrible, accompagnée de ténèbres, de pluie, de vent et de grêle, qu'elles furent obligées de regagner l'île d'Elbe. Les flottes parurent en vue de la Corse le vingt août, et les Commissaires de l'Office crurent fermement alors, mais trop tard, que l'orage allait fondre sur l'île. Ils laissèrent donc à la garde de la citadelle de Bastia Alessandro Gentile avec les autres capitaines et soldats corses dont j'ai parlé ; quant à eux, tout-à-fait démoralisés, ils se retirèrent à Borgo di Mariana. Ne sachant à quel parti s'arrêter, ils se tenaient dans ce village avec de nombreux habitants du pays, et attendaient timidement que les événements leur dictassent les mesures à prendre. Mais en voyant que les flottes ne s'étaient

(T. 239) (P. III, 293)

pas rapprochées de la Corse ils reprirent courage et retournèrent à Bastia. Enfin les deux flottes quittèrent l'île d'Elbe, Dragut ayant sur ses galères, comme je l'ai dit, les compagnies françaises, et Thermes ayant sur les galères françaises les compagnies italiennes qu'il avait prises à Sienne. Cette fois, leur traversée fut heureuse, et elles se présentèrent sur les côtes de Corse le mardi 22 août.

Mais pour sonder d'abord les dispositions de la garnison de Bastia, Thermes et Paulin crurent à propos de faire précéder la flotte de trois galères françaises, sur lesquelles se trouvaient le duc de Somme, commandant en chef des compagnies italiennes, le prince de Salerne, Sampiero de Bastelica, les deux frères Bernardino et Pier Giovanni d'Ornano, les deux frères Altobello et Raffaello Gentile de Brando, Pier Antonio surnommé de Valentano, Ambrogio de Bastia, tous Corses et jouissant d'un grand crédit dans l'île; avec eux se trouvaient encore Giovanni de Turin, vieux colonel au service du roi, et d'autres personnes de grande distinction. Ces galères se dirigèrent droit vers l'Arenella, endroit situé au midi de cette ville à la distance d'environ un mille et demi, et y jetèrent l'ancre. Les Commissaires, saisis d'épouvante, montèrent aussitôt à cheval, recommandèrent la défense de la forteresse à Alessandro et aux autres qui étaient dedans, et montant par la route de Belgodere, afin de se conserver pour des temps meilleurs, ils prirent le chemin de Corte. Benedetto de Pino, Lodovico Gentile de Brando, son gendre, et quelques Bastiais avec eux, montèrent sur une frégate et se dirigèrent vers les galères pour demander si les troupes qui les montaient venaient en ennemies ou seulement pour prendre des rafraîchissements. De son côté, le Vicaire Marsilio Fiesco, que les Commissaires avaient mis à la place de l'ancien gouverneur Lamba D'Oria auquel ils avaient enlevé ses fonctions, partit de Bastia avec

(T. 240)   (P. III, 295)

vingt-cinq cavaliers et se rendit par terre auprès des galères, pour s'informer du motif de leur arrivée. Bernardino d'Ornano, soit par raillerie, soit pour prendre tout d'abord ses sûretés, lui répondit qu'ils étaient venus pour se procurer des rafraîchissements et non pour autre chose; le prince de Salerne et le duc de Somme avaient, disaient-ils, beaucoup souffert de la mer; ils voulaient se reposer un peu à terre avant de continuer leur route.

Néanmoins, les faits n'étaient pas en rapport avec les assurances de Bernardino; Benedetto fut retenu auprès du Duc avec ceux qui étaient venus sur la frégate; Marsilio et les cavaliers qui l'accompagnaient, en voyant descendre dans les esquifs les fantassins armés de leurs piques et revêtus de leurs armures luisantes, ne conservèrent plus de doutes sur leurs intentions hostiles, et chacun d'eux s'échappa comme il put. Le Duc de Somme descendit à terre et avec lui les autres capitaines que j'ai nommés; quand les compagnies furent débarquées, il les emmena en ordre de bataille du côté de Bastia. Pendant qu'il suivait la route, il envoya en avant un tambour aux officiers de la citadelle pour leur signifier qu'ils eussent à se rendre. Mais le tambour ne rapporta aucune réponse positive. Les galères quittèrent donc l'Arenella, et se présentèrent devant la place avec trois autres qui arrivaient en ce moment du Cap-Corse, où elles étaient allées prendre des nouvelles. Elles tirèrent contre le mur peu solide quatre ou cinq coups de canon qui tuèrent un ou deux des défenseurs de la place. Les autres effrayés se retirèrent dans la citadelle, bien que là encore personne ne se sentît le cœur assez ferme pour ne pas trembler en voyant ces préparatifs redoutables. Chacun comprenait que l'on ne pourrait tenir longtemps dans une forteresse si mal défendue.

Après le tambour, le Duc de Somme envoya Benedetto de

(T. 240) (P. III, 297)

Pino, qu'il avait emmené avec lui par terre, pour signifier à ceux de la citadelle qu'ils eussent à se rendre au plus tôt, s'ils voulaient éviter la mort; il savait bien qu'ils ne pouvaient se défendre contre de pareilles forces. Benedetto dut s'acquitter de la mission dont on le chargeait et exposa point par point le message du Duc. Alessandro, qui en homme habile, voulait se dégager d'une partie de la responsabilité, lui demanda son avis personnel; mais Benedetto, qui n'était pas moins avisé, lui répondit que, n'ayant jamais été soldat, il n'entendait rien à ces sortes de choses; qu'il ne pouvait par conséquent résoudre cette question, tandis qu'Alessandro, vieux capitaine, qui avait dans les choses de la guerre une expérience consommée, devait reconnaître par lui-même, à coup sûr, s'il était en état de tenir ou non. Quoique fort peu rassuré, Alessandro répondit qu'il exposerait la situation aux Commissaires qui l'avaient nommé commandant, et qu'il agirait d'après leur réponse. Il envoya donc aussitôt auprès d'eux Teramo de Campocasso qui se trouvait dans la place. Après avoir reçu cette réponse évasive qui faisait gagner du temps aux assiégés, sans rien énoncer de positif, le Duc envoya du côté de la ville Sampiero, Pier Giovanni et les autres Corses qu'il avait avec lui; ceux-ci s'approchèrent des remparts et se mirent à prier les défenseurs de la place de ne pas s'obstiner dans leur sotte résolution, comme ils paraissaient décidés à le faire, s'ils ne voulaient pas causer la ruine de leur patrie; d'autant plus que le roi de France, si affectionné à leur nation pour une foule de motifs, n'avait envoyé ses armées en cette île que pour délivrer les Corses de la servitude des Génois. Si donc ils cédaient la ville et la citadelle, boulevard principal du pays, eux qui étaient l'élite et la partie la plus honorable des Corses, pouvaient être assurés qu'ils recevraient de la libéralité du roi de grands honneurs et de magnifiques récompenses. Alessandro, témoin de ces pourparlers, se trouvait très irrésolu et ne savait guère quel parti prendre.

Pendant ce temps le Duc s'était avancé avec l'infanterie jusqu'à l'église St-Roch, c'est-à-dire à une portée d'arquebuse des remparts, lorsque les fantassins qui voulaient s'approcher pour reconnaître la citadelle en reçurent tout à coup une si terrible décharge d'arquebuses qu'en un moment vingt hommes environ restèrent sur le terrain. Sampiero, qui voulait que l'on prît la citadelle sans effusion de sang, s'il était possible, conformément au dessein que l'on avait de ne pas s'aliéner les esprits des Corses, fit retirer les compagnies françaises, et faisant avec Giovanni de Turin un léger détour au midi, du côté de la marine, ils escaladèrent avec l'assistance de quelques compagnons la muraille abandonnée sur le point même où elle était la plus basse et marchèrent droit à la place qui est voisine de la citadelle. Là Sampiero, par des instances nouvelles et plus pressantes encore, exhorta Alessandro et les autres chefs à ne pas différer plus longtemps leur soumission ; il leur démontra combien il était plus avantageux et plus sûr pour eux de se jeter spontanément dans les bras des capitaines royaux que d'attendre, pour leur perte, qu'ils fussent pris de force, comme ils le seraient sûrement. Et pour les encourager davantage à prendre cette résolution, il leur déclara que les Français ne se retireraient pas avant d'avoir pris Bastia et se mit à railler les forces des Génois et à exalter celles du roi. Il s'efforça de leur démontrer qu'en gouvernant l'île, les Génois n'avaient jamais cherché qu'à assouvir la haine qu'ils avaient depuis longtemps conçue contre les Corses.

D'un autre côté, il leur exposait l'amour que les Français avaient toujours eu pour cette nation ; il les avertissait enfin que, si, contrairement à toutes les règles de prudence suivies à la guerre, ils prétendaient, par une sotte et funeste obstination, résister à une flotte si puissante qu'elle faisait trembler les places les mieux fortifiées (et il montrait du doigt cette flotte redoutable dont les vaisseaux qui couvraient une vaste étendue de mer se rapprochaient de la place), non seulement ils devaient trembler eux-mêmes, mais qu'ils n'avaient à espérer aucun pardon et qu'ils seraient tous taillés en pièces. Il ajoutait que c'était uniquement pour leur laisser quelque délai que la flotte était restée en arrière; mais qu'ils devaient rester convaincus qu'une fois qu'elle serait arrivée, il ne serait plus en son pouvoir de rien faire pour les aider.

Bernardino, Altobello, Pier Giovanni et les autres Corses qui avaient rejoint Sampiero tenaient le même langage. Il s'éleva alors dans la citadelle une grave dispute. Alessandro seul tenait ferme pour les Génois; comme il avait la responsabilité, il ne voulait pas se rendre ainsi de prime abord.

Une autre raison, c'est que Altobello et Raffaello, ses ennemis particuliers, étaient, comme je l'ai dit, au dehors; aussi Alessandro faisait-il répondre par d'autres, car il n'osait se montrer pour répondre lui-même, craignant de recevoir quelque coup d'arquebuse. Mais les autres Corses qui, hors de la place, ne lui étaient point inférieurs, ébranlés par la grandeur du danger qui les menaçait et se laissant déterminer par la présence et les assurances de Sampiero, qui jouissait auprès d'eux d'une immense réputation, résolurent, d'accord avec les soldats de la garnison, de faire une soumission complète. Alessandro voulut s'y opposer, mais ils tournèrent leurs armes contre lui. Il fut donc forcé de se retirer avec quelques Bastiais dans le vieux château qui était à quelques pas. Son intention, comme on le sut plus tard, n'était que d'obtenir pour se rendre des conditions plus honorables. Aussitôt que les soldats français qui, pendant ce temps, ne rencontrant aucune résistance, s'étaient emparés d'un bastion grossier bâti par Lamba D'Oria à côté de la citadelle et qui leur avait servi d'escalier, furent entrés dans la place, les Corses, prenant un parti lâche et honteux, leur ouvrirent la porte, et au cri de *France!* les uns et les autres mirent à sac la place et la citadelle. Les cris, les gémissements et les lamentations des malheureux habitants et particulièrement des Génois établis dans la place, s'élevaient jusqu'au ciel.

A la tombée de la nuit, les vaisseaux des deux flottes prirent terre pêle-mêle; ils avaient eu beaucoup de peine à aborder en Corse à cause des vents contraires qui s'étaient levés.

Le lendemain matin Thermes descendit à terre et fit débarquer ensuite les compagnies françaises avec le reste des compagnies italiennes. Comme les Turcs, qui ne se mêlaient pas aux chrétiens dont ils ont de tout temps détesté la foi religieuse, n'étaient pas nécessaires, puisque la place était prise, Thermes ordonna qu'il n'en descendît que fort peu, d'autant plus qu'en mettant le pied dans la place, il avait reçu la soumission d'Alessandro. Celui-ci fut conduit sur la galère-capitane française où il fut retenu. Thermes voyant que, dans cet heureux début, la fortune s'était montrée si favorable à ses desseins, mit aussitôt en campagne, comme cela avait été convenu, de nombreux capitaines corses, tant ceux qui s'étaient trouvés dans la citadelle que ceux qu'il avait amenés avec lui. Ceux qui venaient de terre ferme étaient Altobello et Raffaello Gentile de Brando, Pier Giovanni d'Ornano, Napoleone de Levie, Pier Antonio de Valentano, Francesco de Niolo, qui tous avaient fait leurs preuves en mainte circonstance. Ceux qui s'étaient trouvés dans la citadelle étaient Achille de Campocasso, fils d'Anton Marco, les deux Casta, Giudicello, fils de Grimaldo, et Raffaello, et enfin Giacomo de la Casabianca (1).

Les capitaines firent aussitôt battre le tambour pour former des compagnies corses avec leurs partisans; en peu de temps, la nouveauté du fait (car le nouveau a toujours plu aux peuples et surtout aux Corses), l'habitude qu'ont les sujets de se plaindre sans cesse du gouvernement présent, l'appât du gain et des honneurs avaient produit leur effet; on ne saurait croire quelle foule se rendit aussitôt auprès des capitaines. On vit en effet accourir, dans leur aveuglement, presque tous les habitants des environs qui, élevant jusqu'au ciel le nom de Sampiero et l'appelant le glorieux défenseur et le libérateur de la patrie, promettaient de vivre et de mourir au service de la France. Néanmoins, il y en eut quelques-uns qui, envisageant les choses avec plus de sang-froid et de prudence, riaient en eux-mêmes d'une pareille légèreté et ne se dérangèrent point. Thermes, en voyant les Corses si disposés à lui prêter leur concours, conçut le ferme espoir de s'emparer sans coup férir des pays ouverts, et pour s'emparer également des forteresses, il résolut de ne pas attendre le départ de la flotte turque, mais de les attaquer toutes à la fois. Par un calcul habile, il chargea tout d'abord Dragut de l'entreprise la plus difficile, qui était celle du siège de Bonifacio; il envoya ensuite Antoine Paulin avec la flotte française et toutes les forces qui se trouvaient à bord, assiéger Calvi; c'étaient les deux forteresses les plus importantes de l'île.

Il fit marcher en même temps sur Corte, avec ses com-

(T. 243) (P. III, 305)

---

1) MS. de Ceccaldi : « Poi gli altri i quali già erano nella cittadella » furono Achille, figliuolo d'Anton Marco da Campocasso, Giudicello » figliuolo di Grimaldo con Raffaello da Casta e Jacopo della Casabianca. » Le texte des éditions italiennes est un peu moins complet.

pagnies gasconnes, Vallerone, auquel il adjoignit Sampiero ; il voulait s'emparer de ce château qu'il savait défendu par une garnison insuffisante et mal approvisionné, et soumettre le pays, afin de déjouer les projets que pourraient former les Commissaires génois. Il associa également à cette expédition Pier Antonio de Valentano, Giacomo de la Casabianca, Francesco du Niolo, Achille de Campocasso, ainsi que Giudicello et Raffaello, tous avec leurs compagnies ; il envoya les autres avec la flotte turque qui devait assiéger Bonifacio. Altobello, son frère Raffaello et Ambrogio restèrent à Bastia pour défendre cette place ; en effet, Thermes, pour ne point laisser à l'ennemi le temps de se fortifier, avait l'intention de quitter Bastia et de marcher sur St-Florent avec toutes les compagnies italiennes.

Lorsque ces dispositions furent prises, Dragut partit le soir même pour commencer l'entreprise dont on l'avait chargé. En côtoyant la plage d'Aleria, la première place qu'il rencontra fut celle de Portovecchio, qui, très faible par sa position même, mal fortifiée et abandonnée par les officiers génois, se rendit immédiatement. Pier Giovanni d'Ornano y resta pour la garder ; il avait, comme je l'ai dit, reçu en don avec son frère Bernardino la seigneurie de la Rocca. C'était pour cette raison que Pier Giovanni, ainsi que Napoleone de Levie qui avait aussi des intérêts de ce côté, s'étaient embarqués sur la flotte turque. Après avoir pris à Portovecchio les mesures nécessaires, Dragut, impatient d'engager la lutte, se présenta devant Bonifacio.

Sampiero et Vallerone furent heureux dans leur expédition ; ils étaient encore à plusieurs milles de Corte, lorsque, les Commissaires s'étant enfuis, on leur envoya les clefs du château. Sampiero chargea Alessandro de Lento, qu'il chérissait à cause de son expérience dans les choses de la guerre, d'aller prendre possession du château au nom des

Français et d'y rester jusqu'à nouvel ordre. En se voyant abandonnées par les Génois, les populations avaient éprouvé les plus vives alarmes, mais rassurées par la présence de Sampiero, elles embrassèrent presque toutes le parti des Français.

Conformément (1) aux instructions qu'ils avaient reçues, les chefs chargés de l'expédition de Corte, après avoir heureusement terminé leur entreprise, se portèrent sur Calvi avec leurs compagnies et avec tous les Corses qui se joignirent à eux. On pensait que leur présence de ce côté serait loin d'être inutile, bien que Paulin ne fût pas encore arrivé avec la flotte française. En effet, par ce mouvement rapide, ils mirent les Calvais dans l'impossibilité de faire entrer dans la ville des vivres, des hommes et tout ce qui leur était nécessaire. Les capitaines corses que Thermes avait envoyés dans l'île, comme je l'ai dit, s'acquittèrent également de leur mission. Ayant appris le départ précipité des Commissaires qui n'avaient résisté nulle part et qui, voyant la situation désespérée, s'étaient retirés du côté d'Ajaccio dans l'état le plus misérable, sans effets, sans argent, sans appui et sans dessein arrêté, ils se mirent à parcourir les pièves du Deçà des Monts pour les soumettre au roi ou les affermir dans leurs bonnes dispositions. Ils ne rencontrèrent de résistance nulle part. Ils pillèrent aussi et saccagèrent tous les objets qui appartenaient aux Génois domiciliés en Corse et que leurs propriétaires avaient cachés dans les villages des montagnes chez des amis particuliers ; ils prodiguèrent

---

1) Un défaut de ponctuation rend ce passage inintelligible dans les éditions italiennes et même dans le manuscrit de Ceccaldi. Nous croyons qu'il faut ponctuer ainsi : « Come era loro stato imposto che dovessero » fare, quando fusse per essi loro fornito l'effetto commesso da questa » parte, si gittarono etc. »

l'insulte et l'outrage à tous les Génois et à toutes les familles génoises qu'ils rencontrèrent. Aussi ces malheureux, privés de tout secours, s'étaient-ils, dans ce triste changement de fortune, dispersés de tous côtés. Les uns s'étaient enfuis avec les Commissaires ; d'autres s'étaient réfugiés à Calvi ; d'autres enfin étaient allés se mettre à la merci de Thermes. Ce général, qui ne manquait pas d'humanité, ne permettait pas qu'on maltraitât les personnes ; peut-être n'aurait-il pas laissé piller les biens, comme il le fit, et n'en aurait-il pas fait don lui-même, s'il ne se fût proposé d'allécher les Corses par cet appât et de les engager plus facilement au service de son roi. En effet, après avoir confirmé les promesses faites à Castiglione della Pescara, il distribua encore plusieurs domaines à certains hommes qui pouvaient lui rendre service à un moment donné. Il alla même si loin dans cette voie, qu'oubliant tout respect religieux, il mit la main sur les choses sacrées et distribua les revenus des prélats de la Corse.

Pendant ce temps, Paulin n'était pas resté inactif. Arrivé au Cap-Corse, il y fut retenu pendant trois jours par les vents contraires et profita de ce retard pour faire appeler Giacomo Santo Da Mare, homme orné des plus brillantes qualités et l'un des seigneurs les plus considérables de la Corse (1) ; comme fils unique de Simone, il possédait les deux tiers de cette seigneurie, tandis que l'autre tiers était possédé, comme je l'ai déjà dit, par Giorgetta, sa tante et sœur de Simone. En se voyant appelé par Paulin, Giacomo resta plongé dans les plus grandes perplexités, et chercha

(T. 244) (P. III, 310)

---

1) MS. de Ceccaldi : « ... Jacopo Santo da Mare, *huomo risguarde-* » *vole fra tutti i Signori Corsi e di honoratissime qualità.* » — Les mots soulignés manquent dans les éditions italiennes.

inutilement à reconnaître quel parti serait le plus profitable à ses intérêts ; il eut plusieurs entretiens dans son château de S. Colombano avec quelques-uns de ses vassaux, avec Giorgetta et ses enfants qui étaient résolus de s'associer à sa fortune. Il envoya des rafraîchissements à Paulin et le pria de l'excuser s'il ne se rendait pas auprès de lui ; il était, disait-il, malade. Il espérait que, pendant ce temps, la flotte s'éloignerait et qu'il pourrait réfléchir plus à loisir sur le parti qu'il avait à prendre. Mais Paulin, qui, en fait d'astuce et de ruse, lui était bien supérieur, comprit son intention ; il lui écrivit une lettre dans laquelle il lui disait qu'il l'avait mandé seul, parce que, les Français s'étant repentis de leur entreprise et ayant résolu de quitter l'île, il avait songé à lui pour l'envoyer à Gênes faire les excuses nécessaires. L'imprudent seigneur crut ce qui était écrit dans cette lettre, comme on croit les choses les moins douteuses. Il prit conseil encore une fois, et de l'avis de tous, il se rendit auprès de Paulin ; il ne pouvait pas, pensait-il, porter à Gênes une nouvelle plus heureuse et plus agréable.

Mais lorsqu'il fut arrivé sur la flotte, Paulin lui donna le choix entre deux partis également durs, et l'obligea à se prononcer promptement pour celui qui lui plairait le plus : ou il jurerait fidélité aux Français, et à ce prix Thermes promettait de le faire nommer colonel de mille fantassins payés pendant la paix et pendant la guerre, gentilhomme de la chambre du roi avec une pension annuelle de douze cents francs et d'entretenir une garde convenable pour la défense de son château, ou, dans le cas contraire, il n'avait qu'à attendre une ruine assurée et complète pour sa personne, sa seigneurie et ses biens. Dans cette extrémité, Giacomo Santo, épouvanté d'un côté par la ruine dont on le menaçait, séduit de l'autre par ces promesses grandioses, et aussi parce que Dieu, dans sa colère, enlève l'intelligence à ceux qu'il veut châtier, finit par déclarer qu'il se mettait à la disposition de Thermes. Il jura fidélité et resta sur les galères avec lesquelles, lorsque la mer fut devenue plus calme, il gagna le golfe de St-Florent.

Thermes était déjà arrivé depuis plusieurs jours dans cet endroit; il n'ignorait pas que, lorsque l'occasion est propice, il faut se hâter de la saisir; il avait donc résolu de ne point manquer celle qui se présentait. Après avoir laissé, comme je l'ai dit, dans la place de Bastia, Altobello, Raffaello et Ambrogio avec leurs compagnies, et quelques Gascons dans la citadelle, il avait pris la direction de St-Florent. A son arrivée, les habitants comprirent que toute résistance était impossible: il n'y avait aucun soldat dans la place, qui d'ailleurs n'avait été fortifiée que contre les incursions des corsaires, et en outre le gouverneur qu'y entretenaient les Génois avaient pris la fuite. Ils envoyèrent donc présenter les clefs de la ville au général français. Celui-ci, ayant trouvé ce poste ainsi abandonné, tout étonné qu'il ne fût point défendu et tout heureux de l'avoir entre les mains, entra à St-Florent avec toutes ses troupes; c'était le 24 août.

Après avoir reconnu la position avantageuse de cette ville et la commodité de son golfe, qui pouvait être d'une grande importance pour l'accomplissement des desseins du roi, Thermes, qui connaissait son métier, résolut aussitôt d'en faire une place forte. Il n'avait encore entre les mains aucune place importante; il jugea donc, d'accord en cela avec de nombreux officiers pleins d'expérience qui se trouvaient dans son armée, que l'on devait, pour parer à toute éventualité, faire tous ses efforts pour s'établir fortement dans un lieu où l'on pourrait attendre les événements. Il réunit aussitôt un grand nombre d'habitants des environs, fit commencer les fortifications avec une promptitude singulière (1) et surveilla lui-même assidûment les travaux. Ce fut au moment où il mettait tous ses soins à fortifier St-Florent, que la flotte française, comme je l'ai dit, arriva dans le golfe. Paulin descendit à terre, et avec lui Giacomo Santo qui se présenta devant Thermes; celui-ci le reçut avec bienveillance et lui fit l'accueil le plus caressant. Les deux généraux confirmèrent ensemble par des lettres patentes tout ce que Paulin avait promis à Giacomo, et Thermes voulut le mettre aussitôt à l'épreuve et s'assurer de sa fidélité en lui donnant l'occasion de se déclarer ouvertement pour les Français. Giacomo en effet avait épousé une fille de Cristoforo Pallavicino, gentilhomme génois; il était parent du prince André D'Oria et il descendait encore par son père et par sa mère de famille génoise (2). Il lui commanda donc de se rendre au camp de Calvi, de sonder les dispositions des habitants de la ville et de voir si l'on ne pourrait pas par quelque moyen les amener à se rendre; le crédit dont il jouissait en Corse auprès des Génois, disait-il, déterminerait peut-être les Calvais à livrer leur ville aux Français.

Giacomo accepta volontiers cette mission et partit à cheval; le sort en était jeté, comme il disait souvent. Il trouva Vallerone bravement établi au pied même des murs de la place dans le faubourg que les Calvais avaient préalablement ruiné; Sampiero avait occupé près de là le Mozzello avec une

(T. 245) (P. III, 315)

---

1) MS. de Ceccaldi: « fece con singolar prestezza incominciare a dar
» principio et opera di mano in mano alla fortificazione etc.; » ce qui est
beaucoup plus clair que la leçon des éditions italiennes: «... a dar prin-
» cipio, ed operar di mano in mano alla fortificazione. »

2) MS. de Ceccaldi: «... assicurare, *perciò che oltre l'havere egli per*
» *mogliere una figliuola di Cristoforo Pallavicino, gentil'huomo genovese et*
» *parente del principe Andrea Doria, esso era nato ancora per linea paterna*
» *e materna di quella propria patria*, comandò che etc.» — Tous les mots
soulignés ont été omis dans les éditions italiennes.

foule de Corses qui l'avaient suivi, tant pour obtenir des honneurs et les biens des Génois que Sampiero était autorisé à distribuer, que pour témoigner de leur mieux leur fidélité et leur affection envers le gouvernement du roi. Tous alors, chefs et soldats, attendaient pour agir l'arrivée de la flotte française. Après que Giacomo fut descendu à terre, la flotte s'était remise en route, mais le mauvais temps l'avait obligée à regagner le golfe de St-Florent. En arrivant, Giacomo informa Sampiero et Vallerone de la mission qu'on lui avait confiée, et la nuit suivante, à la première veille, ils se rapprochèrent tous trois du rempart et s'avancèrent jusqu'à un endroit appelé la Croce. Giacomo avait avec lui un jeune enfant, fils d'Anton Paolo de S. Antonino, qu'il avait amené de Balagne; il alla se placer derrière les ruines d'une maison démolie, à moins de quinze pas du rempart. Là, il se mit à appeler à haute voix par leur nom tous les amis qu'il avait dans la place, et particulièrement Anton Paolo, son parent, qu'il faisait encore appeler par son fils, en le priant de se rendre s'il ne voulait pas s'exposer à de terribles dangers.

Mais cette tentative n'eut aucun résultat; Giacomo et ses compagnons eurent beau attendre pendant plus d'une grande heure; le silence le plus profond ne cessa de régner dans la ville, et l'on n'entendit pas le moindre mouvement (1). On reconnut alors combien était sage la défense expresse faite aux Calvais par les Commissaires, avant leur départ pour Gênes, de n'entrer à aucun prix en pourparlers avec les ennemis. En voyant la situation si fort compromise, les Commissaires avaient passé, comme je l'ai dit, dans le Delà des Monts. Ils arrivèrent dans la maison de Francesco d'Or-

---

1) MS. de Ceccaldi: *moto*, au lieu de *motto* qu'on lit dans les éditions italiennes.

nano, beau-père de Sampiero, et échappèrent ainsi aux plus grands dangers. Leur état malheureux émut de compassion Francesco, qui avait été élevé à Gênes avec eux ; il les fit parvenir sains et saufs à Ajaccio, qui tenait encore pour St-George. Il s'y embarquèrent, et après avoir vu leur voyage contrarié par des difficultés de toute sorte, car la fortune se plaisait à se jouer de tous leurs desseins, ils étaient enfin arrivés à Calvi. Ils y trouvèrent Oberto Spinola et Vincenzo Fiesco, l'un vieux capitaine, investi d'un commandement militaire dans la place, l'autre envoyé à Calvi pour rendre la justice en temps de paix, et tous deux personnages distingués ; ils y trouvèrent encore d'autres Génois, qui, après avoir échappé aux fureurs des envahisseurs, avaient eu l'heureuse fortune de gagner Calvi. Ils recommandèrent aux assiégés de ne pas sortir de la ville, de fermer la porte avec un mur solide et de soutenir vaillamment tous les coups de la fortune ennemie. Ces instructions données, ils s'embarquèrent pour Gênes.

Calvi était donc défendu par une garnison nombreuse ; il était largement approvisionné en artillerie, en munitions ainsi qu'en vivres ; en effet, outre les vivres qui étaient déjà dans la place, deux galions d'Alassio, qui étaient partis de Sardaigne et étaient venus par hasard relâcher dans le port, en avaient encore apporté une grande quantité. Se trouvant ainsi fortifiés par l'art et par la nature, les gens de Calvi montraient contre ces épreuves toute la fermeté et tout le courage que peuvent montrer des assiégés. Ils tiraient par les créneaux, par les embrasures des canons, ainsi que des ouvrages flanquants, et il ne se passait pas de jour qu'ils ne tuassent quelques-uns des assiégeants qui allaient et venaient pour vaquer à leurs occupations. Giacomo Da Mare, voyant qu'il ne pouvait rien gagner, partit le lendemain matin et retourna auprès de Thermes. A cause du manque de vivres, le général français n'avait pu marcher aussitôt sur Calvi, comme il en avait l'intention ; il avait, en attendant, envoyé la flotte française à Marseille, après avoir fait promettre à Paulin qu'il reviendrait au bout de quelques jours avec une abondante provision d'armes qu'il se proposait de distribuer aux populations corses, de vivres et de munitions qu'il destinait à St-Florent et à d'autres lieux.

Thermes, qui ne négligeait rien de ce que réclamaient les besoins de la guerre, confia alors à d'autres le soin de continuer jusqu'à son retour les fortifications de St-Florent, et regagna Bastia où il trouvait plus de commodités et de provisions de toute sorte. Paulin n'avait pas encore quitté le golfe de St-Florent, lorsque Thermes fut informé par Sampiero que les populations du Delà des Monts l'invitaient à passer de ce côté pour occuper Ajaccio, sa présence étant, disaient-elles, absolument nécessaire pour réduire cette place à l'obéissance du roi. Pour ne point perdre une occasion si belle, Thermes enjoignit à Sampiero de se rendre en toute hâte au milieu de ces populations ; et comme Vallerone, qui n'avait aucune connaissance du pays, avait besoin, après le départ de Sampiero et jusqu'au retour de la flotte, d'un Corse influent qui restât toujours avec lui, il fit embarquer Bernardino d'Ornano avec sa compagnie, pour qu'il restât au camp de Calvi et prêtât assistance à Vallerone.

Paulin alla donc avec la flotte débarquer Bernardino dans l'île de Balagne, au moment où y arrivait Sampiero qui s'était déjà mis en route pour le Delà des Monts ; ils furent tous d'avis que la flotte, avant de quitter la Corse, devait se présenter devant Ajaccio. Ils pensaient que lors même que les Ajacciens auraient pris le parti insensé de se défendre, la présence de la flotte royale suffirait pour les rendre plus disposés à entrer en accommodement. Cette résolution prise, Bernardino descendit à terre avec sa compagnie pour se rendre à sa destination ; Paulin partit par mer et Sampiero par terre ; tous deux firent le plus de diligence possible pour mettre promptement à exécution l'entreprise projetée. Mais la flotte retenue par les vents contraires ayant dû relâcher à Girolato, Sampiero arriva le premier. Il avait entraîné à sa suite une foule de paysans de cette partie de l'île, lesquels, en apprenant qu'il avait franchi les Monts, n'écoutant que leur penchant pour la rapine et les révolutions, s'étaient réunis en troupes et s'étaient mis à sa suite.

Comme la place était faible par elle-même et qu'elle n'avait aucune fortification, elle ouvrit aussitôt ses portes à Sampiero. Il n'ignorait pas que le devoir d'un capitaine prudent est non seulement d'accepter les dons de la fortune, mais encore d'en user sagement ; néanmoins, pour s'attacher les Corses en laissant le champ libre à leur licence, il abandonna à leur rapacité le pillage de cette ville riche et déjà prospère.

Les habitants, Génois pour la plupart, remplis d'épouvante en se voyant exposés à toute sorte d'outrages et d'accusations, en voyant leurs biens pillés et partagés entre les Corses, voulurent au moins sauver leur vie et l'honneur de leurs femmes ; ils se réfugièrent dans les villages voisins chez des amis particuliers, qui, dans un si grand changement de fortune, s'empressèrent de les assister et de leur fournir obligeamment toutes les choses nécessaires. Ils imitaient en cela l'exemple de Francesco d'Ornano qui se trouvant, grâce à la faveur dont jouissait Sampiero, le partisan des Français le plus influent dans le Delà des Monts, avait généreusement soustrait aux fureurs des insurgés Geronimo D'Oria, lieutenant de cette province, et quelques-uns des principaux habitants de la ville. Sampiero d'ailleurs se montra toujours prêt à faire respecter la vie de tous et l'honneur des femmes, et il n'y eut guère qu'une ou deux personnes tuées dans le premier emportement (1). Le calme était rétabli partout, lorsque Paulin arriva avec la flotte française, sur laquelle s'étaient embarqués, pour se rendre à la cour du roi, Ferrante Sanseverino, le Duc de Somme, Aurelio Fregoso et beaucoup d'autres personnages distingués. Paulin trouva les choses heureusement terminées, et repartit pour Marseille afin de remplir au plus tôt la mission dont il avait été chargé.

Après le départ de Paulin, Sampiero, considérant que le moyen le plus efficace et le plus sûr pour encourager les Corses du Delà des Monts était de faire ce que Thermes et lui-même avaient fait dans le Deçà, c'est-à-dire de se les attacher par de grands bienfaits, par des grades brillants et importants, fit appeler tous les seigneurs d'Istria, d'Ornano et de Bozi, et avec eux tous les gentilshommes qui jouissaient de quelque renom parmi les populations. Usant de l'autorisation que Thermes lui avait accordée, il donna aux uns les biens des Génois domiciliés à Ajaccio, à d'autres de l'argent avec mission de former des compagnies. Les nouveaux capitaines, je ne parlerai que de ceux-là, furent Rinuccio, Fede-

(T. 248) (P. III, 323)

---

1) Suivant l'historien génois Merello, les excès commis à Ajaccio auraient été beaucoup plus graves : « Per tanto Sampiero ritrovandola in
» abbandono, entrandovi senza contesa, la diede a discrezione a' soldati, i
» quali la corsero, e tutta sacchegiaronla, usando sopra ogn' altra cosa
» crudeltà inaudita contro a' Genovesi, le case de' quali non solamente
» depredarono, ma eziandio, ardendole, in gran parte le distrussero,
» guastando ancora le loro ville, ed uccidendo quanti di essi n' incontra-
» vano. Per la qual cosa que', che vi rimasero etc. » (MERELLO, *Della guerra fatta da' Francesi*, p. 95). — Toutes les fois qu'il y a désaccord entre Ceccaldi et Merello, nous croyons qu'il est plus prudent de s'en rapporter à l'opinion du premier. Ceccaldi, à la fois Corse et partisan des Génois, paraît avoir écrit sans parti pris ni contre les Corses ni contre les Génois.

rico, Vincenzio et Giovan Luigi, tous de la famille d'Istria ; Orlando d'Ornano avec ses frères, Anton Paolo, Agnolo Santo, Anton Guglielmo, Raffaello, Giacomo et Antonio de de Bozi. Sampiero savait bien qu'à cause de leur jeune âge et de leur peu d'expérience, ils ne pouvaient pas faire des capitaines distingués, néanmoins, comme ils étaient les chefs de leur famille, il voulut qu'ils acceptassent ce grade.

Ils allèrent tous, avec un air fort satisfait, se faire investir de leurs nouvelles fonctions ; le seul qui ne répondit pas à l'appel de Sampiero fut Giulio d'Istria, homme fort circonspect dans sa conduite et qui tenait un rang distingué parmi tous ces seigneurs. Giulio s'excusa sur l'embonpoint que l'âge lui avait donné et qui le rendait lourd et impropre au métier des armes ; il fit si bien que Sampiero ne le contraignit point, parce qu'il était l'oncle de sa femme. Cette réserve fit plus tard grand honneur à Giulio, parce qu'une conduite réfléchie et judicieuse ne peut apporter qu'honneur et profit. Tous les autres acceptèrent. Quoique Raffaello de Bozi et ses enfants, ainsi qu'Orlando d'Ornano, fussent, à cause de certains griefs antérieurs, les ennemis personnels de Sampiero, et que leur sympathie les portât peut-être plutôt vers les Génois que vers les Français, néanmoins, pour ne point se perdre tout-à-fait, ils se rendirent eux aussi auprès de Sampiero et firent leur soumission au roi.

Je crois à propos de donner ici la liste des seigneurs qui, pendant de longues années, s'étaient succédé à Istria, Ornano et Bozi, puisque j'ai à parler de ceux qui vivaient alors. Pour commencer par la famille d'Istria, dont j'ai parlé d'une manière fort détaillée jusqu'à Vincenzio, fils de Vincentello, j'ajouterai que Vincenzio eut un fils également appelé Vincentello. Celui-ci eut six fils : Bernardino, Giulio, dont je viens de parler, Giocante, Pietro Paolo, Domenico (1), et Giovan Francesco. Giulio était le seul qui survécût alors. A l'exception de Domenico, qui n'eut point héritiers, tous les autres étaient morts laissant un ou deux fils. Il restait, de Bernardino, Rinuccio; de Giocante, Federico; de Pietro Paolo, Vincenzio; de Giovan Francesco, Giovan Luigi et Ercole; ils reçurent presque tous de Sampiero le commandement d'une compagnie.

A Ornano, Alfonso avait laissé deux fils, Bernardino et Francesco: Francesco vivait encore alors. Il n'avait eu qu'une fille nommée Vannina, qu'il avait mariée quelques années auparavant à Sampiero, en lui donnant pour dot sa seigneurie qui devait lui revenir après sa mort. Il était resté de Bernardino cinq fils illégitimes; c'étaient Orlando, Anton Paolo, Angiolo Santo, Anton Guglielmo et Pier Giovanni. — A Bozi, étaient les descendants des deux frères Vincentello et Guglielmo; à Vincentello avaient succédé Raffaello et Bernardino; à Guglielmo, Francesco et Carlo. Raffaello vivait encore. Il était resté de Bernardino, Antonio; de Francesco, Pietro Paolo, Paolo (2), Giovan Paolo et Paolo Luigi; de Carlo, un fils unique, Giacomo, lequel devait, pendant cette guerre, se faire une grande réputation dans les rangs des Français et recevoir de Thermes le grade de colonel avec quelques compagnies. Parmi ces seigneurs *Cinarchesi,* des diverses branches desquels je viens de parler pour la dernière fois, ceux que j'ai nommés plus haut furent donc, comme je l'ai dit, élevés par Sampiero au grade de capitaines royaux. Mais parce que dans le Deçà comme dans le Delà des Monts leur concours était inutile, Thermes pensa

(T. 249) (P. III, 326)

---

1) Le nom de Domenico a été omis dans les éditions italiennes.
2) Le nom de Paolo manque dans l'édition de Pise.

qu'il suffisait pour les maintenir dans la fidélité qu'on leur eût fait prendre une seule fois les armes en faveur du roi, et qu'ils se fussent déclarés assez ouvertement pour ne plus pouvoir, dans le cours de la guerre, revenir sur leur première démarche sans se couvrir de honte. Deux nouveaux capitaines, Taddeo et Fraticello de Pietricaggio, furent créés dans le Deçà des Monts. Mais pour les raisons énoncées plus haut, à l'exception d'Altobello Gentile de Brando, de son frère Raffaello, et d'Ambrogio de Bastia, chargés, comme je l'ai dit, de garder Bastia, presque tous ces capitaines furent renvoyés chez eux.

Pendant ce temps, Dragut, avec la flotte turque, resserrait de près Bonifacio, et comme il rencontrait une résistance vigoureuse, il voulait mettre tout à feu et à sang. A peine arrivé, le féroce barbare débarqua à S. Amanzia les Turcs, qui passèrent cette première journée à couper les vignes et à massacrer les bestiaux; le soir, sur l'ordre de leur chef, ils s'avancèrent jusqu'au pied du rempart. Cette forteresse était défendue par un officier de St-George, qui en avait été gouverneur pendant de longues années, le Génois Antonio dal Cannetto. Il n'avait peut-être pas tout le talent que réclamait un pareil danger, mais il s'était fortifié de son mieux et se montrait capitaine intrépide. Afin de conserver sa réputation de bravoure, dès que les Turcs furent près du rempart, il fit, comme l'exigent en pareil cas les règles de la guerre, une sortie avec une troupe de soldats d'élite. Une escarmouche s'engagea, et après avoir vaillamment soutenu la lutte pendant un certain temps, les Bonifaciens rentrèrent dans la ville.

Environ deux heures après la tombée de la nuit qui suivit cet engagement, les Turcs occupèrent le *Campo Romanello,* qui est une colline située en face de Bonifacio du côté de la porte, et se mirent à creuser le terrain pour faire une longue tranchée, afin d'y établir l'artillerie qui devait battre la place. De la tour de la porte, les assiégés tiraient le canon au juger à travers les ténèbres pour contrarier les travaux ; un de leurs coups porta si juste que le boulet, allant donner au milieu d'un monceau d'armes et d'instruments apportés pour les travailleurs, tua dix-sept Turcs. Néanmoins la tranchée s'acheva avec une merveilleuse rapidité, et l'ennemi y établit une batterie de sept énormes canons ; il établit également deux canons à l'église St-Lazare, deux à la marine, deux à l'endroit appelé la Fantaria et cinq à un autre endroit appelé Piana di Cappello ; de tous ces points, il faisait beaucoup de mal à la forteresse. Les Turcs dirigèrent une violente canonnade contre la courtine de la porte, contre la tour qui est de ce côté, et contre tous les points de la muraille que l'artillerie pouvait atteindre ; cette canonnade dura dix-huit jours et dix-huit nuits sans jamais discontinuer. Enfin, après avoir ruiné les murs du bastion, ouvert des brèches vers la porte et sur d'autres points, les Turcs donnèrent l'assaut pour forcer l'entrée en passant sur les décombres. Mais les Bonifaciens, avec une promptitude singulière, avaient pendant les nuits précédentes élevé de nouveaux retranchements de terre et de bois ; puissamment secondés par les difficultés du terrain en pente, ils repoussèrent les assaillants (1).

Dragut ne cessa point pour cela de faire tirer ses canons,

(T. 250) (P. III, 329)

---

1) Filippini a bouleversé tout ce passage. Le voici tel qu'il se trouve dans le MS. de Ceccaldi : « ... senza rifinar mai. Perchè finalmente spo-
» gliata la muraglia del bastione, et aperta l'entrata di verso la porta et
» altrove, i Turchi dettero l'assalto per entrare per le rovine. Ma i Boni-
» facini, fatte le notti inanzi con singolar diligenza nuove trincee di terra
» e di legnami, aiutando loro a ciò molto la difficultà della salita, valoro-
» samente gli ributtarono. »

ni de recourir à des stratagèmes; la canonnade n'en devint que plus furieuse. C'était un spectacle à la fois grand et lamentable que de voir pendant la canonnade et surtout pendant les assauts la population travailler jour et nuit à élever des bastions et d'autres ouvrages (1); les femmes elles-mêmes, sans crainte des boulets, courir à la batterie, porter des fascines, de la terre et des pierres; puis, au moment de l'assaut, les unes se battre à coups de pierre, mêlées aux hommes sur le rempart, où un grand nombre furent écrasées par l'artillerie, d'autres porter à boire et à manger aux soldats, toutes enfin montrer une telle résolution qu'elles aimaient mieux mourir que de tomber entre les mains des Turcs. Pendant que Dragut, pour s'ouvrir plus facilement l'entrée de la ville, faisait tirer ses canons sans relâche, Pier Giovanni d'Ornano, qui se trouvait dans le camp des Turcs, ne manquait pas d'engager chaque jour les assiégés à se rendre; d'un autre côté, des émissaires de Sampiero leur faisaient entendre qu'ils ne devaient pas s'exposer plus longtemps à de si grands dangers. Mais bien que les assiégés, à la suite de tant d'épreuves, commençassent à perdre espoir, ils se défendaient néanmoins avec un courage inébranlable, en attendant qu'ils trouvassent pour se rendre une garantie plus sûre que la parole des Turcs.

Dragut sentait donc s'enflammer de plus en plus sa colère

(T. 250)   (P. III, 331)

---

1) MS. de Ceccaldi : « Era cosa veramente notabile e di grandissima » pietà vedere in tutto questo tempo della batteria, e molto più negli » assalti il popolo anco egli travagliarsi di dì e di notte in far bastioni et » altri ripari etc. » — Editions italiennes : « Era veramente cosa notabile » e di grandissima pietà vedere in tutto questo tempo la batteria, e molto » più gli assalti; il popolo anch' egli travagliarsi etc. » — Il est facile de voir que le texte du MS. est le plus satisfaisant.

et sa rage. Il se prépara à faire un suprême effort ; il réunit un matin, à l'aurore, toute sa flotte du côté du canal, et de là, il déchaîna contre la ville une effroyable tempête de coups de canon. D'un autre côté, il massa les Turcs avec tous les instruments nécessaires en face des brèches qui rendaient l'assaut possible. Cet assaut dura sept heures de suite, sans que les assiégés pussent prendre haleine un seul moment. La poussière des décombres, la fumée, le fracas de l'artillerie étaient tels qu'on ne pouvait ni se voir n'y s'entendre ; c'était une confusion inexprimable. De tous côtés, les Turcs grimpaient avec agilité sur les pierres détachées du rempart, s'efforçant de pénétrer dans la place. Ils étaient poussés en avant par les encouragements de Dragut et des autres capitaines, qui d'ailleurs ne ménageaient pas les coups de bâton à ceux qui reculaient. Les chrétiens restaient fermes et inébranlables à leur poste, se riant de la furie des Turcs ; quelques-uns de leurs coups en abattaient jusqu'à dix à la fois qui tombaient pour ne plus se relever.

Il est certain que, dans un si grand danger, Dieu prit en pitié cette malheureuse ville, puisqu'il donna à ses défenseurs assez de force et de courage pour que les Turcs perdissent tout espoir de l'emporter d'assaut. Epouvantés par la grêle de pierres qui tombait sur eux et par les effroyables décharges des arquebuses, fatigués aussi par une lutte si longue, ils se retirèrent laissant le sol environnant couvert de leurs morts et maudissant les difficultés du terrain et la force de cette position contre laquelle s'étaient brisés tous leurs efforts.

Les Bonifaciens assurent que ce ne fut pas sans l'intervention miraculeuse de Dieu qu'ils furent alors préservés de la fureur des Turcs; en effet, presque chaque nuit, les assaillants voyaient une multitude d'étincelles sur la pointe de leurs armes. Une nuit entre autres, les Turcs virent

(T. 251) (P. III, 332)

distinctement une grande lumière sur les remparts et sur les bastions de la place, avec une foule de guerriers couverts d'armures blanches, lesquels semblaient avoir un nombre infini d'échelles et descendre le rempart pour marcher de leur côté. Tremblant de peur à la vue de ce prodige, les Turcs abandonnèrent les tranchées et se retirèrent à plus d'un grand mille ; ce ne fut qu'au bout d'un certain temps qu'ils retournèrent à leur poste, tant était grande la frayeur produite sur leurs imaginations. Mais l'implacable Dragut ne rabattait rien de son orgueil ; tout au contraire, il songeait à recourir aux moyens les plus terribles pour réduire la malheureuse ville.

Pendant que la Corse était dans cette triste situation, on apprit à Gênes tout ce qui s'était passé depuis l'arrivée de la flotte alliée ; cette nouvelle produisit sur tous les citoyens une émotion profonde. Ils regrettèrent, mais trop tard, de n'avoir pas écouté les avis que leur avait fait parvenir de Naples pendant tout cet été le prince D'Oria, qui n'avait cessé de leur recommander de prendre leurs mesures ; en effet, outre certaines informations qui lui faisaient prévoir les hostilités, ils en avait reçu une, à mots couverts, d'un marchand génois de Constantinople, lui disant qu'une grande quantité de balles de coton devait être débarquée en Corse.

Mais comme, lorsqu'une chose est faite, il n'est pas au pouvoir de l'homme de faire qu'elle ne le soit pas, les magistrats de Gênes, n'écoutant que leur juste colère, s'en prirent aux Commissaires dès qu'ils furent arrivés ; ils leur reprochèrent de n'avoir pas su prendre les mesures convenables pour conjurer le péril et les retinrent en prison pendant quelque temps. Mais les Commissaires se justifièrent avec adresse et furent remis en liberté. Bientôt après, les magistrats vivement irrités contre les Corses déclarèrent rebelles Sampiero, Altobello Gentile de Brando, et Pier

Giovanni d'Ornano ; la tête de Sampiero fut mise à prix pour cinq mille écus ; c'était la somme qu'il avait à la banque de St-George ; la tête des deux autres fut mise à prix pour cinq cents écus chacun ; tous les trois étaient considérés comme ayant manifesté plus que tout autre des sentiments hostiles aux Génois.

Cette liste fut augmentée à plusieurs reprises ; c'est ainsi qu'y figurèrent, pour le Deçà des Monts, Giacomo Santo Da Mare, Raffaello, Altobello, Grimaldo de Casta, Giacomo de la Casabianca, Francesco de S. Antonino, Pier Antonio de Valentano, Leonardo de Corte, Antonio de Mariano et Ambrogio de Bastia ; pour le Delà des Monts, Francesco et Bernardino d'Ornano, et Alfonso de Leca ; presque tous, avaient été comblés de faveurs par les Génois et ne laissaient pas de faire alors contre eux tout ce qu'ils pouvaient. Leur tête fut mise à prix pour des sommes diverses, suivant le rang de leurs personnes et la gravité de leurs méfaits. Après avoir donné quelque satisfaction à leur colère par ces mesures destinées à abattre l'orgueilleuse obstination des Corses, les Génois appliquèrent tous leurs efforts à trouver les moyens de remédier à la situation et de reconquérir ce qu'ils avaient perdu.

Comme ils ne pouvaient, pour le moment, envoyer de secours suffisant aux deux places assiégées qui leur restaient encore dans l'île, ils envoyèrent, avec toute la promptitude que réclamait le danger, des députés à l'empereur, pour implorer son secours contre l'ennemi commun. Ils savaient de bonne source que Dragut devait aller hiverner dans le Levant ; ils se disposèrent donc à profiter de son départ pour faire quelque expédition importante ; ils espéraient qu'André D'Oria, se portant de ce côté avec sa flotte et celle de l'empereur, se montrerait encore une fois, comme il l'avait toujours fait, digne de lui-même et de sa patrie. Afin d'en-

(T. 252) (P. III, 336)

courager les défenseurs des deux places assiégées, ils résolurent de leur envoyer les secours qu'ils pouvaient trouver dans leur dénûment, c'est-à-dire, à Calvi, un faible renfort qui pénétrerait dans la place, grâce au départ de la flotte française, et à Bonifacio au moins une personne sur laquelle on pût compter pour encourager Antonio et ses soldats à se comporter vaillamment et pour leur porter en même temps quelque argent, afin que les pauvres soldats, au milieu de ces terribles épreuves physiques et morales, pussent se procurer quelque soulagement. Ils décidèrent donc que l'on ferait partir pour Calvi sur des frégates, d'abord Sabione d'Arezzo, officier actif, avec une compagnie bien payée (car il était fort difficile de trouver des soldats qui consentissent à s'exposer à un danger si manifeste), puis, après un court intervalle, Alessandro de Castelnuovo, capitaine déjà attaché au service de la place, avec une seconde compagnie.

D'un autre côté, Bonifacio était une place d'une importance trop grande pour qu'elle fût oubliée. L'un des principaux habitants de cette ville, Domenico Catacciuoli, se trouvait alors à Gênes ; sa famille avait été de tout temps élevée à des grades distingués et comblée de grands bienfaits par les Génois. Ne pouvant faire davantage, ceux-ci lui donnèrent 1500 écus et une frégate pour qu'il se rendît en Corse. Il devait cacher la frégate et faire tout son possible pour entrer à Bonifacio, afin d'encourager chacun à supporter toutes les souffrances de la guerre. « La constance des Bonifaciens leur assurerait une gloire immortelle, ajoutaient les magistrats ; car Dragut devait partir au bout de quelques jours. Après son départ, ils seraient immédiatement secourus et jamais le service signalé qu'ils auraient rendu à Gênes ne serait oublié. »

Tous ceux qu'envoyèrent les Génois partirent à différents moments et arrivèrent heureusement en Corse ; mais ils n'eurent pas tous le bonheur d'accomplir jusqu'au bout leur mission. Sabione d'abord, et un peu plus tard Alessandro entrèrent dans Calvi, où leur arrivée fut saluée avec joie ; ils relevèrent le courage presque abattu des Calvais, et si la place fut sauvée, ce fut sans doute à eux qu'on le dut. Domenico fut moins heureux ; après avoir accepté volontiers la mission dont on l'avait chargé, il alla prendre terre près de Calvi, du côté de Girolato, et y cacha la frégate qui l'avait amené. Comme l'île était pleine d'ennemis, il se tenait caché pendant le jour, et pendant la nuit il marchait par des sentiers inconnus, suivi de deux compagnons seulement et portant l'argent qui lui avait été confié. Il prenait toutes ces précautions pour arriver au but de son voyage ; mais la fortune déjoua tous ses efforts. Il ne s'était pas encore avancé bien loin qu'un de ses compagnons le trahit, l'abandonna et se rendit au camp français sous les murs de Calvi.

Il y trouva Bernardino d'Ornano qu'il mit au courant de tout. Celui-ci fit occuper immédiatement tous les passages. Domenico fut arrêté et conduit à Bernardino qui lui prit l'argent et l'envoya ensuite à Thermes, à Bastia. Thermes fut enchanté de cette prise; avec Catacciuoli, il croyait avoir Bonifacio entre les mains. Il lui fit de magnifiques promesses, s'il voulait travailler à amener la soumission de cette place, et le trouva aussitôt disposé à condescendre à ses désirs. Thermes eut à ce sujet un entretien avec Giacomo Da Mare et Altobello de Brando, et après être tombé d'accord avec eux sur ce qu'ils avaient à faire, il les envoya du côté de Bonifacio avec Catacciuoli. Lorsqu'ils arrivèrent à Campo Romanello, ils trouvèrent que Bonifacio avait vaillamment résisté jusqu'alors à tous les efforts des Turcs. La place avait reçu 5,700 coups de canon et repoussé plusieurs assauts, dans lesquels les Turcs avaient eu plus de mille morts ; elle

(T. 253) (P. III, 339)

avait peu ou point souffert, si bien que les Turcs humiliés n'osaient plus s'approcher des remparts.

Giacomo ne voulut pas se servir de l'entremise de Domenico, dans lequel il avait peu de confiance, avant d'avoir essayé d'un autre moyen. Il fit demander une entrevue à Antonio, gouverneur de la place, et lui dit que, s'il voulait profiter de sa présence pour se rendre, il s'en trouverait beaucoup mieux qu'en se soumettant plus tard aux Turcs, extrémité à laquelle il ne pourrait se soustraire. Antonio, considérant que les munitions lui manquaient (car il n'avait plus un seul coup à tirer), voyant que l'ennemi s'obstinait à continuer le siège et n'entendant d'ailleurs parler de l'arrivée d'aucun secours, prit enfin le parti de se rendre. Il envoya un délégué hors de la ville pour régler les conditions de la capitulation : Giacomo s'engagea à respecter les biens et les personnes, et Antonio lui livra la place.

Giacomo y entra en compagnie d'Altobello ; mais lorsque les malheureux soldats en sortirent pour se rendre à Bastia, afin de s'y embarquer pour leur pays conformément aux termes de la convention, leur attente fut déçue. Soit à la suite d'un ordre donné par Dragut qui, en homme sans foi, ne voulait peut-être pas que les soldats génois pussent se vanter de s'éloigner impunément après lui avoir tué tant de Turcs dans les assauts, soit que Pier Giovanni d'Ornano qui, comme je l'ai dit, se trouvait avec les Turcs, n'eût pu contenir sa jalousie en voyant que ce n'était point à lui que la place s'était rendue, lorsque les soldats génois furent à peu près tous dehors, les Turcs rangés en bataille près de la porte se jetèrent tout à coup sur eux et les massacrèrent ; ils étaient au nombre de deux cents environ. Le gouverneur et le podestat furent pris et envoyés sur les galères. Cet incident causa un vif mécontentement à Giacomo Santo ; mais ne pouvant l'empêcher, il dut le subir.

(T. 253) (P. III, 341)

Comme Dragut demandait qu'on lui donnât 25,000 écus ou qu'on lui livrât à discrétion Bonifacio avec les biens et les personnes, suivant les conventions, Giacomo Santo, qui ne voulait pas voir sa parole tout à fait méconnue, dut promettre de les lui donner au bout de cinq ou six jours. Laissant Altobello à la garde de Bonifacio avec 1500 écus qu'ils avaient trouvé dans la caisse de St-George, Giacomo passa à Portovecchio. Là, il prit une frégate, pressa son voyage et arriva en peu de temps auprès de Thermes. En apprenant ce dont il s'agissait, Thermes qui n'avait pas alors une pareille somme entre les mains, afin d'empêcher que la chose ne s'envenimât, se hâta d'envoyer à Dragut, au terme fixé, un de ses neveux pour servir de caution et de garantie; plus tard, il lui fit parvenir à Constantinople la somme exigée. Dragut, ayant la caution entre les mains, partit le vingt-deux septembre et fit voile pour le Levant, rappelé par le Grand Turc, ou gagné, comme on le croit, par l'or des Génois. Les soldats génois qui avaient été assez heureux pour survivre à ce siège, gagnèrent par terre Bastia, où ils arrivèrent dans le plus complet dénûment; de là ils furent envoyés en terre ferme, suivant les conventions. Une autre querelle éclata bientôt après dans Bonifacio. Pier Giovanni était resté dans cette place, et sa troupe étant plus forte que celle d'Altobello, il lui enleva de force l'argent que celui-ci avait trouvé avec Giacomo Santo Da Mare. Ils en seraient venus à une lutte armée sans aucun doute, si Thermes, avec la modération qui convient à un chef, ne se fût entremis pour qu'ils restassent en paix. Il envoya à Bonifacio la compagnie de Vincenzo Tadei et celle du Calabrais Moretto.

Pendant que ces événements se passaient de ce côté, le hasard voulut que la tempête poussât à Calvi, dont le siège durait toujours, un vaisseau espagnol chargé de soldats de la même nation qui allaient en Italie chercher fortune. Les Génois ne leur permirent pas d'entrer dans la place, parce qu'ils n'avaient en eux qu'une confiance médiocre ; ils les gardèrent néanmoins près du rempart. Ils étaient là depuis quelque temps, lorsque ceux de la ville se concertèrent avec eux pour attaquer à l'improviste le camp ennemi. Ils fondirent donc à l'improviste sur les assiégeants et en tuèrent quelques-uns avant qu'ils eussent le temps de se reconnaître. Il y eut tout d'abord quelque désordre parmi les Français surpris par cette brusque attaque ; mais ils prirent les armes à leur tour et repoussèrent vigoureusement Calvais et Espagnols jusque sous les murs de la place, en leur tuant cinq ou six hommes et en en blessant quelques autres. Après cet engagement, dès que la mer fut calme, les Espagnols pris à la solde des Génois par les officiers qui étaient à Calvi, s'embarquèrent sur leur vaisseau et se rendirent à Gênes pour se mettre à la disposition du gouvernement.

Quelques jours après qu'on eut reçu dans cette ville la nouvelle de la prise de Bonifacio, André D'Oria arrivait avec de nombreuses galères. Il en envoya deux à Calvi avec quelques soldats, des vivres, des munitions et des rafraîchissements. Après quoi, les Génois ne pouvant supporter les affronts qu'ils avaient reçus en Corse, surtout en se voyant enlever une place aussi importante que Bonifacio, se mirent tous à l'œuvre pour faire sentir dans cette île le poids de leur puissance. Ils apprirent le départ de Dragut, et les députés qu'ils avaient envoyés à l'empereur rapportèrent qu'il promettait, outre le concours de sa flotte, de leur rembourser la moitié des frais qu'ils auraient à faire pour reconquérir l'île. Alors les membres du gouvernement, l'Office de St-George, André D'Oria et les principaux (1) citoyens

(T. 254) (P. III, 344)

---

1) MS. de Ceccaldi : « ... con ogni *primato* cittadino. » — Editions italiennes : « ... con ogni *privato* cittadino. »

de la ville se réunirent en assemblée générale. Comme les Génois, grâce à leur fierté naturelle, n'ont jamais pu supporter une injure, ils prirent dans cette assemblée la ferme résolution de perdre leur liberté, leur ville, leurs biens et leurs personnes, ou de reconquérir la possession et la souveraineté de la Corse. Et comme pour se procurer des troupes ainsi que les autres choses nécessaires, ils avaient besoin d'un délai de quelques jours et qu'ils craignaient pendant ce temps de perdre Calvi, ils choisirent pour commander cette place Cristoforo Pallavicino, gentilhomme génois et habile homme de guerre sur terre comme sur mer, et lui promirent un prompt et puissant secours. Dans cette assemblée et dans d'autres assemblées tenues précédemment, on déclara rebelles douze autres Corses, outre ceux dont les noms avaient déjà été publiés. C'étaient: Jacopo Santo Da Mare, Raffaello Gentile de Brando, Grimaldo de Casta, Francesco de Sant'Antonino, Pier Antonio de Valentano, Jacopo de la Casabianca, Leonardo de Corte, Antonio fils de Mariano, Ambrogio de Bastia, et dans le Delà des Monts: Francesco et Bernardino d'Ornano et Alfonso de Leca. La tête de chacun d'eux était mise à prix pour une somme plus ou moins élevée (1). Lorsque l'assemblée se fut séparée, Cristoforo s'embarqua avec deux compagnies sur quatre

---

1) MS. de Ceccaldi : « Aggiunsesi tra in quel consiglio e in altri dianzi
» ancora dodici ribelli Corsi e gli già pubblicati di prima ; gli quali furono
» Jacopo Santo de Mare, Raffaello Gentile de Brando, Grimaldo da Casta,
» Francesco da Sant'Antonino, Pier Antonio da Valentano, Jacopo dalla
» Casabianca, Leonardo da Corte, Antonio di Mariano et Ambrogio dalla
» Bastia, et oltre a' Monti Francesco con Bernardino da Ornano, et Alfonso
» da Leca, chi con grande chi con mediocre taglia per uno. » — Ce passage a été omis dans les éditions italiennes. Il est vrai que tous ces noms ont déjà été cités plus haut.

galères et fit voile pour Calvi, où il entra au milieu des transports de joie de tous les habitants. A l'arrivée de Cristoforo, Vallerone, qui commandait les troupes assiégeantes, fut obligé de se retirer dans l'intérieur de la Balagne; il ne se passait guère de jour sans qu'on engageât quelque escarmouche.

Pendant ce temps, les Génois se préparaient activement à commencer la guerre; Cosme de Médicis qui n'aimait pas à voir près de lui un ennemi si puissant, leur avait proposé de les soutenir de tout son pouvoir. Thermes, devenu maître de Bonifacio, avait mis dans cette place une forte garnison. En voyant toute la Corse entre ses mains, sauf l'espace compris dans l'enceinte de Calvi, il avait obligé toutes les populations à prêter serment de fidélité, et toutes avaient obéi sans résistance. Pendant qu'il travaillait ainsi à s'affermir dans l'île, il apprit de source sûre que les Génois préparaient une flotte et des troupes pour reprendre la Corse. A cette nouvelle, il déploya encore plus d'activité et de diligence; il pressa de tout son pouvoir l'achèvement de la forteresse d'Ajaccio, qu'il avait déjà commencée, et de celle de St-Florent. N'oublions pas de rapporter ici que, pendant qu'on travaillait aux ouvrages de St-Florent et que l'on creusait la terre pour faire de gros bastions, on trouva, à moins de deux palmes au-dessous du sol, un nombre infini de vases d'argile, assez longs et assez hauts pour contenir une personne qui aurait dépassé un peu la taille ordinaire. Tous ces vases étaient fermés. On m'a dit qu'en les brisant on trouva dans plusieurs des ossements humains; on m'a dit encore mais sans l'assurer aussi positivement (1) que sur

(T. 255) (P. III, 346)

---

1) MS. de Ceccaldi : « E fra gli altri intesi (ma non per cosa vera come
» il resto) che in certi di questi vasi etc. »

quelques-uns de ces vases ou de ces tombeaux, on voyait des inscriptions latines indiquant qu'au temps où elles furent gravées avait eu lieu une bataille dans laquelle avaient péri bien des milliers d'hommes. Mais je ne crois pas qu'on trouve dans l'histoire quelque renseignement à ce sujet (1).

Thermes s'appliquait donc à fortifier St-Florent et Ajaccio, et se préparait à soutenir une guerre imminente avec toute la prudence dont était capable un tel homme dans de telles circonstances. Il fit venir de Marseille la flotte royale avec des vivres, des munitions, de nombreuses pièces d'artillerie, grosses et petites, des armes pour distribuer aux populations, et de l'argent. Il savait que ceux qui se laissent aller à trop de confiance ont peu de prudence, et comme il n'était pas un de ces hommes, il retira de Bonifacio la garnison italienne, et de Corte la garnison corse, et mit dans ces deux places des Gascons, sur lesquels il comptait davantage. De plus, comme il se défiait de la fidélité des populations dont il avait constaté, aux dépens d'autrui, l'inconstance et la légèreté, sur le conseil de quelques Corses, ses amis particuliers, il confina dans certains lieux un grand nombre des principaux personnages de l'île qui lui étaient suspects, parce que, lors de la révolution, ils étaient restés chez eux, n'avaient pas fait de mal aux Génois, et n'étaient pas allés davantage lui demander qu'on leur donnât leurs biens, ni lui réclamer des honneurs et des grades, comme les autres avaient fait généralement. Lodovico et Carlone Gentile de Brando furent confinés à Bonifacio; Benedetto de Pino, Ottaviano de Biguglia et Camillo de la Casabianca, à la place de son père qui était gravement malade et mourut

(T. 255) (P. III, 348)

---

1) MS. de Ceccaldi : « Della quale cosa non è fama che historia ne » faccia mentione. » — Cette phrase manque dans les éditions italiennes.

quelques jours après, furent envoyés à St-Florent; Tullio d'Erbalunga, Giovanninello et Marco Antonio Ceccaldi, tous deux de Vescovato, Girolino de Venzolasca, Innocenzio de Castellare, Paolo de la Brocca et quelques autres de Bastia, furent envoyés à Ajaccio, après avoir fourni chacun une caution de mille écus pour garantir qu'ils ne s'éloigneraient pas de l'endroit qui leur était assigné, ne diraient, ne communiqueraient, n'écriraient, ne trameraient rien qui pût porter préjudice à la majesté du roi. Les Génois eux-mêmes qui habitaient à Bastia furent relégués en divers endroits; quelques-uns furent confinés dans les pièves de Ghisoni et de Campoloro; Thermes en fit embarquer un certain nombre pour la terre ferme et en retint d'autres auprès de lui. Il enjoignit à Sampiero, qui était à Ajaccio, d'en faire autant pour les Corses du Delà des Monts, et celui-ci invita à se présenter devant lui tous les seigneurs et les divers gentilshommes de cette partie de l'île sur lesquels il avait des soupçons.

Comme des bienfaits récents ne peuvent guère effacer une haine invétérée, Raffaello de Bozi avec ses fils, et Orlando d'Ornano avec ses deux frères, se défiant de Sampiero avec lequel ils avaient été longtemps en inimitié, s'enfuirent à Calvi avec plusieurs des Génois qui habitaient antérieurement Ajaccio et demeuraient alors dans ces villages. Cristoforo Pallavicino les accueillit avec joie. Les autres parmi lesquels se trouvaient deux autres frères d'Orlando d'Ornano (1), se rendirent à l'appel de Sampiero qui, après s'être assuré de leur obéissance, les renvoya chez eux; Paolo

---

1) MS. de Ceccaldi : « Comparsero gli altri comandati da San Piero, *fra i quali erano ancora duoi fratelli del prenarrato Orlundo, onde San Piero,* » vista l'ubbidienza loro etc. » — Les mots soulignés ont été omis dans les éditions italiennes.

d'Ornano, Giovannone de Sarla (1), et Giovannone de Tavera, qui avaient avec les Génois des liens de famille, et quelques autres, pour diverses raisons, furent seuls confinés à Ajaccio. Puis, afin de donner un exemple qui pût profiter aux autres, Sampiero brûla la maison de Raffaello de Bozi, détruisit ses nombreux troupeaux, et ses autres biens, ainsi que ceux d'Orlando et de son frère. Les états de ces trois seigneurs furent ensuite accordés par le roi à Sampiero (2).

Après avoir ainsi pris ses mesures contre ceux qui lui paraissaient suspects, Thermes crut à propos de témoigner les mêmes prévenances à tous les chefs corses. Il ordonna donc à tous les capitaines qu'il avait déjà nommés dans le Deçà comme dans le Delà des Monts de reformer leurs compagnies; il en nomma ensuite de nouveaux : c'étaient Francesco de S. Antonino, Leonardo de Corte, Vitello, Fortebuono, tous de la Rebbia di Bozio, Giovan Matteo de Chiatra et Giocante de Pastoreccia ; il rappela Ottaviano de Biguglia du lieu où il était confiné et lui fit prendre aussi une compagnie.

Il nomma Giacomo Santo colonel avec quatre enseignes sous ses ordres; c'étaient celles de Giovan Giacomo Da Mare, son oncle, de Pier Giovanni, de Giacomo Negrone et la sienne. Dans le Delà des Monts, Sampiero, conformément aux instructions qu'il avait reçues, fit également reformer toutes les compagnies par les anciens capitaines qui en avaient obtenu et qui étaient restés au service du roi ; il en

(T. 256) (P. III, 350)

---

1) *Giovannone da Sarla*, ce nom a été omis dans les éditions italiennes.

2) MS. de Ceccaldi : « ... e gli altri suoi beni, e d'Orlando e del fratello, dei quali tutti gli fu dopo dal Re i loro stati concessi. » — Editions italiennes : « e gli altri suoi beni e quei d'Orlando col fratello, che altro che i beni stabili, con i loro stati non rimanessero; i quali tutti dopo dal Re gli furono concessi. »

ajouta quatre nouvelles, une pour lui-même à Ajaccio, une autre qu'il donna à Orsattone de Ciamannacce, une troisième pour Giovan Filippo de la Rocca et la quatrième pour Giocante de Tavera. Toutes ces compagnies se logèrent comme elles l'entendirent dans les environs des places fortes voisines de leurs pays, celles du Delà des Monts dans les environs d'Ajaccio, celles du Deçà dans les environs de St-Florent, à l'exception de celle de Sampiero qui devait rester à Ajaccio. Elles étaient toutes bien approvisionnées et attendaient l'arrivée de la flotte ennemie pour se porter sur les points où leur présence serait nécessaire.

De leur côté les Génois poussaient activement les préparatifs ; ils réunissaient des troupes, des vaisseaux, des galères et toutes les provisions nécessaires. Ils jugèrent à propos qu'Agostino Spinola, l'un des premiers gentilshommes de cette ville, s'embarquât pour la Corse avec l'infanterie disponible ; ils espéraient lui envoyer bientôt le reste des troupes dont il avait besoin. Spinola, après avoir embarqué sur vingt-six galères mille soldats, espagnols et deux mille italiens, fit voile pour la Corse et arriva vers le milieu du mois d'octobre au-dessus de Bastia, avec l'intention de s'emparer de cette place. Sur cette flotte se trouvaient Alfonso et Ercole Gentile d'Erbalunga, chacun avec une compagnie nouvelle. Ercole en particulier, afin de mieux témoigner sa haine pour le nom français, avait fait peindre sur sa bannière le roi qui tournait le dos à St-George, tandis que le saint, à cheval et le sabre à la main, semblait le menacer. Les Gentile débarquèrent à Erbalunga et provoquèrent à Brando quelques soulèvements. Ils ne manquèrent pas d'engager Agostino Spinola à attaquer Bastia ; ils étaient plus sensibles à leur intérêt personnel, qui les poussait à rentrer en possession de leur petite seigneurie, qu'à l'intérêt de leurs protecteurs. Mais Spinola, considérant que l'hiver approchait et que les temps étaient fort mauvais, craignit, s'il faisait cette entreprise, de ne pouvoir recevoir le secours dont il avait besoin. Il se retira donc à Calvi pour y attendre le reste de l'armée. Quand il eut débarqué, les galères retournèrent à Gênes, et lui-même alla loger avec l'infanterie hors de la place, dans le couvent de St-François. Là, chaque jour, ses soldats et ceux de Cristoforo engageaient des escarmouches avec ceux de Vallerone et de Giovanni de Turin, qui s'étaient retirés dans la Balagne.

Cependant les Génois, après avoir réuni toutes les troupes et tous les approvisionnements nécessaires, afin de donner plus de prestige à l'expédition, avaient nommé capitaine général sur terre et sur mer André D'Oria qui prit en grande pompe et avec les cérémonies les plus solennelles l'étendard dans l'église de St-Laurent. Ensuite Agostino Spinola, qui, comme je l'ai dit, se trouvait en Corse, étant regardé comme l'homme le plus propre à se rendre de sa personne partout où les circonstances l'exigeraient (1), fut nommé lieutenant général. Le mestre de camp général fut Lodovico Vistarino de Lodi, guerrier redoutable de cette époque; quant aux deux commissaires chargés au nom de l'Office de l'administration financière, l'un fut Cataneo Pinello et l'autre Polo Casanova, tous deux Génois et regardés comme fort prudents. On nomma encore deux intendants militaires, Domenico D'Oria et Domenico de' Franchi, qui avaient déjà exercé autrefois ces mêmes fonctions. Le Duc de Florence avait fourni aux Génois 2,500 fantassins auxiliaires, commandés par Chiappino Vitelli, et deux cents chevau-légers ou arque-

(T. 257) (P. III, 354)

---

1) MS. de Ceccaldi : « per esser meglio habile a cavalcare in persona » onde bisogno fusse. » — Les mots *a cavalcare* ont été omis dans les éditions italiennes.

busiers à cheval, sous les ordres de Carlotto Orsino ; les fantassins étaient payés par les Génois et les cavaliers par le Duc. Les Génois avaient encore soudoyé en divers endroits 4,500 Italiens (1), qui, avec les troupes du Duc, les Espagnols et les soldats qu'Agostino Spinola avait en Corse, formaient un total de 12,000 hommes, sans compter les cavaliers.

Les Génois prirent encore à leur solde quinze vaisseaux pour cette guerre ; ils n'acceptèrent de l'empereur que vingt-sept galères, jugeant que pour le moment il ne leur en fallait pas davantage. Bien que le nom corse fût cordialement détesté chez eux, néanmoins, afin de pouvoir enrôler, eux aussi, une partie des insulaires, ils prirent à leur solde Angelo Santo de Levie, colonel d'une grande réputation, Giordano de Pino, Giordano de Sarla et Polidoro de Barettali, avec une compagnie pour chacun d'eux ; ils avaient déjà, comme je l'ai dit, les compagnies d'Alfonso et d'Ercole d'Erbalunga, qui étaient arrivés en Corse avec Agostino Spinola. Il y avait encore à Gênes beaucoup de chefs corses ; Alessandro d'Erbalunga, par exemple, qui, on s'en souvient, avait été fait prisonnier par Thermes au commencement de la guerre. A Marseille, le baron de la Garde lui avait rendu la liberté après lui avoir fait promettre de ne plus servir contre le roi de France ; mais Alessandro avait passé immédiatement à Gênes où il était resté jusqu'à ce moment. Il y avait encore Matteo et Sansonetto, tous deux de Biguglia, Pier Andrea de Belgodere et Marc'Antonio de Bastia, avec beaucoup d'autres. Ces chefs n'exercèrent aucun commandement ; néanmoins, ils étaient caressés par les Génois et tous

(T. 258) (P. III, 355)

---

1) MS. de Ceccaldi : « *Et eglino d'altre bande quattro mila et cinque-* » *cento italiani havevano assoldati,* onde tra quegli e quei del Duca, etc. » — Les mots soulignés ont été omis dans les éditions italiennes, et les mots *onde tra quegli* ont été remplacés par ceux-ci : *onde tra i primi.*

se joignirent avec empressement à l'expédition, ainsi qu'un grand nombre des principaux citoyens de Gênes (1).

Tous ceux que j'ai nommés plus haut, l'infanterie, la cavalerie, l'artillerie, les munitions, les vivres, furent embarqués sur des vaisseaux et des galères avec une extrême rapidité ; mais à cause des temps affreux qui bouleversaient la mer, la flotte resta dix-huit jours dans le port sans pouvoir mettre à la voile ; enfin, par suite d'ordres réitérés, elle dut partir le 10 novembre. Au moment de son départ, le temps parut vouloir s'améliorer un peu, si bien que le 15, à la vingt-troisième heure (2), elle était dans le port de Saint-Florent.

Mais pendant ce temps Thermes n'avait pas sommeillé ; avant que la flotte ennemie se présentât, il avait achevé les fortifications de St-Florent ; il avait nommé son lieutenant général et gouverneur de cette place Giordano Orsino, qui garda avec lui sa compagnie. Orsino était un jeune officier fort distingué, qui réunissait au même degré la vaillance, la

(T. 258) (P. III, 356)

---

1) MS. de Ceccaldi : « .... ma molti *primati* cittadini ancora. » — Editions italiennes : « molti *privati*. »

2) « L'ancienne manière italienne de compter les heures de 1 à 24,
» dépendant du coucher du soleil et changeant tous les quinze jours,
» n'est plus en usage que dans la liturgie et parmi le peuple surtout en
» dehors des grandes villes. Notre manière s'appelle l'*ora francese.*
» Quand le soleil disparaît à l'horizon, il est 23 h. 1|2 ; le crépuscule
» dure une demi-heure et alors il est 24 heures ; c'est à dire que la jour-
» née est terminée et on sonne l'*Angelus (Ave Maria).* On compte ensuite :
» un'ora di notte, due ore di notte, etc. Cette manière de compter est
» inexacte en tant qu'on ne change l'heure de l'*Angelus* que lorsque la
» longueur du jour a varié d'un quart d'heure. » (BÆDEKER). — La flotte génoise serait donc entrée dans le port de St-Florent à quatre heures un quart de l'après midi environ.

promptitude et la sûreté du jugement (1). Thermes l'avait déjà vu à l'œuvre au siège de Mont'Alcino où il avait également commandé. Il mit encore à St-Florent la compagnie du Duc de Somme, celle de Bernardino d'Ornano et quelques détachements d'élite pris dans toutes les compagnies italiennes, puis Vallerone avec six compagnies françaises et de nombreux gentilshommes sans commandement, ce qui formait une garnison d'environ 2,300 combattants. Dès que la flotte ennemie fut en vue, il fit encore entrer dans St-Florent toute la viande fraîche qu'il put réunir à la hâte dans les environs, puis, avec le reste de l'infanterie, corse et étrangère, il se retira à Murato à quatre milles de St-Florent ; il s'établit dans ce village, afin de pouvoir profiter de toutes les occasions qui se présenteraient pour faire du mal à l'armée ennemie.

Arrivé dans le golfe, Andrea D'Oria se retira avec toute sa flotte du côté de la Mortella, à l'ouest de St-Florent, à cinq milles de la place. Il y resta tout un jour sans laisser débarquer personne ; il se demandait en effet laquelle des deux places il devait attaquer d'abord, Ajaccio ou St-Florent. Jugeant la première entreprise plus facile et la seconde plus importante, il résolut enfin de commencer par St-Florent. Le lendemain, il quitta donc la Mortella avec toute la flotte, et alla aborder de l'autre côté du golfe, à trois milles de St-Florent, à Olzi, où il débarqua toute son infanterie sur des bateaux et des esquifs. A peine descendue à terre, cette infanterie marcha en ordre de bataille sur le couvent de St-François, situé à environ quatre cents pas de la place.

(T. 258) (P. III, 357)

---

1) MS. de Ceccaldi : « .... Giordano Orsino con la sua compagnia, » *giovine raro in quale lo ardito cuore insieme con la prontezza dell'ac-* » *corto giuditio ugualmente giostravano*, havendone, etc. » — Les mots soulignés ont été omis dans les éditions italiennes.

Là, elle trouva en face d'elle un certain nombre d'arquebusiers français envoyés par Giordano Orsino pour empêcher les Génois de s'établir dans le couvent; les Français n'opposèrent qu'une faible résistance, car obligés de céder à des forces supérieures, ils se retirèrent bientôt dans la place. L'infanterie génoise prit ses positions sans grande difficulté, ainsi que la cavalerie d'ailleurs qui deux jours plus tard débarqua à la Mortella, où la flotte était retournée, et vint en fort bel ordre s'établir au même couvent de St-François. Celui qui a vu le camp génois établi devant St-Florent, n'a jamais vu nulle part des logements aussi merveilleusement disposés, avec des marchands et des artisans de toute sorte, si bien que, si l'on n'eût pas su que ce fût un camp, on se serait cru dans quelque ville. Après avoir entouré le camp de retranchements et de fossés, Agostino Spinola qui commandait l'armée (car Andrea D'Oria descendait rarement à terre), fit débarquer et amener dans le camp un grand nombre de pièces d'artillerie. Il en fit mettre une partie en batterie au camp même, et l'autre partie, quelques jours plus tard, au nord, du côté de la marine; puis il commença à battre les fortifications de la place. Les assiégés de leur côté répondirent vigoureusement.

Sur ces entrefaites, arrivèrent les compagnies d'infanterie qui étaient à Calvi et formaient un effectif de trois mille hommes; elles étaient arrivées sur douze galères que D'Oria avait envoyées après avoir débarqué son infanterie. Ces compagnies allèrent loger à l'église Sainte-Marie, à peu de distance de St-François et de la place. Le jour même de leur arrivée, les Espagnols commencèrent à donner des preuves de leur valeur. Ils engagèrent une escarmouche contre les assiégés qui faisaient journellement des sorties, et se comportèrent si vaillamment qu'ils les refoulèrent jusqu'au pont, tout près de la ville. Du côté des Français, le capitaine

Raffaello della Rocca fut blessé et mourut peu de temps après ; le capitaine Andrea de Speloncato, lieutenant de Bernardino d'Ornano, fut blessé également ; les Espagnols ne perdirent que quatre hommes. Lorsque tout fut organisé dans le camp, Agostino Spinola, comme c'était l'usage dans toute entreprise importante, alla avec Vistarino, Chiappino Vitelli, Carlo Orsino et les autres chefs à la Mortella, où D'Oria élevait un fort, afin de pouvoir y rester en sûreté avec sa flotte. Là, dans un conseil intime (car le succès des grandes entreprises dépend souvent des sages conseils), après s'être entretenus de divers sujets, ils tombèrent d'accord pour reconnaître qu'il était impossible d'emporter d'assaut St-Florent, qui en si peu de temps était devenu une forteresse admirable. Comme ils savaient de bonne source que la ville, ce qui faisait peu d'honneur à Thermes, était mal approvisionnée en vivres, ils résolurent de s'en tenir à l'investissement. Ils jugèrent à propos de fermer les yeux sur les affronts qu'ils avaient reçus des Corses et pensèrent qu'il serait bon que D'Oria, Agostino Spinola et les autres chefs génois fissent un appel général à la sympathie des anciens partisans qu'ils avaient dans l'île, car en Corse comme à Gênes, l'esprit de parti régnait partout. Ils devaient même s'adresser à leurs amis particuliers, s'imaginant qu'ils pourraient de cette manière ramener les insulaires à l'obéissance et à la soumission, ce qui était pour eux de la plus haute importance.

Afin d'atteindre ce but, les officiers génois furent à peine rentrés dans leurs tentes qu'ils envoyèrent de tous côtés les lettres les plus pressantes ; mais tout fut inutile, les chefs corses persistaient obstinément dans] leur résolution. Quant aux populations, elles étaient presque toutes, surtout les plus voisines, favorables aux Français. Il est vrai qu'en voyant les Génois soutenus par de pareilles forces, au lieu de leur nuire, elles se sentaient plutôt disposées à se soumettre ; mais elles n'osaient le faire par crainte de leurs chefs. Ainsi, un nouveau sujet d'irritation accrut encore la vieille haine des Génois contre les Corses ; mais ils n'en laissèrent rien paraître, tant qu'ils n'eurent pas reçu de nouveaux affronts.

Chaque jour, les soldats génois allaient par groupes de huit, de dix, de vingt, chercher des rafraîchissements dans les villages voisins. Les paysans leur en fournissaient, moins par sympathie que parce qu'ils craignaient quelque chose de pire. Et comme il arrive souvent que les choses mal commencées finissent plus mal encore, les soldats, en continuant leurs excursions, devinrent aussi plus insolents, comme c'est assez l'usage des militaires. Les officiers, qui ignoraient tout, ne pouvaient apporter au mal le remède énergique qu'il réclamait ; aussi les actes de violence devinrent-ils de plus en plus nombreux. Les populations, croyant que les officiers étaient de connivence et que leurs plaintes ne seraient pas écoutées, firent tout leur possible pour défendre leurs biens, et il ne se passait pas de jour qu'il n'y eût quelque soldat tué ou dévalisé ; à la fin même elles firent des soldats génois un véritable massacre.

Ces soulèvements étaient loin de déplaire à Thermes qui voyait là le moyen le plus efficace pour maintenir les populations dans leur fidélité. Aussi envoyait-il chaque jour quelque capitaine corse pour leur prêter main-forte. Les soldats génois étaient peu heureux dans ces engagements, parce qu'alors dix Corses valaient cinquante d'entre eux. Ceux qui se distinguèrent le plus dans ces rencontres furent Giudicello et Raffaello de Casta, Achille de Campocasso et plusieurs autres de ce pays, qui avaient avec eux leurs soldats ou leurs partisans d'ailleurs fort peu nombreux. Un jour, il est vrai, l'un d'entre eux, Bernardino de Casta, jeune homme plein de hardiesse, fut tué avec quelques autres; mais les soldats génois furent de beaucoup les plus maltraités. En effet, les Corses étaient devenus si hardis que, s'ils n'eussent été retenus par la crainte des cavaliers génois qui faisaient dans la campagne des courses continuelles, ils se seraient avancés bien souvent jusqu'aux retranchements pour attaquer leurs ennemis.

Aussi D'Oria était-il exaspéré; toutes les fois qu'il lui tombait en les mains quelque Corse au service des Français, il l'envoyait sur les galères. Dans le camp des Génois se trouvaient les Corses qui étaient partis avec eux de Gênes. Contrairement à ce que faisaient les autres, ceux-ci montraient pour soutenir les intérêts de St-George le zèle le plus ardent. Alessandro d'Erbalunga, qui possédait une partie de la seigneurie de Nonza, prit alors avec lui quelques Corses de ses parents et de ses amis et passa de ce côté, où il s'associa Antonio, seigneur également favorable aux Génois. En effet, quelques années auparavant, Antonio avait applaudi à la justice rigoureuse de l'Office, lorsqu'à Sarzana il avait fait trancher la tête à Alessandro et à Camillo, fils de Vincentello, jeunes gens d'une grande bravoure, qui avaient assassiné le prêtre Francesco, leur cousin.

Antonio et Alessandro prirent de ce côté un fort appelé la Sassola, gardé par quelques soldats qu'Altobello y avait mis sur l'ordre de Thermes. La garnison, qui s'était trouvée trop faible pour défendre ce poste, était partie sans qu'on lui fît aucun mal et était rentrée à Bastia. Altobello, qui était dans cette ville, envoya aussitôt contre Sassola cent trente arquebusiers. Alessandro était retourné au camp, laissant le fort bien défendu. Les arquebusiers firent tous leurs efforts pour le reprendre, mais n'ayant pu l'emporter d'assaut, ils brûlèrent la maison d'Antonio avec trois ou quatre autres et retournèrent à Bastia après avoir saccagé le pays.

Il y avait à Bastia un grand nombre de soldats corses pleins de courage. Presque chaque jour, ils allaient jusque sur la montagne, s'y embusquaient et revenaient le plus souvent chargés des dépouilles des soldats génois qui, sans profiter de l'exemple récent de leurs camarades, s'éloignaient du camp et allaient par groupes séparés piller les villages. D'Oria le sut et pensa que, pour s'assurer de ce côté, il fallait qu'il eût Bastia entre les mains. Il envoya donc aussitôt sur douze galères quatre compagnies corses commandées par les capitaines Agnolo Santo de Levie, Giordano de Pino, Giordano de Sarla et Polidoro de Barettali ; il y joignit trois compagnies espagnoles ; toutes étaient réunies sous le commandement de l'Espagnol Don Santo de Leva. Ces galères parurent le matin du 23 novembre (1) à la hauteur de Testa di Sacro, cinglant vers Bastia. En les apercevant, Altobello, Raffaello, Ambrogio de Bastia et Francesco du Niolo qui étaient seuls dans la ville avec leurs compagnies (2), ne crurent pas possible de s'y maintenir, et demandèrent au commandant des Gascons qui gardait la citadelle, s'il voulait les y recevoir. Sur le refus du commandant, ils quittèrent la ville et se retirèrent avec leurs compagnies à trois milles de Bastia, à Furiani, où Thermes leur ordonna ensuite de s'établir. On pouvait en effet se défendre avec avantage dans ce village que ses habitants avaient fortifié pour se mettre à l'abri des incursions des Turcs ; on n'y avait rien non plus à redouter de la cavalerie génoise, parce qu'il est situé au-

(T. 261) (P. III, 366)

---

1) MS. de Ceccaldi : « Costoro comparsero la matt'na a gli 23 di no-
» vembre sopra a Testa di Sacro et volta della Bastia a navigare attesero ;
» la quale cosa veduta da Altobello, etc. » — Le texte des éditions italiennes est un peu différent.

2) « .... gli quali *soli* con le loro compagnie nella terra erano. » — Le mot *soli* a été omis dans les éditions italiennes.

dessus de la route et que les cavaliers ne pouvaient pousser jusque-là.

Lorsque les galères furent arrivées à Bastia, elles abordèrent à l'endroit appelé Portovecchio, au-dessous des remparts du côté du midi. Les sept compagnies, tant corses qu'espagnoles, y débarquèrent, et à la suite de leurs capitaines, elles entrèrent sans rencontrer de résistance dans la ville abandonnée. S'étant ainsi rendu maître de Bastia, et voyant que les Gascons qui étaient dans la citadelle ne voulaient se rendre à aucun prix, Don Santo fit venir deux canons et les établit hors des murs, à l'endroit où l'on a fait depuis le boulevard de St-Jean. Il fit tirer environ dix-huit coups dans la tour de l'horloge qui fut fort endommagée. A la fin, voyant qu'en continuant à tirer de cet endroit, ses canons ne faisaient pas grand mal aux assiégés, il les fit transporter sur la colline qui est au-dessus, afin de battre la courtine de la citadelle. Il pensait que de ce côté il lui serait plus facile de la réduire. Lorsque les canons furent mis en batterie sur la colline, les Gascons, qui avaient tenu sept jours depuis la prise de la ville, n'attendirent pas le premier coup pour se rendre. Ils sortirent avec armes et bagages et retournèrent auprès de Thermes. Lorsque les Génois eurent ainsi occupé la ville et la citadelle, D'Oria y envoya en qualité de commissaire Luciano Spinola, homme d'un grand renom et d'un caractère propre à se concilier la sympathie des populations.

Alors un grand nombre d'habitants de la ville, Génois de cœur, qui, ne pouvant supporter la domination de nouveaux maîtres, avaient quitté Bastia avec leurs familles, rentrèrent dans leurs maisons, lorsqu'ils virent la ville rendue à son premier état. Parmi eux se trouvait Benedetto de Pino. Autorisé à quitter le lieu où il avait été relégué, il s'était tenu jusqu'alors à Brando dans le silence et le repos; mais en voyant les Génois maîtres de Bastia, il avait pris les armes en leur faveur et était allé les rejoindre. La prise de Bastia causa à Thermes un grand déplaisir; une chose pourtant adoucissait son chagrin, c'est qu'il comprenait que le sort de la guerre se déciderait à St-Florent, et que, s'il restait maître de cette place, il lui serait facile de reconquérir les places voisines. Ce fut donc sur la défense de St-Florent qu'il concentra toute son attention.

St-Florent est bâti à l'extrémité du golfe et près de la moitié de la ville est située sur le bord de la mer. A une faible distance se trouve le *poggio* de St-François, où étaient campés les Italiens, comme je l'ai dit; cet endroit est un peu plus élevé que le terrain où est bâtie la ville. Un peu plus loin, et plus au midi, se trouve un autre *poggio,* où est bâtie l'église Sainte-Marie qu'occupaient les Espagnols. De l'église Sainte-Marie à la marine, du côté de l'ouest, la place est défendue par un étang que l'on ne peut traverser qu'avec une barque légère, près du bord même de la mer, à environ un mille de St-Florent. Sur la plage aboutit le chemin qui mène directement en Balagne. A partir de cet endroit jusqu'à celui où les Génois étaient campés, c'est-à-dire sur toute l'étendue occupée par l'étang et les marais, on pouvait faire passer des secours. La cavalerie avait beau faire des excursions chaque jour, elle ne pouvait empêcher qu'il n'entrât toujours dans la place quelques vivres.

Ce fut par cet endroit qu'un jour du mois de décembre Thermes envoya Giovanni de Turin avec cent cinquante arquebusiers pour porter à l'épaule dans St-Florent des vivres avec quelques moulins à bras dont les assiégés avaient besoin. Lorsqu'ils arrivèrent devant la place, il s'engagea entre eux et les soldats génois une vive escarmouche; mais les Français, soutenus par ceux de la ville, firent entrer dans St-Florent, malgré les Génois, les moulins et une partie des vivres ; d'un côté comme de l'autre, il n'y eut que peu de sang versé. Les Français repartirent et ils étaient hors de danger, lorsque Giovanni de Turin eut la poitrine traversée par un coup d'arquebuse tiré imprudemment par un de ses soldats mêmes. Le malheureux officier survécut à peine quelques instants pendant lesquels il vit contre sa volonté mettre en pièces le soldat qui l'avait tué sans le vouloir.

Ainsi mourut l'un des plus fameux capitaines que le roi eût alors à son service, bien qu'il n'eût pas succombé sous les coups des ennemis. La mort est le sort commun réservé à tous les hommes, mais il n'est donné qu'à quelques héros de mourir glorieusement. Les soldats, pleins de douleur, portèrent le corps de leur chef devant Thermes, qui pleura amèrement la perte d'un guerrier si brave et d'un conseiller si prudent. Il donna sa compagnie à son neveu Giglio. Il fit mettre le corps dans une bière et envoya prier D'Oria de vouloir bien le faire transporter à Livourne, d'où il espérait que le Duc de Florence l'enverrait à Borgo a Sansepolcro, patrie de Giovanni de Turin. D'Oria se prêta volontiers au désir de Thermes, parce que le mérite a tant de force que les ennemis eux-mêmes ne peuvent lui refuser leurs éloges, et aussi parce qu'à la guerre les traits de courtoisie n'illustrent pas moins les capitaines que les victoires. D'Oria fit embarquer la bière sur un navire chargé de malades ; mais ce navire battu par la tempête sombra en pleine mer, et tous les passagers furent noyés. Suivant quelques-uns, la bière fut portée par les flots sur les côtes de Provence, où elle fut trouvée par des pêcheurs. Ceux-ci, s'imaginant qu'ils trouveraient dans la bière autre chose qu'un mort, l'ouvrirent ; mais ils n'y trouvèrent qu'un cadavre, et comme ils ne le connaissaient pas, ils l'abandonnèrent en pâture aux oiseaux. Telle fut la fin de Giovanni de Turin ; mais un grand homme a un tombeau glorieux partout.

(T. 262) (P. III, 371)

Sa mort porta aux Français un coup très sensible ; elle accrut au contraire le courage des Génois qui n'avaient plus rien à redouter de la valeur et de la prudence d'un si grand capitaine. Pourtant ces derniers n'étaient pas complètement rassurés, surtout Agostino Spinola, responsable plus que tout autre de la conduite du siège. Ils voyaient qu'à l'ouest, du côté de la marine, ils ne pouvaient, pour les raisons énoncées plus haut, empêcher les Français de faire entrer des vivres dans la place ; l'introduction des moulins, en particulier, avait été pour les assiégés un secours puissant, tandis qu'elle avait vivement contrarié les calculs des assiégeants. Pour parer à cet inconvénient, il aurait fallu partager le camp en deux parties ; mais ces deux parties n'auraient pu ensuite se soutenir mutuellement, et chacune d'elles se trouvant isolée, eût été trop faible. Spinola prit un parti plus sage ; en effet, si la persévérance est nécessaire à la guerre, elle est surtout indispensable dans les opérations d'un siège. Il fit élever sur cette plage, près de la *foce*, un fort où il mit une forte garnison et beaucoup d'artillerie, et en confia la défense à Imperiale D'Oria, seigneur de Dolceacqua, jeune officier plein de bravoure (1). De cette manière, aucun secours ne pouvait plus pénétrer dans St-Florent. En effet, du côté de la terre, le blocus était complet, et du côté de la mer, les vaisseaux et les galères coupaient toute communication.

Lorsque St-Florent fut ainsi investi de tous côtés, D'Oria, voyant qu'à cause de la bravoure et de l'habileté de Giordano Orsino, il fallait s'attendre à un long siège, et apprenant

(T. 263) (P. III, 372)

---

1) MS. de Ceccaldi : « . . . Imperiale D'Oria, signor di Dolceacqua, *gio-*
» *vine di singolare animo* etc. » — Les mots soulignés manquent dans les éditions italiennes.

que les capitaines corses qui avaient évacué Bastia se fortifiaient à Furiani pour se mettre en garde contre la cavalerie génoise et l'empêcher de faire des incursions de ce côté, résolut, tout en continuant le siège de St-Florent, d'enlever aux Français, un poste si avantageux et de faire occuper Furiani.

A cet effet, cent cinquante hommes de la cavalerie légère furent envoyés du camp à Bastia avec un détachement d'infanterie. Dès qu'ils furent arrivés, ils ne perdirent point de temps, mais sortant un matin de Bastia, ils arrivèrent devant Furiani et commencèrent à l'attaquer vigoureusement sur plusieurs points. Les Corses qui occupaient ce poste au nom des Français, se voyant beaucoup moins nombreux que les assaillants, n'osaient s'aventurer au dehors; ils se tenaient derrière les murs et repoussaient vaillamment les ennemis qui venaient les attaquer. La lutte dura ainsi environ une heure au bout de laquelle les assiégés furent secourus fort à propos par Francesco de S. Antonino qui occupait Biguglia pour les Français avec sa compagnie. En voyant arriver ce secours, les défenseurs de Furiani sortirent du village, et se réunissant aux Corses de Francesco, ils fondirent sur les Génois. Ceux-ci, qui n'avaient pas compté sur l'intervention de ces nouveaux ennemis, soutinrent la lutte encore assez longtemps; mais à la fin ils durent prendre la fuite, après avoir perdu trente des leurs, et firent à Bastia une rentrée qui n'était rien moins que triomphante. L'enseigne de Giordano de Piño fut tué et un capitaine crémonais fut fait prisonnier.

Après s'être conduits aussi peu honorablement dans la première journée, les soldats génois songèrent à effacer par quelque victoire la honte du dernier engagement et résolurent de commencer l'attaque avec plus d'ordre et avec des forces plus nombreuses. Deux jours après, ils marchèrent donc encore une fois sur Furiani avec mille soldats d'élite et l'escadron des cent cinquante cavaliers, que commandait Chiappino Vitelli, envoyé par D'Oria. Ils emportèrent des échelles et des pics pour escalader et démolir les murs, ainsi que les autres instruments nécessaires pour donner l'assaut à la place. Cette seconde tentative ne fut guère plus heureuse pour les Génois que la première. L'attaque contre Furiani était à peine commencée qu'arrivèrent au secours des Français, avec leurs compagnies, Pier Antonio de Valentano, Giacomo de la Casabianca, Taddeo de Pietricaggio, Giovan Matteo de Chiatra et Vitello de la Rebbia, qui se tenaient dans les environs, les uns à Biguglia, les autres à Mariana, pour s'opposer aux incursions des Génois. A leur arrivée, les assiégés, comme la première fois, sortirent hardiment de la place, et engagèrent contre les soldats génois une lutte qui dura plus de quatre heures ; mais à la fin chaque parti retourna dans ses positions, sans avoir obtenu aucun avantage marqué. Les seuls morts qu'il y eût dans cette journée furent Simon Piero de la Casabianca, cousin et enseigne de Giacomo, et quatre autres soldats de chaque côté. D'Oria, ayant appris combien il était difficile de prendre d'assaut Furiani, défendit qu'on fît aucune nouvelle tentative contre cette place. Il comptait que la famine lui livrerait bientôt St-Florent et que la chute de cette place entraînerait l'abandon des autres. Il poursuivit donc tranquillement le siège, sans qu'il y eût d'autres engagements que quelques légères escarmouches qu'on se livrait journellement.

Sur ces entrefaites, Piero Strozzi et le Duc de Somme, tous deux exilés de leur patrie et au service du roi de France, voulant aller en Italie, partirent de Marseille avec dix-sept galères et firent voile pour la Corse. Mais ils furent tellement maltraités par le mauvais temps, qu'en arrivant dans l'île, les galères durent aborder dans différents endroits ;

Strozzi aborda avec huit galères en Balagne; sept autres allèrent à Girolato et deux à la Porraggia sur la côte orientale. Toutes furent en grand danger de se perdre. Ce ne fut pas seulement le mauvais temps qui faillit leur être fatal; quelques-unes furent sur le point de tomber au pouvoir de la flotte ennemie ancrée dans le golfe, en vue de laquelle elles parurent. Il est vrai que le danger qu'elles coururent de faire naufrage les sauva d'un autre danger, en les empêchant de tomber entre les mains des Génois. Lorsque la mer redevint tranquille, toutes les galères qui avaient été dispersées se réunirent à Ajaccio, où Strozzi débarqua la compagnie de Sampiero, laquelle était restée en Piémont; il débarqua aussi avec sa compagnie, également ramenée du Piémont, le neveu de Sampiero, Teramo, autrefois colonel. Il apportait encore beaucoup de vivres, de munitions et d'argent pour la solde des troupes. Il descendit lui-même à terre pendant le jour pour se rendre compte de la résistance que pourrait offrir Ajaccio en cas d'attaque. Le soir, il se retira sur sa galère, et la nuit suivante, laissant pour instructions au Duc de Somme d'aller l'attendre à Bonifacio avec les galères, il se mit en route, à l'insu de tous, avec cinq ou six compagnons, pour Corte, afin d'y avoir une entrevue avec Thermes. Celui-ci, informé de son arrivée, partit en toute hâte de Murato avec les Corses les plus distingués et arriva à Corte le même jour. En se rencontrant, ils se donnèrent l'un à l'autre, comme il était naturel, les plus grandes marques d'amitié. Strozzi reçut avec bienveillance tous les seigneurs et les gentilshommes corses, surtout Sampiero, qui faisait partie de l'escorte de Thermes et auquel il apportait des lettres patentes du roi le nommant Mestre de camp de l'infanterie italienne. En effet, Francesco Villa, qui remplissait ces fonctions, s'était embarqué pour son pays, et avait laissé sa compagnie à son fils Alfonso. Après s'être concertés sur tout ce qu'ils avaient à faire, les deux lieutenants royaux prirent congé l'un de l'autre. Thermes retourna à Murato, pour empêcher les Génois de s'étendre dans le pays, et Strozzi se mit en route pour Bonifacio. Giacomo Santo Da Mare, qui avait l'intention de passer en France, se joignit à Strozzi. Lorsqu'ils arrivèrent à Bonifacio, ils n'y trouvèrent pas le Duc de Somme qui était resté à Ajaccio ; néanmoins, ils partirent avec les galères et abordèrent à Civitavecchia.

De cette ville, Strozzi passa à Rome, où le rejoignit bientôt le Duc de Somme qui s'était embarqué sur un brigantin. Ils restèrent en Italie pour se préparer à faire de nouveau la guerre au duc de Florence Cosme de Médicis, ou pour défendre contre lui la ville de Sienne. Giacomo Santo Da Mare repartit avec les galères qui retournaient en France. Cette fois encore, elles eurent tellement à souffrir du mauvais temps pendant la traversée que quelques-unes d'entre elles furent obligées de jeter à la mer jusqu'à leur artillerie. Arrivé à Marseille, Giacomo Santo partit en poste pour se rendre à la cour du roi.

Pendant qu'on ne voyait de toutes parts en Italie que perfidies et guerres, et que la Corse était encore plus troublée que toutes les autres provinces, Thermes commença à concevoir des soupçons sur la fidélité des Corses. Ce fut Ottaviano de Biguglia qui fit naître en lui cette défiance. Rappelé, comme je l'ai dit, du lieu où il avait été relégué, Ottaviano avait été nommé capitaine royal ; mais sa compagnie n'étant point payée comme il le désirait, c'est-à-dire n'étant pas mieux payée que les autres, parce que l'argent manquait, il l'abandonna de dépit en disant que, si les autres voulaient servir le roi pour rien, lui ne pouvait en faire autant. Pour cette raison, et aussi parce que Matteo, son père, était venu de Gênes avec l'armée génoise et n'avait pas voulu se présenter devant Thermes malgré des injonctions réitérées, Ottaviano devint l'objet des soupçons du général français.

Qu'il fût innocent ou non, Ottaviano s'était aperçu de cette défiance et se tenait en repos. Mais il apprit, à ce qu'il dit plus tard pour s'excuser, que Thermes, pour donner suite à ses soupçons, avait l'intention de lui enlever une tour qu'il possédait en commun avec son père à la Mortula, au-dessous de Biguglia, tour où il demeurait alors et qui commandait le chemin de ces *marine*. Il se crut donc autorisé à agir et à céder aux sollicitations de son père. Thermes était revenu de Corte depuis quelques jours seulement, lorsque le douze décembre, au matin, Ottaviano, avec trois cents soldats génois et cent cavaliers commandés par Carlo Orsino, attaqua Giacomo de la Casabianca et Vitello de la Rebbia avec leurs compagnies et la compagnie de Pier Antonio de Valentano, qui occupaient Biguglia pour les Français. Et comme l'assaillant a toujours plus de hardiesse et d'assurance que celui qui est attaqué, en quelques instants, au cri de *St-George!* les capitaines Corses avaient fui avec leurs gens, et les Génois avaient saccagé le pays. Après ce coup de main, Ottaviano retourna à la Mortula où il mit pour y tenir garnison le nombre de soldats qu'il jugea nécessaire ; les autres se retirèrent à Bastia.

Thermes fut informé de cet échec le jour même. Dans sa colère, il fit partir immédiatement Giacomo de Bozi, l'un des principaux seigneurs du Delà des Monts, qu'il avait nommé colonel ; il le fit accompagner par plusieurs autres capitaines corses avec des forces suffisantes pour prendre la tour et Ottaviano. Mais en arrivant, ils trouvèrent la tour si bien défendue, qu'ils furent obligés de se tenir à distance. Ils prirent du moins les bestiaux d'Ottaviano et ceux de son père qui avaient été parqués près de la tour, et les conduisirent à Thermes. Enflammé de colère, le général français lançait des menaces foudroyantes contre l'audacieux Ottaviano. Il eut encore pendant ces jours d'autres sujets de mécontentement. Lodovico et Carlone Gentile de Brando, l'un de Castello et l'autre d'Erbalunga, avaient été, comme je l'ai dit, relégués à Bonifacio. Lors de son passage, le Duc de Somme leur avait rendu la liberté, en leur faisant promettre d'aller se présenter devant Thermes ; mais infidèles à leur promesse, lorsqu'ils furent arrivés à Mariana, Lodovico, au lieu de prendre le chemin du Nebbio, prit le chemin de Bastia et embrassa ouvertement le parti des Génois ; Carlone se présenta bien devant Thermes, mais il partit quelques jours après sans autorisation et se retira chez lui. D'un autre côté, Francesco Sornacone de Bastelica, qui en temps de paix comme en temps de guerre était resté à la solde des Génois, n'ayant pu, depuis le commencement de cette guerre, accomplir son devoir, parce qu'une maladie l'avait obligé de rester à la maison, se sentit à peine rétabli, qu'en homme d'honneur, pour ne point entacher sa réputation, il prétexta certaines affaires et se rendit à Bastia. Ces agissements firent du tort aux Corses qui étaient avec Thermes. Il avait déjà auparavant, sur certains soupçons, enlevé à Giacomo Santo son grade de colonel ; il retira ensuite leurs compagnies à tous les capitaines tant du Delà que du Deçà des Monts. Il est vrai que quelques jours plus tard il fit former à Altobello, à Raffaello son frère, à Giacomo de la Casabianca et à Ambrogio de Bastia, un corps de quatre à cinq cents soldats pour chacun d'eux. Il les chargea de garder Furiani. Lorsqu'ils quittèrent cette place, ce fut Alfonso Villa qui fut chargé de la défendre avec sa compagnie.

Pendant que l'île avait ainsi à subir toutes les horreurs de la guerre, elle fut encore frappée d'une épidémie terrible, engendrée ou par la guerre elle-même, ou par les souffrances et les privations. C'est ainsi qu'à Bastia mourut entre autres Angiolo Santo de Levie, l'une des premières lumières de la Corse ; qu'à Asco, où il se trouvait par hasard, succomba Anton Marco de Campocasso, caporal de l'une des premières familles, ainsi qu'un grand nombre de Corses de marque et d'étrangers. Mais nulle part la mortalité ne fut aussi grande que dans l'armée qui assiégeait St-Florent. Le nombre des soldats qui moururent fut prodigieux. Cette mortalité était causée par l'air qui dans cet endroit est toujours malsain, mais était alors plus pestilentiel que jamais, et aussi par les souffrances et les privations que l'on y endurait plus que partout ailleurs, car il pleuvait presque tous les jours.

Sous les coups du fléau, toutes les compagnies, qui étaient précédemment de deux cents ou trois cents hommes au moins, furent réduites à cinquante hommes tout au plus ; quelques-unes même n'arrivaient pas à vingt-cinq. Les choses en étaient venues au point que l'assiégeant était plus en danger que l'assiégé ; il arrive souvent, en effet, que le vaincu reprenant des forces, ravit la victoire au vainqueur. Les chefs se consultèrent à plusieurs reprises pour savoir s'ils ne lèveraient pas le siège avant que l'ennemi fût instruit de leur impuissance. Thermes avait été informé de l'état des assiégeants ; mais les Corses eurent beau insister auprès de lui pour qu'il leur permît d'attaquer le camp génois ; ils s'engageaient à le forcer à eux seuls, et ils auraient peut-être réussi ; mais Thermes qui se défiait de la mobilité de leur caractère ne voulut pas donner son consentement; on ne doit pas, en effet, confier une mission importante à une nation dont la fidélité est suspecte (1).

(T. 266) (P. III, 383)

---

1) MS. de Ceccaldi : « ... *non vi volle in modo alcuno acconsentire,*
» *perciochè a una natione che non ha fede ferma, non se gli deve commet-*
» *tere carico d'importanza.* » — Les mots soulignés ont été omis dans les éditions italiennes.

Au moment où la situation des Génois paraissait le plus désespérée, la fortune, qui a toujours des faveurs pour ses amis et des disgrâces pour ses ennemis, voulut qu'il arrivât dans le port de Calvi quatre mille Espagnols, avec neuf navires, sous le commandement de Don Luis de Lugo Adolentado de Canarie. C'était le roi d'Espagne, Philippe, qui les avait soudoyés et envoyés au secours de la place. En apprenant à quelle extrémité se trouvait réduite l'armée génoise devant St-Florent, les Espagnols partirent immédiatement à son secours. L'arrivée imprévue des Espagnols releva complètement le courage des Génois, d'autant plus que peu de temps auparavant, le gouvernement de Gênes, informé de la faiblesse de son armée, avait envoyé quatre compagnies italiennes. En outre, D'Oria avait fait lever de nouvelles compagnies corses, dont les capitaines furent Lodovico de Castello di Brando, Fabio d'Erbalunga, Francesco Sornacone, Ottaviano et Rinuccio son frère, ainsi que Sansonetto, tous trois de Biguglia, Pier'Andrea de Belgodere di Bagnaggia, Marc'Antonio et Anton Francesco de Bastia. De cette façon, les Génois étaient sûrs d'avoir St-Florent entre les mains.

Pendant que D'Oria consacrait tous ses soins à la conduite du siège, sans omettre aucun détail nécessaire, des engagements avaient lieu dans les environs sur différents points. C'est ainsi qu'un matin, de bonne heure, une frégate commandée par Anton Francesco de Bastia, qui y avait embarqué une partie de sa compagnie, surprit à la Porraggia, à l'embouchure du Golo, quelques hommes de Vescovato qui gardaient une barque chargée de grains, enlevée aux Capcorsins par Pier Antonio de Valentano. Les gens de Vescovato, qui ne s'attendaient pas à cette attaque, durent céder à des forces supérieures et prirent la fuite. L'un d'eux, Serafino de'Leonardi, qui appartenait à l'une des meilleures familles du pays, se noya dans le Golo (1) ; deux autres furent faits prisonniers, mais arrivés à Bastia, ils furent relâchés pour des raisons particulières. Depuis qu'Ottaviano de Biguglia avait abandonné le parti des Français, les Génois entretenaient continuellement vingt-cinq soldats dans la tour de la Mortula, afin d'en faire un point d'appui pour leurs cavaliers, qui presque tous les jours faisaient des courses jusqu'au Golo pour enlever les bestiaux. Alfonso Villa, qui, comme je l'ai dit, était établi à Furiani, voyant combien les Français avaient à souffrir de ces incursions envoya un jour environ quatre-vingts soldats (2), qui, trouvant la tour mal gardée, l'occupèrent avant que ceux de l'intérieur eussent le temps de prendre les armes pour se mettre en défense. Il n'y eut qu'un mort, ce fut l'officier qui commandait pour les Génois ; les autres se rendirent. En apprenant cette nouvelle, Sampiero, qui était alors auprès de Thermes, voulut, par ressentiment contre Ottaviano, se rendre de ce côté en personne et brûla la tour.

Quelque temps après, Alfonso Villa, qui se trouvait à l'église St-Pierre, au-dessous de Furiani, avec une trentaine de soldats, pour faire quelque butin, éprouva le sort qu'il préparait aux autres ; il tomba dans une embuscade de cavaliers génois et fut fait prisonnier avec tous les siens. Mais ils furent relâchés quelques jours après, parce que, si les Génois et les Corses se montraient impitoyables à l'égard les uns des autres, les soldats des autres nations se faisaient

(T. 267) (P. III, 386)

---

1) Le texte du MS. de Ceccaldi est un peu moins complet : « Nella » quale improvvisa giunta, i Vescovali senza far difesa alcuna si messero » in fuga, dove ne morì uno d'affogatura nel fiume, e due etc. » — Filippini a d'un autre côté ménagé davantage l'amour-propre des habitants de Vescovato.

2) MS. de Ceccaldi : *du 80 soldati.* Editions italiennes : *da quaranta.*

une guerre plus humaine. Il y avait en effet entre les Génois et les Corses au service des Français une haine et une inimitié profondes ; et dans leurs paroles comme dans leurs actes, ils faisaient tout leur possible pour s'offenser, toutes les fois que l'occasion s'en présentait. Les Corses affectaient de la fierté en disant qu'ils n'étaient plus soumis aux marchands génois, grâce à la puissante protection d'un roi de France ; ils se glorifiaient de ce vain nom de liberté que les Français, pour faciliter leur entreprise, avaient toujours à la bouche.

Ces injures étaient très sensibles aux Génois qui de leur côté jetaient sans cesse à la face des Corses le nom de traîtres, si bien que tout Corse ou tout Génois qui tombait entre les mains de ses ennemis était ou tué par les soldats d'un rang inférieur ou envoyé par les chefs sur les galères. D'ailleurs D'Oria envoyait sur les galères non seulement les Corses qui lui tombaient entre les mains, mais tous les soldats des Etats de l'empereur, du Duc de Florence et des Génois ; quant aux prisonniers de toutes les autres nations, il les traitait humainement. Thermes, de son côté, ne se montrait dur qu'envers les Espagnols. Mais Sampiero, qui avait le caractère corse et obéissait peut-être aux suggestions des Corses, ayant dû se rendre à Ajaccio pour certaines affaires, fit mettre à la chaîne sur les galères royales qui étaient alors dans ce port, tous les Génois qui s'étaient retirés dans les villages voisins ; il n'épargna que le lieutenant qui était d'Ajaccio et quatre ou cinq autres personnages qui, à la prière de Francesco d'Ornano, furent accompagnés jusqu'à Calvi, où on les laissa. Ainsi la guerre entre les Corses et les Génois, et non entre les soldats des autres nations, commençait à prendre un caractère sauvage et cruel.

Ces procédés donnaient beaucoup à réfléchir aux rebelles

(T. 268) (P. III, 388)

et aux chefs corses; ils savaient ce qui les attendait s'ils étaient faits prisonniers. Giovan Giacomo Da Mare commandait S. Colombano au nom des Français; c'était à lui ainsi qu'à Pier Giovanni et à Giacomo Negroni que Giacomo Santo avait confié la garde de ce château où était sa femme et sa fille (1); bien qu'il eût avec lui environ une vingtaine d'hommes avec toutes les provisions nécessaires, il écrivit à Thermes pour qu'il lui envoyât quelques soldats de plus. La lettre tomba entre les mains de Luciano Spinola, commissaire à Bastia. Celui-ci résolut aussitôt de profiter de cette occasion et une nuit il envoya à S. Colombano Achille Cibo, ennemi de Giacomo Santo, avec trente ou quarante soldats. Ces hommes, estimant que les vrais braves sont ceux qui s'exposent au danger pour quelque but utile, acceptèrent résolument cette mission et arrivèrent pendant la nuit au pied du château. Ils se firent passer pour les soldats que Giovan Giacomo avait demandés à Thermes, et montrèrent des lettres supposées revêtues d'un sceau qui imitait parfaitement celui du général français. Ceux du château crurent la lettre authentique, et si les Génois avaient montré plus de décision pour mener jusqu'au bout leur entreprise, ils eussent certainement réussi sans difficulté. Mais ils montè-

(T. 268) (P. III, 389)

---

1) MS. de Ceccaldi : « Laonde per questa cagione Giovan Jacopo de
» Mare, il quale per i Francesi capo nel castello di San Colombano
» Jacopo Santo alla guardia di quello e della consorte e figliuola con Pier
» Giovanni e Jacopo Negroni haveva lasciato, ancora che circa a 20 sol-
» dati etc. » — Edition de Tournon : « Laonde per questa cagione Giovan-
» giacopo da Mare il quale per Francesi era alla guardia e capo del
» castello di San Colombano di Giacoposanto con Piergiovanni e Giacopo
» Negroni ; anchor che circa etc. » — Dans l'édition de Pise les mots :
capo del castello di San Colombano di Giacoposanto ont été remplacés par
ceux-ci : *capo del castello di San Colombano con Giacopo Santo*, ce qui ne
se comprend plus.

rent lentement les échelles, et ceux de l'intérieur qui les recevaient à la lueur des torches, les reconnurent à l'hésitation qu'ils montrèrent. Ils crièrent aux armes et les Génois prirent la fuite; leur chef, Achille, se cassa la cuisse en descendant précipitamment l'échelle, et quelques autres déjà parvenus au sommet de l'échelle furent faits prisonniers. Ce qu'il y eut à remarquer dans cette guerre, ce fut la lâche conduite des soldats génois; s'ils n'avaient pas été soutenus à plusieurs reprises par leur nombre même, ils s'en seraient retournés couverts de honte et d'ignominie.

D'Oria le savait bien, aussi renforçait-il continuellement son armée. Outre les troupes qu'il avait déjà, il fit encore venir dans le camp pendant ces jours mille Allemands, commandés par Albéric comte de Lodrone, leur colonel. Quand il eut réuni toutes ces forces, il envoya une nuit un grand nombre de soldats et de cavaliers attaquer Thermes, qui s'était établi à Santo Pietro, à quatre milles de St-Florent. Thermes, qui ne s'attendait pas à cette attaque, craignit de n'être pas assez fort pour résister, et par un mouvement qui ressemblait plutôt à une fuite qu'à une retraite, il quitta Santo Pietro et arriva à Lento, dans la piève de Bigorno, à sept milles de St-Florent; les Génois retournèrent dans leur camp. Arrivé à Lento, Thermes pour assurer sa position, fit aussitôt construire un fort; il nomma ensuite cinq nouveaux capitaines corses qui furent: Camillo de la Casabianca, Piero de Piè d'Albertino, que les Génois avaient envoyé lever une compagnie pour leur service (1), Valerio et Taddeo, tous trois d'Orezza, et Polidoro de Corte. Il est vrai que les compagnies étaient à peine formées que, changeant d'avis, il les

---

1) MS. de Ceccaldi : « Pietro dal Piè d'Alapertino, *il quale dai Genovesi era stato mandato a far la compagnia per servitio loro*, Valerio etc. » — Les mots soulignés ont été omis dans les éditions italiennes.

cassa toutes. Puis ne se trouvant pas assez en sûreté à Lento, il laissa quelques soldats à la garde du fort, et alla s'établir à Vescovato, à huit milles de Lento et seize milles de St-Florent. Là, il répartit l'infanterie dans la piève et attendit d'heure en heure la nouvelle de la capitulation de St-Florent, qui lui semblait inévitable, si la place n'était pas secourue par mer.

Le baron de La Garde avait été instruit de la situation de St-Florent par divers messages; et, bien que généralement on ne s'empresse guère d'envoyer des secours demandés par lettres, il avait envoyé à plusieurs reprises des barques chargées de vivres. Ces barques venaient se présenter résolument devant le golfe, mais trouvant l'entrée fermée, elles alléguaient les vents contraires et poussaient jusqu'à Ajaccio. Cependant le roi qui ne voulait pas qu'une place si rapprochée de la Provence lui fût enlevée à la suite d'un blocus, et qui voyait là une grave atteinte à sa réputation, ordonna au baron de La Garde d'aller la secourir avec toute sa flotte et de faire lever le siège ou de perdre cette même flotte en livrant bataille à l'ennemi. La Garde bien armé et bien approvisionné partit de Marseille avec trente-deux galères; il emmenait avec lui un grand nombre de gentilshommes français qui, suivant l'usage de cette nation, allaient à leurs frais et pour leur plaisir, afin de montrer leur dévouement au roi, prendre part à la bataille qui, pensaient-ils, se livrerait bientôt. Parmi eux se trouvait François de Lorraine, Grand Prieur de France. Mais quand ils furent arrivés à Antibes, une de leurs galères vint à sombrer et le baron en renvoya quatre autres à Marseille, on ne sait pour quelle raison. Bien que ce contre-temps en présageât d'autres plus graves, ils ne laissèrent pas, lorsque la mer fut calme, de cingler droit vers le golfe de St-Florent; ils comptaient sur un vent favorable pour y pénétrer à l'improviste.

(T. 269) (P. III, 392)

Mais lorsqu'ils furent près du golfe, soit qu'ils fussent contrariés par les vents, soit qu'ils manquassent de courage en voyant l'ennemi si bien sur ses gardes, ils imitèrent l'exemple des barques et firent voile pour Ajaccio. En effet, D'Oria avait pris sur mer, comme Spinola sur terre, d'excellentes dispositions, surtout en apprenant de bonne source que St-Florent était près de succomber. D'Oria fit construire un fort à Olzi, comme il en avait fait construire un à la Mortella, puis il relia ces deux forts par une ligne de navires, de galères et d'autres embarcations, si bien que le passage était fermé au plus petit esquif. Le baron de La Garde se retira donc à Ajaccio, puis à Bonifacio, où arriva presque aussitôt Sampiero envoyé par Thermes. Après s'être entretenus de divers sujets, et avoir reconnu l'impossibilité de secourir St-Florent, ils se concertèrent sur les moyens de reprendre Bastia, qui n'avait pas encore été fortifié ; ils pensaient que les Génois, pour ne point perdre Bastia, seraient obligés de dégarnir quelques points autour de St-Florent, et que l'on pourrait ainsi secourir par terre ou par mer la place assiégée; dans tous les cas, si l'on ne pouvait sauver St-Florent, la reprise de Bastia serait fort importante pour leurs intérêts et pour leur réputation. Ce calcul ne manquait peut-être pas d'habileté, s'il n'eût pas été trop tard, et si la fortune eût mieux secondé leurs desseins. Malheureusement St-Florent ne pouvait tenir longtemps encore; d'un autre côté, Sampiero était à peine retourné auprès de Thermes après avoir arrêté le plan de l'expédition, et l'on commençait à peine à organiser les troupes qui devaient y prendre part, que les galères qui s'étaient mises en route pour Bastia, furent assaillies encore une fois par la tempête et poussées à l'île de Pianosa. Là, le vent ayant changé, cinq d'entre elles prises en flanc allèrent se briser sur la côte, et il n'y eut pas dix hommes

(T. 269) (P. III, 394)

qui échappèrent. Cette île se vengea ainsi elle-même de la flotte française qui avait fait la garde aux galères turques pendant qu'elles brûlaient ses maisons et prenaient ses habitants. Et ainsi sur les vingt-sept galères parties d'Antibes pour secourir St-Florent, La Garde n'en ramena à Ajaccio, puis en Provence, que vingt-deux et encore avec de graves avaries.

L'insuccès de la flotte découragea complètement Giordano Orsino, qui avait conservé jusqu'alors le ferme espoir d'être secouru. En vain apporta-t-il toute l'économie possible dans la distribution des vivres, il dut à la fin céder à la famine. Alléguant donc que là où les vivres manquent, la prudence des capitaines et la force des soldats restent sans effet, il entra en arrangement. Voici quelles furent en substance les clauses de la capitulation. La place serait livrée aux Génois; Giordano, Vallerone et leurs gens en sortiraient avec leurs armes empaquetées, leurs bannières dans le fourreau et sans battre le tambour; ils s'embarqueraient à St-Florent même, et seraient transportés sains et saufs avec leurs bagages à Antibes (ce qui fut fait); de là, ils pourraient aller librement où il leur plairait, à condition que, pendant les huit mois qui suivraient la capitulation, Giordano ne pourrait prendre les armes contre le Duc de Florence; de plus, aucun des soldats rebelles envers l'empereur, le gouvernement de Gênes et l'Office de St-George, qui seraient trouvés dans la place, ne pourrait jouir du bénéfice de la capitulation. Ces articles furent stipulés et signés dans la place de St-Florent par le comte Alberico Lodrone et Carlo Orsino, envoyés par D'Oria avec pleins pouvoirs pour cet effet.

Avant la signature de la capitulation, tous les capitaines réunis avaient invité Giordano à se rendre auprès de D'Oria pour obtenir des conditions acceptables; si Giordano, par l'entremise des nombreux amis qu'il avait dans le camp génois, ne pouvait obtenir une capitulation honorable, il ne leur restait plus, pensaient-ils, qu'à mourir. Giordano avait déclaré dans cette réunion qu'ils ne devaient pas songer à se rendre à discrétion, comme le demandait l'ennemi, mais que, plutôt que de faire une chose indigne du roi et d'eux-mêmes, ils devaient préparer leurs armes et leurs cœurs afin de mourir au milieu des ennemis, en vendant leur vie le plus chèrement possible ; il promettait de leur donner l'exemple pour leur montrer ce qui convient à des hommes de cœur, à des hommes qui suivent en toute circonstance le chemin de l'honneur. Tous les soldats promirent d'imiter résolument son exemple.

Mais Giordano, voyant que l'intérêt public l'obligeait à aller trouver le général ennemi, dut se résoudre, quoique à contre-cœur, à cette démarche ; néanmoins, pour maintenir ses soldats dans leurs bonnes dispositions, il leur parla de ce qui arrive souvent en pareille circonstance, et leur fit jurer de ne point oublier leur promesse, si la mort ou la prison ou tout autre traitement semblable l'attendait dans l'armée génoise. Puis, laissant le commandement à Vallerone, il mit tous les capitaines en sentinelle, pour que les soldats ne pussent s'entretenir avec les ennemis ; il emmena avec lui le capitaine Combasso Francesco (1), après lui avoir demandé sa parole, et se rendit auprès de D'Oria en compagnie du comte Alberico de Lodrone et de Carlo Orsino. On respecta sa liberté, mais il revint sans avoir pu rien conclure. D'Oria prétendait qu'il se rendît à discrétion et Giordano s'y refusait absolument. Enfin la colère et l'obstination

(T. 270) (P. III, 397)

---

1) MS. de Ceccaldi : *Campobasso Francesco*. Editions italiennes : *Combasso Francese*. Nous ne savons quelle est la véritable leçon.

du prince finirent par se calmer; il envoya à Orsino les deux officiers nommés plus haut qui arrêtèrent avec lui la nuit suivante les conditions de la capitulation (1).

Deux heures avant la signature, Giordano avait fait appeler dans sa chambre Bernardino d'Ornano, Teramo de St-Florent, et d'autres bannis Corses et Napolitains, et en présence de Vallerone, de Cesare Cintio, son secrétaire, d'Agapito de Lodi, son lieutenant, du capitaine florentin Vico de' Nobili, il leur exposa que les vivres allaient manquer, puisqu'il n'y en avait plus que pour deux jours et que l'on avait la certitude de n'être point secourus; il leur communiqua ensuite les articles de la capitulation qu'on lui proposait. Comme il ne voulait pas, leur dit-il, les livrer entre les mains des ennemis, il avait voulu les mettre au courant des négociations pour qu'ils se décidassent ou à s'échapper par mer sur des esquifs ou à tenter de se sauver avec lui en faisant une trouée à travers les lignes des assiégeants. Il leur laissait un quart d'heure pour lui communiquer ce qu'ils auraient décidé.

Mais ceux-ci, qui avaient déjà réfléchi sur ce qui pourrait leur arriver, répondirent aussitôt que leur intention était de chercher à s'échapper sur des esquifs, afin qu'il pût lui-même se sauver plus facilement avec le reste de l'infanterie et servir encore le roi avec autant de distinction et plus de bonheur. Puis, pendant qu'on discutait les articles de la capitulation, ils s'embarquèrent sur trois esquifs avec ceux qui voulurent les accompagner. Ils échappèrent tous sans rencontrer d'obstacles, et comme ils étaient en pays ami,

(T. 271) (P. III, 398)

---

1) MS. de Ceccaldi : « ... talchè mancando al Prencipe insieme con la » collera l'ostinatione, li mandò li sopradetti Signori etc. — La leçon des éditions italiennes est inintelligible : « ... talchè restava al D'Oria insieme » con la collera l'ostinazione, mandarongli i sopradetti Signori etc.»

ils se rendirent à Vescovato auprès de Thermes pour lui apprendre ce qui venait de se passer. Le lendemain matin, les galères de D'Oria s'éloignèrent de la Mortella et se rapprochèrent de St-Florent d'où Giordano Orsino sortit conformément aux articles stipulés la nuit précédente. A son départ, il sauva un grand nombre de Corses et de soldats étrangers exclus du bénéfice de la capitulation, en les mêlant aux autres fantassins comme s'ils eussent appartenu à une nationalité autre que la leur. D'Oria prit possession de St-Florent le 17 février 1554, et y mit une forte garnison d'Italiens. Quelques jours après il envoya à Antibes Vallerone avec tous les soldats, et un peu plus tard Giordano Orsino. Il retint tous les Corses qui furent reconnus ainsi que les autres soldats exceptés par les articles ; ils se trouvèrent au nombre de trente-trois et furent envoyés sur les galères.

On évalua à dix mille le nombre de ceux qui succombèrent pendant le siège de St-Florent tant dans le camp que sur la flotte. Il y eut parmi les morts Imperiale, seigneur de Dolceacqua, le capitaine Giulio Cicala et le commissaire Domenico de' Franchi. Cataneo Pinelli mourut en arrivant à Gênes. Luciano Spinola, commissaire de Bastia, malade à son tour, s'embarqua aussi pour Gênes, où il mourut également. Il eut pour successeur Vincenzio Negrone, qui succomba à Bastia au bout de quelques jours. Ainsi se termina le long siège de St-Florent ; la chute de cette place eut un grand retentissement dans l'Italie entière et tint tous les partis dans l'attente.

(T. 271) (P. III, 400)

Tous les Etats qui jouissent d'une longue paix (je dis tous sans exception), s'ils ne sont constamment favorisés par la fortune (1), subissent avec le temps des épreuves graves et inattendues. La raison en est que les citoyens (dont la réunion constitue ce qu'on appelle l'Etat, parce qu'ils sont autant de membres divers d'une même société) habitués (2) aux douceurs de la paix, ne songent pas à faire la guerre aux autres, et ne réfléchissent pas non plus que d'autres pourront la leur faire, s'imaginant qu'ils vivront toujours en accord avec tout le monde. Ils s'occupent donc exclusivement de leurs affaires personnelles, sans jeter une seule fois les yeux sur les besoins de l'Etat. Il arrive par là que ce que l'on aurait pu facilement conserver avec quelque monnaie de cuivre ne peut plus se recouvrer avec des monceaux d'or, une fois qu'on l'a perdu par sa négligence. L'œil clairvoyant de Scipion avait parfaitement compris tout ce qu'il y a de détestable et de pernicieux à vivre de cette manière, lorsqu'en plein sénat il conseilla de conserver Carthage pour sauver sa patrie de la ruine ; on ne l'écouta point, et sa prédiction s'accomplit.

(T. 272) (P. III, 404)

---

1) MS. de Ceccaldi : « Tutte le Republiche le quali lungo tempo pacifi-
» camente *si governano, tutte dico* (*se non sono* da una prospera fortuna
» accompagnate) in qualche etc. » — Editions de Tournon : « . . . . *tutte*
» *non sono da una* etc. » — Editions de Pise : « . . . . *si governano* (*tutte*
» *non sono da una* etc. »

2) MS. de Ceccaldi : « . . . . che i suoi cittadini (i quali per esser tutti
» universalmente un corpo misto della Città Republica si chiamano) essendo
» assuefatti etc.) — Editions italiennes : « . . . . della Città e Repubblica
» etc., » ce qui ne se comprend guère.

Si on nous permet de comparer les petites choses aux grandes et les temps modernes aux temps anciens, je dirai que, si la République de Gênes a remporté tant de triomphes pendant une longue suite de siècles, c'est qu'elle était tenue en haleine par des guerres sans cesse renaissantes. Mais après qu'Andrea D'Oria eut mis fin aux discordes civiles, que Gênes eut reconquis sa liberté et qu'elle fut devenue l'alliée de Charles-Quint, alors elle perdit son esprit militaire et se gouverna en paix pendant de longues années, ou si une guerre vint parfois troubler son repos, elle l'eût bientôt terminée à son avantage. Et ainsi pendant que l'empereur et le roi de France se faisaient une guerre acharnée, la République s'imaginait que chacun d'eux rechercherait son amitié ou sa neutralité, mais ne deviendrait jamais son ennemi, et dans cette opinion, elle laissait ses forteresses sans armes, sans approvisionnements, sans garnison. Ce fut pour profiter de cette insouciance que le roi, qui avait encore à se venger de quelques anciens griefs, tourna ses armes contre la République et porta la guerre en Corse. Il trouva cette île dans l'état que nous venons d'indiquer et s'en empara facilement. Les Génois de leur côté furent contraints de dépenser des sommes énormes seulement pour reprendre St-Florent. En somme, selon moi, les deux causes qui ont souvent fait subir aux divers Etats des pertes considérables sont un trop long repos et une économie intempestive.

Il est vrai que, si la reprise de St-Florent coûta cher aux Génois, sa perte causa le plus vif chagrin à Thermes qui se reprochait d'avoir mal approvisionné cette place. En apprenant qu'elle était au pouvoir des Génois, il songea à compenser cette perte ; quittant donc Vescovato avec son infanterie, il prit la direction de la Brocca, puis s'éloignant de la côte, il passa à Corte. Il laissa la compagnie de Pasotto Fantuzzi, sous les ordres du capitaine Maso, de la Romagne, à Castellare, qui avait été, comme Furiani, fortifié quelques années auparavant par crainte des Turcs. Thermes se proposait ainsi d'arrêter l'ennemi de place en place pour l'empêcher de parcourir facilement l'île. Il rendit ensuite leur liberté aux Corses, tant du Deçà que du Delà des Monts, confinés à Ajaccio, en leur faisant promettre de ne se mêler en aucune façon des affaires politiques ; il pensait bien que, quand même ils prendraient les armes en faveur des Génois, ils ne pourraient guère lui nuire, parce qu'il était assuré que la plus grande partie des Corses resteraient fermes dans leur fidélité au service du roi. De cette façon, il ne resta plus un seul de tous ceux qui avaient été confinés, au lieu de sa relégation ; les Corses en effet avaient été autorisés à le quitter, et les Génois relégués en divers endroits de l'île prirent cette autorisation eux-mêmes et retournèrent à Bastia.

En outre, Thermes envoya Sampiero à Bonifacio pour assurer la défense de cette place, puis à Ajaccio pour presser le plus possible l'achèvement des travaux de fortification ; en effet, depuis la prise de St-Florent, on s'attendait à voir arriver d'heure en heure l'armée génoise pour assiéger Ajaccio. Sampiero s'acquitta avec zèle de la mission que Thermes lui avait confiée. Lorsqu'il fut de retour à Ajaccio, Sampiero, à la suite d'une querelle qui avait amené une inimitié entre lui et Teramo, porta les mains sur son neveu et le tua (1).

(T. 273) (P. III, 407)

---

1) MS. de Ceccaldi : « onde giunto finalmente a Laiazzo, perchè di già » era nato sdegno tra egli e Theramo suo nipote sopra a parole, gli messe » mano e l'uccise. » — Ce qui est un véritable meurtre dans le MS. de Ceccaldi est devenu un duel dans les éditions italiennes : « onde finalmente » giunto in Aiazzo, perchè già erano nate alcune parole fra lui e Teramo » suo nepote, sopra delle quali ponendo ambedue mano all'armi, e tirandosi, Sampiero d'una stoccata l'uccise. »

Pendant que les Français, affligés du passé, prenaient leurs précautions contre l'avenir, Andrea D'Oria songeait à entreprendre le siège d'Ajaccio. Il envoya donc recruter des compagnies en terre ferme le colonel Chiappino Vitelli, que le Duc de Florence retint plus tard pour qu'il prît part au siège de Sienne. Il envoya aussi en Italie avec plusieurs autres colonels, Orazio Brancadoro de Fermo, qui avait servi sous ses ordres comme capitaine dans le royaume de Naples (1); Brancadoro devait soudoyer un millier de fantassins dont il le nommait colonel. Puis, pour assurer les derrières de l'armée génoise, il envoya dans le Cap-Corse quelques compagnies occuper San Colombano, qui appartenait à Giacomo Santo Da Mare. Lorsque les Génois eurent achevé le chemin par où ils devaient amener l'artillerie, le château se rendit. Pier Giovanni et Giovan Giacomo, qui le commandaient, s'étaient enfuis pendant la nuit et étaient allés rejoindre Thermes. On n'y trouva que le frère de Pier Giovanni, Giacomo Negrone, qui était impotent et qu'on envoya en terre ferme. On y prit également avec sa fille la femme de Giacomo Santo, qui fut envoyée à Calvi, à Cristoforo Pallavicino, son frère. Cristoforo, qui se sentait malade, obtint quelques jours après son congé du prince D'Oria et les emmena toutes les deux à Gênes. Le château de S. Colombano fut ruiné jusque dans ses fondements; on ruina également peu de temps après celui de Canari, dont le seigneur, Pier Battista, s'était aussi révolté contre les Génois. Andrea D'Oria voulut ensuite punir le Nebbio de tout le mal qu'il n'avait cessé de lui faire; il fit brûler et saccager une grande

(T 274)　　　　　　　　　　　　　　(P. III, 409)

---

1) MS. de Ceccaldi: « Mandò ancora Horatio Brancadoro da Fermo, già
« suo capitano nel Regno di Napoli, etc. » — Les mots *di Napoli* manquent dans les éditions italiennes.

partie de ce pays. Après quoi, il envoya attaquer le fort de Lento ; mais comme cette entreprise aurait coûté des sacrifices inutiles, on y renonça. Quelques jours plus tard les Français abandonnèrent d'eux-mêmes ce fort ; Furiani fut abandonné à son tour par les troupes qui s'y étaient établies (1).

Lorsque les Génois se furent assurés de toute cette partie de l'île, l'armée se concentra tout entière sous les ordres d'Agostino Spinola, lieutenant général, pour se loger dans les villages voisins de Bastia. Le 9 mars, Spinola se mit en marche et passa dans la piève de Mariana, puis dans celle de Casinca. Comme ce pays est très riche, il s'y arrêta plusieurs jours afin de se remettre des fatigues qu'il avait endurées au siège de St-Florent. Il avait aussi l'intention de s'emparer de Castellare où Thermes avait laissé une garnison, comme je l'ai dit. On disait comme une chose certaine que, si l'armée génoise, profitant du prestige que lui donnait la prise de St-Florent, eût marché sur Ajaccio sans perdre de temps, elle se serait emparée de cette place sans qu'il lui en coutât une goutte de sang. Mais elle attendit et perdit ainsi une excellente occasion ; car rien n'est plus funeste que de laisser à l'ennemi le temps de se mettre sur ses gardes.

Don Lorenzo Figueroa, mestre de camp des vétérans espagnols que Vistarino avait amenés en Corse au commencement de la guerre avec Agostino Spinola, s'établit à Borgo et à Lucciana ; le comte Alberico de Lodrone logea avec les Allemands à Vescovato, tandis qu'Agostino Spinola, avec Adolentado et la plus grande partie des Espagnols arrivés

---

1) MS. de Ceccaldi : « e parimente abbandonarono la terra quelli di
» Furiani » — Editions italiennes : « i Francesi l'abbandonarono da loro
» stessi, e parimente la terra di Furiani. »

récemment et qu'on appelait *bisogni*, parce que c'étaient de jeunes soldats, s'établissait à Venzolasca. Quant au reste des Espagnols, une partie alla attaquer Castellare, et l'autre alla loger à la Penta, Ocagnani, Sorbo, San Giacomo et Loreto, tous villages de la piève de Casinca.

La plupart des populations attendaient l'arrivée de ces troupes et firent leur soumission, comme chacun l'avait faite du Fium'alto au Cap-Corse et du Cap-Corse à Calvi. Seuls, quelques Corses de marque et quelques habitants de Vescovato et de Venzolasca, qui avaient déjà été à la solde des Français et avaient pris leur part des biens appartenant aux Génois, firent exception et s'éloignèrent à l'approche de l'infanterie génoise. Quelques hommes de Vescovato firent plus; soit qu'ils voulussent prouver leur attachement aux Français, soit qu'ils désespérassent d'obtenir le pardon des Génois, pendant qu'on attendait l'infanterie, ils saisirent le moment où la compagnie de Francesco Casello de Bastia, soudoyée par les Génois, arrivait à la Porraggia et se rendait en désordre, enseigne déployée, à Venzolasca sous les ordres de son lieutenant. Pour la punir de les avoir attaqués précédemment à la marine, ils marchèrent à sa rencontre, fondirent sur elle, et la dispersèrent en prenant l'*alfiere* avec l'enseigne et en faisant quelques autres prisonniers. Il y eut dans cet engagement plusieurs blessés et plusieurs morts.

Les gens de Vescovato dont je viens de parler et quelques autres de Venzolasca refusèrent donc de se soumettre; mais tous les autres restèrent dans leurs maisons et fournirent à l'infanterie tous les vivres nécessaires. Afin de se concilier les populations, les chefs donnèrent ordre de payer tout ce qu'on leur prenait; les soldats de toute nation se conformaient scrupuleusement à cette prescription; seuls, les Espagnols parcouraient chaque jour le pays par groupes de cinquante, de cent, se laissaient aller à de nombreux actes de violence contre les personnes, et pillaient les troupeaux et les biens. Beaucoup d'entre eux expièrent ces insolences, et leurs corps devinrent la pâture des corbeaux et des autres oiseaux. Agostino Spinola et Adolentado firent tous leurs efforts pour empêcher ces excès, mais ils furent impuissants, car les Espagnols ne les respectaient pas eux-mêmes. Lorsque les fantassins allemands et espagnols furent répartis dans les différents postes qui leur étaient assignés, les habitants de Casinca qui avaient quitté le pays, un grand nombre de gens des pièves voisines, Ampugnani et Orezza, et enfin Don Carlo Caraffa qui était resté de ce côté avec sa compagnie, attaquèrent pendant la nuit les Espagnols établis à Ocagnani et en tuèrent plus de cinquante. Ceux qui échappèrent retournèrent à Venzolasca avec ceux qui étaient logés à la Penta, à San Giacomo et à Loreto; puis convaincus que les gens d'Ocagnani avaient comploté cette surprise, ils livrèrent pendant deux jours ce village aux flammes et au pillage.

Pendant que ces événements se passaient, les Italiens au service des Génois étaient logés à Belgodere et dans d'autres villages voisins de Bastia; Andrea D'Oria, avec la flotte, était resté à la Mortella, où il avait passé tout l'hiver. De là, il donnait jour par jour à l'armée génoise les ordres à suivre. Il licencia alors toutes les compagnies corses dont il n'avait plus besoin; il ne conserva que celle de Lodovico de Brando et de Giordano de Pino; puis apprenant que Castellare ne se rendait pas, il ordonna de le battre avec l'artillerie et d'obtenir une soumission sans condition. Agostino Spinola et Vistarino se firent donc amener de Bastia deux demi-pièces; ils les firent conduire de Serraggia à Castellare par des paysans avec leurs bœufs, les braquèrent du côté où l'assaut était le plus facile et commencèrent à battre les murs.

Ces murs avaient été faits avec des pierres et de la terre; les soldats français les avaient bien réparés comme ils pouvaient, mais il n'y avait à Castellare ni eau vive ni puits; ils n'avaient qu'une petite provision d'eau qu'ils avaient mise dans des tonneaux et qui commençait à se gâter; ils se voyaient entourés par plus de deux mille ennemis, tandis qu'ils n'étaient eux-mêmes qu'une centaine; enfin l'artillerie ouvrait de larges brèches dans le mur trop peu solide. Dans ces conditions, les soldats français, qui ne pouvaient compter sur aucun secours, perdirent courage; deux gentilshommes, espérant trouver de la clémence dans les Espagnols, prirent le parti extrême, afin de se sauver, eux et les autres, de sortir des murs et de demander à parler à Adolentado; ils pensaient obtenir ainsi la vie sauve. Mais Adolentado les eut à peine aperçus qu'il les fit impitoyablement massacrer. Pendant ce temps, toute l'armée espagnole qui entourait Castellare poussa le cri *Aux armes!* et sans aucun ordre, dans la plus grande confusion, livra tout à coup à la place un assaut qui dura plus de deux grandes heures. Maso, qui commandait les Français, fit avec ses soldats et les habitants du village une résistance désespérée; il faillit même prendre sur le mur une enseigne espagnole; il repoussa du moins celui qui la portait avec les autres assaillants. A la fin, les Espagnols durent reconnaître combien l'ordre est une chose importante à la guerre; ils se retirèrent sans avoir rien fait.

La nuit suivante, Maso, voyant qu'il ne pouvait se défendre, décampa à la première veille, avec tous ceux qui se trouvaient à Castellare, habitants et soldats. On avait choisi pour s'échapper un endroit qui paraissait gardé avec plus de négligence. Une partie des fugitifs parvint à se sauver; l'autre partie fut passée au fil de l'épée par les Espagnols qui accoururent, et donnèrent en cette circonstance un triste exemple de leur cruauté et de leur cupidité; ils éventraient les morts pour chercher dans les intestins les pièces d'or qu'ils avaient pu avaler. Les Espagnols qui assiégeaient

Castellare étant ainsi maîtres du village, ils y trouvèrent des vivres en abondance, et s'y établirent. Vistarino renvoya les canons; puis se sentant malade, il demanda un congé à Andrea D'Oria et retourna dans sa patrie.

Les populations voisines des postes où étaient établies les compagnies génoises se montraient soumises, et leur fournissaient, les unes plus, les autres moins, des vivres qui leur étaient bien payés. Une partie de la piève de Casacconi était soumise au comte Lodrone, lequel résidait dans notre pays, à Vescovato, parce que cet endroit était moins éloigné que les autres. Chaque jour, les populations de Casacconi lui apportaient les vivres que leur pauvreté leur permettait de lui fournir. Un jour qu'elles firent attendre leur envoi ordinaire, le comte en personne prit avec lui un certain nombre d'Allemands et leur fit enlever tous les vivres qui se trouvaient dans les localités de Carogno et de Monte. De cette façon, il fallait obéir, de gré ou de force.

Pendant que ces populations étaient ainsi opprimées, les capitaines corses au service des Français avaient des entrevues chaque jour dans les montagnes voisines, réunissaient des partisans, et étudiaient les moyens de faire à l'ennemi le plus de mal possible. A la suite d'une des nombreuses conférences qu'ils tenaient à cet effet, ils envoyèrent demander à Thermes ses compagnies italiennes, afin que les Corses, en se joignant à elles, pussent se signaler par quelque coup d'éclat. Thermes se rendit à leur désir. Ils se réunirent donc à Selvareccio, dans la piève d'Ampugnani, à trois milles de Vescovato et de Venzolasca, au nombre d'environ quatre mille Corses et de huit cents Italiens. Les Corses disaient qu'il fallait aller attaquer pendant la nuit les Allemands à Vescovato ou les Espagnols à Venzolasca. Mais ce projet n'eut aucune suite, parce que les officiers italiens, soit qu'ils se trouvassent trop faibles pour vaincre des ennemis qui étaient au nombre de cinq mille au moins, sans compter les compagnies italiennes, soit qu'ils n'eussent pas assez de confiance dans les Corses, ne voulurent à aucun prix se mettre en marche; chacun se retira donc chez soi, à l'exception des capitaines corses qui n'avaient pas renoncé à l'attaque projetée. En voyant que les Italiens refusaient de s'y prêter, ils allèrent à Corte se plaindre à Thermes, et lui demandèrent de faire venir Sampiero pour diriger l'entreprise; ils espéraient qu'une fois au milieu d'eux il ne reculerait devant aucun moyen pour délivrer le pays. Sur l'autorisation de Thermes, Sampiero accourut avec empressement; il savait que la gloire s'acquiert, non en restant dans le repos, mais en se donnant de la peine pour accomplir de glorieux exploits. Il emmena avec lui les huit cents Italiens, et en apprenant son arrivée, les populations se rassemblèrent encore une fois; il n'y eut presque pas un homme dans ces pièves qui n'accourût en entendant le nom de Sampiero, tant il trouvait partout d'amour et de respect. Nulle part, pendant cette guerre, on ne vit réunis ensemble un pareil nombre de Corses.

Ils s'assemblèrent, comme la première fois, à Selvareccio, et là, ils décidèrent qu'on attaquerait vers midi les Allemands à Vescovato. Cette résolution prise, ils se mirent en marche le matin de bonne heure avec toutes leurs forces, descendirent en silence par le mont S. Angelo, et passant sur les confins des pièves de Casinca et de Casacconi, ils arrivèrent à Carcarone, à deux milles de Vescovato, sans que les Génois se doutassent de leur approche. Sampiero, qui avait le commandement général, envoya de là Raffaello de Brando avec cinq cents Corses à Loreto (1) en lui donnant

(T. 277)   (P. III, 419)

---

1) MS. de Ceccaldi : « ... con cinquecento Corsi all'Oreto etc. » — Editions italiennes : « .... con cinquecento Corsi d'Oreto, » ce qui est évidemment une leçon fautive.

pour instructions de dérober sa marche le plus possible et, une fois arrivé, d'aller s'embusquer à moitié chemin de Vescovato et de Venzolasca, afin que, lors de l'attaque de Vescovato, si les Espagnols qui étaient à Venzolasca voulaient secourir les Allemands, il pût les repousser. Raffaello partit dans cette direction, et Sampiero, avec le reste des troupes, descendit droit à Vescovato. Il en était à moins d'un mille, lorsqu'un Corse, poussant un cri du côté de Casacconi, lui fit comprendre que de la montagne on découvrait dans la plaine trois compagnies qui arrivaient de Bastia et se disposaient à traverser le Golo au-dessous de Lago Benedetto. C'étaient les Italiens au service de Gênes, et il y avait, non pas trois compagnies, comme l'avait dit le Corse, mais neuf. Andrea D'Oria les envoyait en Casinca, rejoindre les compagnies allemandes et espagnoles; il avait ordonné à Agostino Spinola et au commissaire Polo Casanova de les passer en revue sur le bord du Golo, où il y a une vaste plaine, et de leur payer leur solde (1). Ces troupes devaient s'arrêter quelques jours, avant de se remettre en marche pour aller prendre part à l'expédition projetée contre Ajaccio; comme l'été approchait, D'Oria ne voulait pas que la flotte turque pût s'opposer à l'accomplissement de ses desseins.

Sampiero modifia aussitôt son plan; il résolut d'aller attaquer les quelques compagnies dont on lui annonçait la présence sur la plage. Il espérait les battre complètement, et revenir ensuite rallier les troupes avec lesquelles il se

---

1) Ce passage est altéré dans les éditions italiennes ; voici comment il faut le rétablir d'après le MS. de Ceccaldi : « ... gli quali il Principe a
» riunirsi con l'altre fanterie Tedesche e Spagnuole in Casinca mandava.
» Et al fiume di Golo, per esserci spatio in campagna, a Agostino Spinola
» e a Polo Casanova, commessario, haveva ordinato che rassegnare e
» pagare gli dovessero, differendo etc. »

proposait d'attaquer Vescovato ; car il craignait qu'en attaquant d'abord les Allemands, s'il ne les délogeait pas du premier coup, ils n'opposassent une résistance assez longue pour que le nouveau renfort eût le temps d'arriver. Il fit aussitôt faire volte-face à toutes ses troupes, et laissant la plus grande partie des Corses au lieu dit Carcarone, avec ordre d'attendre ses instructions, il descendit avec les autres et avec les Italiens par des sentiers dérobés, précipitant sa marche afin de pouvoir attaquer le détachement lorsqu'une partie serait encore de l'autre côté du fleuve ; il pensait que le succès serait ainsi plus facile. Quand il eut descendu la montagne et qu'il fut sur le grand chemin, à un mille du fleuve, il rencontra un valet qui faisait partie du détachement ennemi et venait de le quitter. Ce valet lui apprit que c'étaient neuf compagnies italiennes qui se rendaient en Casinca et devaient être passées en revue sur les bords du Golo ; comme les pluies tombées dans les montagnes avaient grossi le fleuve, les compagnies le passaient peu à peu sur un esquif qui servait à cet usage. En apprenant le nombre des ennemis auxquels il avait à faire, Sampiero se demanda s'il marcherait contre eux ou s'il se retirerait ; mais après avoir mûrement réfléchi sur la situation, il n'oublia pas la valeur dont il avait depuis longtemps donné tant de preuves, et considérant que ceux qui font dépendre leur vie de la pointe de leur épée sont souvent victorieux, il se prépara bravement à affronter ce terrible danger. Sans attendre davantage, pour ne point laisser aux compagnies le temps de passer toutes, il poussa hardiment son cheval en avant, entraînant les siens à sa suite.

Sept compagnies avaient déjà passé le Golo, les autres le traversaient peu à peu. Elles faisaient halte sur le bord du fleuve pour attendre la revue. Agostino Spinola, le commissaire et d'autres officiers étaient déjà arrivés et prenaient les dispositions nécessaires ; comme ils n'avaient entendu parler d'aucun rassemblement d'ennemis, ils n'avaient pas placé la moindre sentinelle. Ils avaient même poussé si loin leur imprudente sécurité que, parmi les soldats qui avaient déjà passé le fleuve, il n'y avait pas un seul arquebusier qui eût sa mèche allumée. Ils donnaient tous leur attention à la revue, lorsque Sampiero, avec le peu de gens qui avaient pu suivre sa marche précipitée, bondit tout à coup au milieu d'eux en criant *France* ! et en frappant vigoureusement tous ceux qui étaient à portée de ses coups. Ce fut aussitôt parmi les Génois un véritable affolement ; en vain Spinola tint-il vaillamment tête aux ennemis pendant quelques instants, en vain voulut-il arrêter ses soldats et les obliger à faire volte-face ; éperdus, et ne remarquant pas que les assaillants étaient à peine au nombre de cinquante, ils se mirent tous immédiatement à fuir le long du fleuve (1) ; parti non moins honteux que funeste, parce que les regards menaçants et les cris des ennemis ne doivent point porter la terreur dans des cœurs valeureux. Spinola fut contraint de fuir à son tour, et ce ne fut que par une course rapide qu'il se sauva d'un si grand danger.

Le fleuve, comme je l'ai dit, était très gros, et les soldats en connaissaient mal le fond. Un grand nombre d'entre eux se jetèrent à la nage et se noyèrent ; d'autres passaient le fleuve sur l'esquif, lorsque Leonardo de Corte coupa la corde qui servait à diriger l'embarcation et la fit chavirer. Ceux qui furent tués par les Français sur la rive ou qui périrent dans le fleuve dépassèrent le nombre de cent cinquante. Sans aucun doute, les Corses et les Français auraient

---

1) MS. de Ceccaldi : « si messero tutti immantinente *per il fiume* a fug-
« gire, etc. » — Les mots soulignés ont été omis dans les éditions italiennes.

remporté une victoire plus complète, et la défaite aurait été plus desastreuse pour les Génois, si Sampiero eût été suivi par ses Italiens; mais les uns, arrêtés sur le bords du fleuve, restaient simples spectateurs du combat; les autres, en compagnie de nombreux Corses (1), ne réfléchissant pas que le plus riche butin que puisse faire un soldat est celui de la victoire, s'occupaient à piller les bagages. La compagnie de Lodovico de Brando et celle de Giordano de Pino, qui étaient encore sur la rive opposée, reprirent alors courage. Excitées par leurs chefs, elles se mirent à tirer de nombreux coups d'arquebuse sur la poignée de gens qui secondaient vaillamment Sampiero dans les eaux mêmes du fleuve; Ghilfuccio de Cardo, lieutenant d'Ambrogio de Bastia, fut frappé et succomba. Sampiero, se voyant si mal suivi, voulut se retirer; mais au moment où il tournait le dos, il fut atteint lui-même dans le flanc d'un coup d'arquebuse. Se sentant blessé, il accéléra sa marche et se retira le soir même avec toutes ses troupes à la Casabianca.

Sur ces entrefaites, Raffaello de Brando s'était montré à Loreto avec ses cinq cents Corses. Le comte Lodrone le sut. Il avait avec lui quatre compagnies allemandes; il en laissa une à Vescovato sous les ordres d'Annibal, son frère naturel, et marcha avec les trois autres contre Raffaello. Il le rencontra à peu de distance de Vescovato, le battit et le poursuivit jusqu'à Loreto; mais les morts furent peu nombreux. Grâce à leur agilité naturelle et à leur connaissance du pays, les Corses, après s'être débandés, s'enfuyaient et se ralliaient avec la plus grande facilité. Pendant que le comte était à leur poursuite, il apprit que les Italiens avaient été battus

(T. 278) (P. III, 424)

---

1) MS. de Ceccaldi : « i quali su la riva, chi stava a vedere, e chi *con* » molti Corsi etc. » au lieu de « chi *di* molti Corsi », qu'on lit dans les éditions italiennes.

sur le Golo; il retourna donc sur ses pas avec quelques Espagnols qui l'avaient accompagné et s'en alla à Vescovato, tandis que les Espagnols regagnaient Venzolasca. De son côté, Raffaello se retira à la Casabianca où était Sampiero; leurs troupes logèrent dans la piève et y passèrent la nuit. Le lendemain matin, Sampiero, qui souffrait de sa blessure, se fit faire un brancard et transporter sur les épaules à Ajaccio. Les Italiens allèrent alors loger à Tallone, et les Corses retournèrent dans leurs maisons. Après le départ précipité de Sampiero, Spinola et Casanova rallièrent les débris de leur armée dispersée. Le saisissement que leur avait causé une attaque si soudaine durait encore; ils firent traverser le fleuve au reste de leurs troupes, et allèrent le soir même loger en Casinca au couvent de St-François, près de Venzolasca, comme c'était leur première intention. Le mur d'enceinte du couvent les assurait jusqu'à un certain point contre une attaque. Les Allemands et les Espagnols firent de leur côté des tranchées et se fortifièrent soigneusement contre les assauts que les Corses pouvaient leur livrer pendant le jour comme pendant la nuit. Ils montraient par là qu'ils ne mépriseraient pas désormais les efforts audacieux de cette vaillante nation.

Quelques jours après cet événement, Agostino Spinola, irrité contre les Corses à cause de l'échec qui lui avait été infligé, se prépara à faire tomber sa vengeance sur la piève de Casacconi, parce qu'elle ne l'avait pas informé de la présence des ennemis. Le comte de Lodrone fut loin de le détourner de ce projet, car il en voulait lui-même aux Corses. En effet, quelques jours auparavant, il avait obtenu pour eux d'Andrea D'Oria un pardon général; quinze rebelles seuls, dont le gouvernement génois avait fait publier les noms, en avaient été exclus. Mais malgré les instances pressantes qu'il avait fait faire auprès d'un grand nombre de

Corses, aucun d'eux n'était venu faire sa soumission. Le comte de Lodrone était naturellement ambitieux ; en voyant lui échapper la gloire qu'il s'était promise de cette démarche, il entra dans une violente colère et saisissant la première occasion, il conseilla à Spinola de faire ce qu'il aurait été mieux de ne pas faire, dans l'intérêt de la République de Gênes. Comme la piève de Casacconi est traversée par le Golo, les Italiens furent envoyés dans la partie située au-delà du fleuve, tandis que le comte, avec les Allemands, envahissait la partie située en deçà. La malheureuse piève, à l'exception d'Olmo et de Prunelli, qui furent épargnés en considération de certaines personnes, fut entièrement brûlée et mise à sac ; les édifices religieux ne furent pas plus épargnés que le reste. Un placard affiché dans chaque village faisait connaître le motif de cette dévastation. On envoya également une compagnie d'Espagnols brûler la partie de la piève, limitrophe de la piève d'Ampugnani. L'officier qui commandait cette compagnie, soit pour faire un plus riche butin, soit pour obéir à des instructions secrètes, prit la direction de la Casabianca et arriva à une maison fortifiée où était Camillo, l'un des principaux habitants de l'endroit. Cette maison était remplie d'une foule d'objets dont une partie avait appartenu aux Génois, et qui avaient été mis sous la garde de Camillo, lors des troubles qui éclatèrent au commencement de la guerre ; l'autre partie y avait été déposée par de nombreux Corses du voisinage, qui étaient ses partisans. On avait voulu soustraire ces objets à la rapacité des soldats génois, et l'on pensait qu'ils seraient respectés dans cette maison par égard pour le colonel Giocante, qui commandait alors la place de Gênes. En arrivant, le capitaine espagnol, qui était étranger à toutes ces considérations, pria Camillo de le laisser entrer dans la maison, promettant de ne faire aucun dégât.

(T. 279) (P. III, 428)

Camillo était jeune et sans expérience; il ajouta foi aux promesses de l'Espagnol et lui ouvrit la porte. Une fois entré, celui-ci introduisit les autres, et le pillage commença. A cette vue, pour plus de sûreté, Camillo, qui était vigoureux, sauta par la fenêtre et s'échappa. Les Espagnols ne laissèrent rien d'intact ni dans cette maison ni dans aucune autre maison du pays; tout fut brûlé, brisé, pillé. Les Génois regrettèrent profondément d'avoir brûlé Casacconi et les autres pièves, quand ils virent la haine que cette mesure avait partout soulevée contre eux dans le cœur des populations; ils déplorèrent surtout le pillage de la Casabianca, dont les habitants avaient plus de sympathie pour eux que pour leurs ennemis. Ils comprirent que si, pour faire un exemple, il fallait punir les coupables, ils devaient songer aussi à faire du bien, ou du moins à ne pas faire de mal aux personnes innocentes qui étaient de leur parti. Ces mesures maladroites firent que toutes les populations, désespérant de la clémence des Génois, résolurent de mourir plutôt que de tomber entre leurs mains. Les Génois se firent ainsi un tort considérable.

Après s'être fait rendre un compte détaillé de ce qu'avait fait le capitaine espagnol, Agostino Spinola entra dans une violente colère. Il écrivit à Adolentado qui, étant tombé malade, s'était retiré à Bastia pour se guérir. Adolentado manda le capitaine, l'envoya sur les galères pour y ramer, et fit restituer en grande partie ce qui avait été volé. Mais trois mois plus tard le capitaine était remis en liberté à l'intercession de certaines personnes. Thermes ne fut pas fâché de voir les Génois prendre à l'égard des Corses des mesures aussi maladroites, non qu'il aimât à voir les Corses maltraités, mais son intention, qui était de les détacher des Génois pour se les attacher à lui-même, se trouvait ainsi parfaitement secondée. Aussi le bruit s'étant répandu que les Génois voulaient se rendre par terre à Ajaccio pour assiéger cette place, il résolut de se servir des Corses pour leur créer sur leur passage le plus d'obstacles possible, soit pour arrêter la marche des uns, soit pour s'assurer davantage de la fidélité des autres. Sampiero étant toujours retenu au lit par sa blessure, Thermes choisit comme chef Giacomo Santo Da Mare, qui était revenu de France quelques jours auparavant, fort satisfait du roi.

Giacomo Santo Da Mare était par sa naissance et par son rang le premier seigneur de la Corse. Bien qu'il ne fût pas habitué au métier des armes comme Sampiero, qui avait en quelque sorte la direction de cette guerre, il jouissait d'une grande considération auprès du général français. Mais à cause de cette inexpérience même, Thermes, tout en sachant bien qu'il n'est pas toujours sûr pour un commandant en chef de communiquer ses plans secrets à des officiers subalternes, voulut que Giacomo n'entreprît rien d'important sans avoir pris l'avis des vieux capitaines qui étaient sous ses ordres. Giacomo se mit en marche avec tous les capitaines des montagnes que leurs partisans avaient suivis en foule ; chacun portait des vivres pour huit jours au moins. Il s'arrêtèrent à Morosaglia, où passait le grand chemin, pour empêcher les ennemis d'aller plus loin. Morosaglia se trouve à huit milles de la Casinca, où étaient logés les Génois. C'est un lieu élevé, au sommet duquel se trouve une plaine longue de plus de trois milles, et sur tous les points le chemin est si difficile à gravir, qu'il n'y en a pas en Corse de plus pénible. Ce fut là que Giacomo Santo se retrancha, après avoir fait apporter des environs les vivres dont il avait besoin. Il attendit ce qu'allaient faire les Génois ; des espions le mettaient jour par jour au courant de leurs mouvements.

Pendant que l'armée génoise faisait peser de lourdes charges sur les pièves de Casinca et de Mariana, et que celles de la Corsa, d'Ampugnani, de Rostino et de Vallerustie prenaient les armes en faveur des Français, le comte Alberico de Lodrone, avec ses Allemands et deux compagnies italiennes, s'en alla du côté d'Ampugnani pour y prendre quelques rafraîchissements, ou pour mettre à l'épreuve la valeur des Corses réunis de ce côté. Arrivé au mont Sant'Angelo qui sépare, comme je l'ai dit ailleurs, la Casinca d'Ampugnani, il trouva une compagnie corse que Giacomo Santo y avait postée pour faire la garde (1). Il la mit en déroute et entraîné par son audace ordinaire, il la poursuivit jusqu'au lieu dit la Castagnola, à moins d'un mille de Morosaglia.

A cette vue, Giacomo Santo envoya aussitôt, pour arrêter le comte, un fort détachement qui descendit rapidement la côte afin d'attaquer les Allemands qui étaient au bas. Mais, malgré de vigoureux efforts, les Corses ne purent empêcher les Italiens qui formaient l'avant-garde du comte, ni les Allemands qui venaient ensuite, de gravir peu à peu la côte et d'arriver presque jusqu'au sommet, en soutenant une lutte où il y eut des morts des deux côtés. En voyant que les ennemis avançaient toujours, Giacomo Santo et les autres capitaines lancèrent sans hésiter sur les compagnies du comte toutes les forces qu'ils avaient gardées avec eux; elles s'élancèrent en criant *cala!* mot (2) qui dans notre langue signifie, *en bas!* On eût dit qu'elles occupaient toutes les montagnes. Les cris étaient si retentissants, les pierres et les traits tombaient en telle quantité sur les

(T. 281) (P. III, 432)

---

1) MS. de Ceccaldi : « ... i quali in guardia *per ordine di Jacopo Santo* » vi stavano etc. » — Les mots soulignés ont été omis dans les éditions italiennes.

2) Cette explication a été ajoutée par Filippini.

soldats génois, qu'il semblait que ce fut une horrible tempête. Les Italiens, qui étaient, comme je l'ai dit, à l'avantgarde, ne purent résister à cette furieuse attaque, et l'un de leurs capitaines, Antonio Raccaldone, récemment arrivé en Corse avec sa compagnie, ayant été blessé mortellement, ils se débandèrent et allèrent à Venzolasca dire à Agostino Spinola que les Allemands avaient été taillés en pièces. Mais les Allemands ne se laissèrent pas rompre aussi facilement que l'avaient raconté les Italiens, bien que les Corses les chargeassent avec tant de vigueur et s'avançassent si près d'eux que les ennemis pouvaient saisir de la main le fer de leurs lances. On vit bien alors qu'à la guerre, la force se mesure au courage et non au nombre. Les Allemands, toujours en ordre de bataille, ce qui faisait leur sûreté et celle du comte leur chef, se retirèrent, sans cesse poursuivis et harcelés par les Corses, jusqu'à une colline appelée Cotone qu'ils occupèrent. Giacomo Santo, sachant que ses gens n'avaient que peu de munitions et craignant que les Espagnols ne vinssent l'attaquer de quelque côté, commanda la retraite à son grand regret et ramena ses troupes à Morosaglia. Cette journée coûta la vie à plus de cinquante hommes tant d'une part que de l'autre ; la plupart des morts étaient des Allemands et des Italiens.

Agostino Spinola s'était laissé aller au découragement en apprenant de la bouche des Italiens que le comte avait été battu ; craignant d'avoir les ennemis à ses trousses avant qu'il n'eût le temps de se retirer à Bastia avec le reste de l'armée, il rappela auprès de lui, à Venzolasca, les Espagnols de Castellare, afin qu'il fût plus facile à ses troupes ainsi réunies de résister à une attaque. Et pour que, dans tous les cas, les Corses ne pussent tirer parti des villages voisins, il ordonna aux Espagnols de brûler Castellare à leur départ, et envoya un détachement à Vescovato avec la même mission. Mais Dieu, en qui l'homme doit toujours mettre son espoir, même lorsqu'il l'a offensé, n'avait pas encore abandonné ce pays; il voulut que, pendant que les Génois se préparaient à cette triste exécution, arrivât la nouvelle certaine que le comte était sain et sauf et s'était retiré en lieu sûr. Spinola changea de dessein et rappelant les soldats qu'il avait chargés de brûler Vescovato, il envoya au secours du comte cinq cents Espagnols. Lorsque ceux-ci rencontrèrent Lodrone, les ennemis avaient renoncé à l'attaque, et il redescendait à son campement; ils retournèrent donc sur leurs pas. Le lendemain matin, Agostino Spinola fit pendre celui qui le premier lui avait apporté cette fausse nouvelle; c'était un sergent italien.

Pendant ce temps, Thermes était resté à Corte. Lorsqu'il apprit ce qui s'était passé, afin d'encourager les populations, il se rendit avec les compagnies gasconnes d'abord à Campoloro, puis dans la piève d'Orezza, à trois ou quatre milles de Morosaglia, et appela auprès de lui ses Italiens qui étaient logés à Tallone. Il en envoya une partie à Giacomo Santo qui, s'attendant d'heure en heure à voir paraître l'ennemi, prenait activement ses précautions pour être prêt à le recevoir (1); il garda les autres avec lui.

De son côté, Agostino Spinola était décidé à se livrer lui et son armée aux caprices inconstants de la fortune, c'est-à-dire à se faire battre complètement, ou à battre les Corses qui le harcelaient sans relâche. Il se fit donc apporter de Bastia une grande quantité de munitions et d'autres choses nécessaires pour la bataille qu'il se proposait d'engager.

(T. 282) (P. III, 435)

---

1) MS. de Ceccaldi : « de' quali ne mandò parte a Jacopo Santo, *il quale valorosamente con ogni sorta di prudenza si preparava, e d'hora in hora i nemici attendeva,* e gli altri seco ritenne. » — Les mots soulignés ont été omis dans les éditions italiennes.

Puis un matin de bonne heure, il se mit en marche avec tous ses Espagnols et avec les Allemands commandés par le comte Alberico. Il avait laissé à la garde des malades et des bagages les Italiens qui étaient déconsidérés pour le peu de courage qu'ils avaient montré récemment à deux reprises différentes. Après quelques escarmouches peu importantes, Agostino Spinola arriva avec tous ses gens à l'église S. Antonio de la Casabianca, où passe le chemin qui monte à Morosaglia. En face du comte, on voyait les Français prêts à la résistance. Spinola s'arrêta, se demandant de quel côté de la montagne il devait attaquer. Après s'être concerté avec le comte, il envoya deux cents arquebusiers du côté où les ennemis se montraient préparés à se défendre ; il pensait, ce qui était vrai, que c'était le seul point où Giacomo Santo se tînt sur ses gardes. Quant à lui, il s'en alla vers la piève de Casacconi, pour tourner la montagne de ce côté. Pendant qu'il opérait ce mouvement, il encouragea chacun des siens à frapper vigoureusement, et termina sa courte harangue en rappelant ce vers du poète toscan :

Ch'un bel morir tutta la vita onora (1);

puis il se remit en marche avec son armée.

Cependant Giacomo Santo et les autres officiers avaient deviné le plan de Spinola. Laissant donc les Gascons à la défense du passage qu'ils gardaient tout d'abord, ils allèrent en toute hâte avec les Italiens et tous les Corses s'établir sur les hauteurs qui dominaient le chemin par où devait monter l'armée génoise. Ils en envoyèrent une partie sur le flanc postérieur de la montagne et se retranchèrent avec

(T. 282) (P. III, 437)

---

1) « Une belle mort honore toute une vie. »

l'autre partie en élevant des murs sur une étendue aussi grande que possible. Les Corses se battirent toute la journée avec le plus grand courage, bien qu'un grand nombre de leurs camarades fussent absents. C'était en effet le samedi : or l'usage en Corse est de faire ce jour-là du pain pour toute la semaine, et beaucoup de Corses étaient partis pour aller chercher des vivres. Les Italiens et les Gascons montrèrent aussi une grande bravoure ; les pierres qu'ils lançaient, leurs traits et leurs arquebuses faisaient tant de mal aux Allemands et aux Espagnols qui gravissaient la côte, que ceux-ci, en voyant une résistance si opiniâtre furent plusieurs fois sur le point de retourner en arrière.

A la fin néanmoins, comme les encouragements des chefs et l'espoir des récompenses ont coutume de jeter un voile sur la gravité du danger, les prières, les menaces et les exhortations de Spinola et d'Alberico qui, à la tête de leurs soldats, montaient toujours en gagnant du terrain, soutinrent si bien les Génois qu'après de longs efforts ils parvinrent au sommet. Deux Corses seulement furent tués ; il n'y eut pas d'autres morts. La montagne étant prise, les Français furent aussitôt mis en déroute et poursuivis par les soldats génois jusque dans la piève d'Orezza. Thermes se trouvait de ce côté, comme je l'ai dit. En apprenant la défaite des siens, il monta à cheval et ramena ses compagnies à Tallone. Quelques jours après, laissant les Italiens dans la piève de Campoloro, il se rendit à Ajaccio avec les Gascons. Giacomo Santo, et avec lui plusieurs capitaines et d'autres Corses de distinction (1) se rendirent également dans cette ville ; leurs

(T. 282) (P. III, 438)

---

1) MS. de Ceccaldi : « ... dove ancora Jacopo Santo con molti capitani » et altri Corsi di conditione con deboli speranze si condussero. » — Editions italiennes : « ... Dove Giacomo Santo, con molti altri capitani » corsi di condizione etc. »

espérances s'étaient fort affaiblies. Pour les encourager, Thermes leur promettait l'arrivée de la flotte turque; il accordait encore tantôt à l'un tantôt à l'autre les biens non seulement de ceux qui avaient pris les armes avec les Génois contre les Français, mais encore de ceux qui, après avoir fait leur soumission pour n'être pas ruinés, étaient restés chez eux. Ces derniers étaient recherchés activement par un grand nombre de gens. Agostino Spinola, après avoir défait et chassé ses ennemis, se conduisit comme s'il eût fait la guerre aux populations de ces montagnes, et non aux Français. Pour leur mettre sous les yeux un exemple terrible, il fit brûler et piller une partie de la piève de Rostino, une partie de celle d'Ampugnani et celle d'Orezza tout entière. Après quoi, il retourna à Venzolasca avec les Espagnols, tandis que le comte avec les Allemands allait loger dans la piève de Tavagna.

Pendant que ces événements se passaient en Corse, et principalement de notre côté, l'empereur et le roi de France se faisaient une guerre acharnée en Flandre et en Italie. Ce n'était pas seulement en Piémont, théâtre ordinaire de la guerre à cette époque, que les armées étaient aux prises; un autre incendie s'alluma en Toscane; le roi de France et le Duc de Florence, Cosme de Médicis, entrèrent en hostilité pour la raison suivante. L'empereur avait appris avec dépit la perte récente de Sienne; bien que la guerre se fît déjà sur tant de points, il résolut de se servir du Duc pour créer encore de ce côté des embarras au roi de France, et l'invita à faire des préparatifs pour assiéger Sienne. Le Duc était sous la protection de l'empereur et il avait toujours aspiré à se rendre maître de cette ville; aussi, lorsque cette occasion se présenta, se préparait-il en secret à se mettre en campagne avec toutes ses forces. Le roi avait deviné les intentions du Duc, et pour l'empêcher d'y donner suite, il avait envoyé de ce côté son ennemi, Pietro Strozzi, comme nous l'avons déjà rapporté, avant que le Duc eût fait aucun mouvement. Celui-ci, en voyant arriver Strozzi, crut avoir un motif raisonnable pour se déclarer et commença ouvertement les hostilités. Il avait donc envoyé contre Sienne, au mois de février précédent, une armée d'environ 22,000 hommes sous la conduite de Medichino, marquis de Marignano; il s'était emparé, après une lutte fort meurtrière pour les deux partis, d'un fort situé près des portes de la ville, et avait commencé un siège, qui fut long et opiniâtre.

Strozzi n'avait pas assez de troupes pour faire lever le siège de Sienne. Cependant en réunissant les gens du pays, qu'il avait soudoyés en grand nombre, aux Suisses que lui avait envoyés le roi, il avait formé un corps d'environ douze mille hommes avec lequel il parcourait le territoire du Duc, brûlant et pillant les châteaux et les bourgs dont il pouvait s'emparer; il espérait obliger par cette tactique l'armée de Cosme à abandonner le siège. Mais Medichino avait beau apprendre les massacres et les actes de cruauté qui se commettaient journellement dans les Etats du Duc, il ne voulut jamais abandonner son entreprise principale; il se contentait de se porter avec les troupes qu'il pouvait détacher de l'armée assiégeante, sur les points où sa présence était le plus nécessaire. Des engagements avaient lieu chaque jour dans ces pays. En prêtant la main à un complot tramé à Chiusi, territoire de Sienne, et qui n'était qu'une trahison, Ridolfo Baglione, général de la cavalerie du Duc, perdit la vie; c'était l'un des hommes de guerre les plus fameux de l'époque. Ascanio della Cornia, neveu du pape, également au service de Cosme, fut fait prisonnier; aussi la perte en hommes fut-elle considérable. Vers le même temps, mourut encore du côté des Français Leone, Prieur de Capoue, frère de Strozzi, homme également rare et distingué. Quelques jours auparavant, il était parti de chez les Religieux de Rhodes avec trois galères et était venu se mettre au service du roi à Porto Ercole. De là, il était allé avec une troupe nombreuse donner l'assaut à Scarlino dont il s'empara ; mais il périt frappé d'un coup d'arquebuse, au moment où il mettait le pied sur le rempart.

Les événements d'Italie ralentirent beaucoup la guerre de Corse, à laquelle on attachait moins d'importance. Andrea D'Oria résolut de ne faire aucune tentative contre Ajaccio, tant que l'on ne connaîtrait pas le résultat du siège de Sienne ; il fit rentrer à Bastia les compagnies qui étaient restées en Casinca depuis deux mois, et licencia la compagnie de Lodovico de Brando. Agostino Spinola partit donc avec les Espagnols et les Italiens qui avaient logé, les uns à Venzolasca, les autres au couvent de St-François, et dont la mortalité avait de beaucoup réduit l'effectif. Le même jour, le comte Alberico arriva avec les Allemands de Tavagna à Vescovato. Il y resta deux jours, et le troisième, afin de gagner à son tour Bastia, il fit partir en avant les malades, qui étaient fort nombreux (1), puis les femmes et les bagages, afin d'être plus à l'aise pour partir lui-même le lendemain avec l'infanterie. Il fit encore accompagner le convoi par vingt arquebusiers environ, qui, en arrivant sur la plage dite *le Prunetole*, furent attaqués à l'improviste par vingt-cinq cavaliers du parti des Français. Parmi eux étaient Giacomo Santo Da Mare, Giacomo de Bozi, son cousin (2),

(T. 284) (P. III, 443)

---

1) MS. de Ceccaldi : « mandò innanzi gli suoi ammalati (che ve n'era
» in copia) e le donne etc. » — Editions italiennes : « ... gli ammalati
» (che v'erano) le donne etc. »

2) MS. de Ceccaldi : « Fra costoro Jacopo Santo de Mare, e Jacopo de
» Bozi suo cugino, Bernardino da Ornano, Altobello de Brando etc. » —
Ces noms sont cités dans un ordre différent dans les éditions italiennes et les mots *suo cugino* ont été omis.

Bernardino d'Ornano, Altobello de Brando avec d'autres Corses de marque. Sachant que le repos inactif est plus funeste qu'un labeur pénible, ils parcouraient ces parages, et n'étaient qu'à une faible distance lorsqu'ils apprirent la marche du convoi ; ils arrivèrent presque en même temps que lui aux *Prunetole*. On en vint aux mains ; les Corses, qui avaient l'avantage d'être montés, tuèrent quatorze Allemands et en blessèrent huit ou dix autres (1) ; l'*alfiere* de Bernardino et un de ses frères périrent dans cet engagement. Les morts auraient été plus nombreux du côté des Allemands ; mais les Corses, craignant que le comte ne descendît, ne poussèrent pas plus loin leur succès. Ils tournèrent bride, reprirent le même chemin et regagnèrent à grandes journées Ajaccio d'où ils étaient venus (2). Le comte était à Vescovato lorsqu'il apprit cette nouvelle ; il descendit en toute hâte avec deux cents arquebusiers et poursuivit longtemps les Corses. Mais loin de pouvoir les atteindre, il ne put pas même les apercevoir. Plein de colère et de dépit, il retourna à l'endroit où ses soldats avaient été tués, et les fit ensevelir ; puis, violant toutes les lois de l'humanité qui ne permettent pas qu'on s'acharne sur des cadavres, il fit pendre à deux chênes-lièges les corps des deux Corses qui avaient été tués. Il retourna le soir à Vescovato ; où il avait déjà ruiné plusieurs maisons appartenant aux rebelles. S'ima-

(T. 284) (P. III, 444)

---

1) MS. de Ceccaldi : « Dove combattendo i Corsi per il vantaggio dei
» cavalli uccisero 14 Tedeschi e ne ferirono otto o dieci. » — Editions italiennes : « ... ne uccisero quattordici, e ne lasciarono da dieci di
» feriti. »

2) MS. de Ceccaldi : « ... voltarono immantinente i cavalli indietro,
» per la quale strada si ritrovarono a gran giornate a Laiazzo donde erano
» venuti. » — Editions italiennes : « ... per la strada onde erano venuti
» e se ne ritornarono all'Aiazzo. »

ginant que quelqu'un de ce village avait informé les Corses de ses mouvements, il fit ruiner deux autres maisons qu'il avait épargnées précédemment, en jurant que, si certaines considérations ne le retenaient pas, il ruinerait de la même façon tout le village. Il partit le lendemain matin avec toute l'infanterie et arriva à Bastia. Les cantonnements avaient été répartis de la façon suivante entre les soldats des diverses nations : le comte se logea à Bastia, les Espagnols à Belgodere, à Furiani et à Borgo ; les Italiens à Brando. Le prince D'Oria fit commencer alors les fortifications de Bastia. Il y eut ensuite une très grande mortalité dans l'île tout entière.

Toutes les places fortes du Deçà des Monts étaient ainsi retombées aux mains des Génois, à l'exception du château de Corte que défendait une forte garnison de Gascons. D'Oria, qui voulait enlever aux Français un poste si avantageux avant de retirer son infanterie de l'île, jugea à propos de s'en emparer. Dans ces mêmes jours, c'est-à-dire pendant le mois de mai, étaient arrivés en Balagne Orazio Brancadoro avec cinq compagnies italiennes, et le comte Girolamo di Sanguine de Naples, avec sept compagnies de bannis napolitains, qu'ils étaient allés soudoyer, comme je l'ai dit. D'Oria fit partir ce dernier pour Corte avec quelques autres compagnies également italiennes qu'il prit à Calvi et à Brando. Il choisit pour commander l'expédition le Génois Visconte Cicala, capitaine marin au service de l'empereur.

Celui-ci, pour battre le château, fit prendre sur les galères deux demi-pièces qu'il débarqua sur la plage d'Ostricone et qu'il fit garder par deux compagnies. Il ordonna aux paysans des environs de mettre d'abord les chemins en bon état et de conduire peu à peu avec leurs bœufs ces deux canons du côté de Corte. Quant à lui, il se mit en marche avec le reste de l'infanterie lentement et à petites journées, faisant son possible pour rassurer les populations, les traitant avec bonté afin de les ramener, comme il lui avait été prescrit, à l'obéissance envers les Génois. Parmi les Corses, les uns s'éloignaient, dédaignant ces avances, d'autres au contraire allaient humblement se soumettre. D'Oria fit partir également pour Corte un détachement emprunté aux compagnies qui étaient à Bastia sous le commandement d'Agostino Spinola, le comte Alberico avec les Allemands et seulement trois cents Espagnols. Comme les soldats de cette dernière nationalité se livraient envers les populations à des excès insupportables (1), on n'en avait envoyé qu'un petit nombre, afin qu'il fût plus facile de les contenir, et qu'ils ne pussent commettre les insolences auxquelles ils se laissaient aller lorsqu'ils étaient en force. Le premier soir, ce détachement logea à Vescovato, et le second à Campoloro, où étaient logés les Italiens au service des Français. Ceux-ci se gardaient si négligemment qu'ils faillirent tomber entre les mains des ennemis; ils durent abandonner une grande partie de leurs bagages et eurent à peine le temps de prendre la fuite. Spinola s'arrêta quelques jours en cet endroit, soit pour se faire faire par les populations voisines le pain qui devait lui servir au siège de Corte, soit pour que Visconte Cicala pût arriver de l'autre côté avec ses Italiens en même temps que lui.

Quand il crut le moment venu, il ordonna aux populations de conduire à sa suite des vivres en aussi grande quantité que possible, et se mit en marche. Il arriva ainsi à Corte en même temps que l'autre corps d'armée, auquel il se réunit; l'artillerie arriva presque aussitôt. Il semble que la nature ait accordé un privilège admirable à cette partie de l'île en lui donnant le chemin que suivirent les canons; c'est le seul

(T. 285) (P. III, 447)

---

1) MS. de Ceccaldi : « essendo natione insopportabile *per i popoli* etc. » — Les mots soulignés ont été omis dans les éditions italiennes.

qui soit plat. En effet, pour arriver au centre de l'île, l'une des plus montagneuses, dit-on, qu'il y ait en Europe, on n'a, en suivant ce chemin, qu'à monter pendant un demi-mille, et encore cette montée est-elle facile. Lorsque les deux chefs furent arrivés, ils établirent leurs canons au-dessous du château, dans le cimetière de l'église St-Marcel ; ils eurent à peine tiré quelques coups que le capitaine gascon qui commandait la garnison se laissa effrayer et se rendit. Mais plus tard lorsqu'il fut arrivé en Provence, il fut pendu par ordre du roi. Après avoir occupé le château, Cicala, qui était le commandant général de toutes les troupes, l'approvisionna pour quatre mois, y laissa une garnison de quarante Italiens et pour commissaire le citoyen génois Pagano de' Ferrari. Lorsque les Gascons sortirent du château, il les fit accompagner et les laissa partir sans leur faire aucun mal.

Lorsqu'ils arrivèrent à Ajaccio, Thermes, irrité qu'ils se fussent rendus si lâchement, les fit mettre tous à la chaîne ; il ne put cependant avoir entre les mains leur capitaine, qui avait pris un autre chemin et était parti pour la Provence. Celui-ci n'osait se rendre auprès de Thermes, craignant le châtiment même qu'il subit en Provence par ordre du roi. Les capitaines et les autres chefs corses rebelles envers les Génois s'étaient retirés, pendant que se préparait le siège de Corte, les uns sur une montagne, les autres sur une autre, pour voir s'ils pourraient, sinon repousser, du moins harceler l'armée assiégeante. L'un d'eux, Taddeo de Pietricaggio, de la pieve d'Alesani, se mit en embuscade avec quelques partisans armés pour attendre les gens de Campoloro qui portaient des vivres aux Génois et enleva le convoi. Ce coup d'audace remplit de colère les assiégeants ; aussi, après que le château se fût rendu et qu'on eût pris les dispositions nécessaires, Alberico fut-il envoyé à Alesani pour infliger à cette piève le châtiment ordinaire, c'est-à-dire pour la brûler. Cicala et Spinola descendirent avec leurs Italiens et l'artillerie par Caccia et Ostricone ; les Espagnols descendirent par Rostino et par Bigorno, et les deux détachements rentrèrent à Bastia. Arrivé à Alesani, le comte brûla et saccagea la piève tout entière, à l'exception du village d'Ortale, qui avait déjà été brûlé par les Français. Il alla ensuite loger à Campoloro, ne se souciant plus guère des Corses rebelles ni des Français, parce que tous les chefs s'étaient retirés à Ajaccio ou à Bonifacio.

On était arrivé à la saison où les blés sont dans leur maturité. On ne pouvait recueillir ceux de Casinca et de Mariana, parce que c'étaient les populations des montagnes qui avaient l'habitude de descendre en foule pour les moissonner, et qu'elles n'osaient descendre alors par crainte des Génois. A la prière de certaines personnes, Andrea D'Oria accorda pour vingt jours un sauf-conduit aux pièves d'Orezza, d'Ampugnani, de Bozio, de Vallerustie, de Rostino et de Casacconi, pour que leurs habitants pussent aller faire la moisson et s'en retourner librement ; et pour qu'ils eussent encore moins à craindre, il rappela les Espagnols établis à Borgo et les envoya loger avec les autres à Belgodere et à Furiani. Les populations firent ainsi leur moisson sans être inquiétées.

Les Italiens étaient logés à Bastia. Comme les Espagnols se rendaient de temps en temps dans cette ville, il arriva, à cause de la haine profonde que ces deux nations ont toujours eue l'une pour l'autre, qu'ils en vinrent aux mains à deux reprises. Les Italiens, qui avaient pour eux l'avantage de la position et aussi l'appui des Corses de la ville, restèrent vainqueurs ; ils tuèrent plus de vingt-cinq Espagnols, sans perdre eux-mêmes plus de trois ou quatre hommes. L'animosité devint si grande entre eux que D'Oria dut venir exprès de St-Florent pour la calmer. Il arriva donc avec toute la flotte ; Alberico arriva également de Campoloro avec les Allemands qui furent logés à Lota. A leur arrivée, tout rentra dans le calme et le silence. Comme on savait de bonne source que la flotte turque devait venir en Italie pendant cet été, D'Oria, ne pouvant plus aller assiéger Ajaccio, parce qu'il avait attendu trop longtemps, fit embarquer sur sa flotte toutes les compagnies espagnoles anciennes et nouvelles; il laissa en Corse les compagnies italiennes et les compagnies allemandes, à l'exception de celles du comte Girolamo di Sanguine. Il laissa à Agostino Spinola le commandement général ; il mit ensuite à St-Florent Alberico avec ses quatre compagnies allemandes et deux compagnies italiennes ; le Génois Martino Bozolo avec six compagnies italiennes à Calvi, et Niccolò Pallavicino, avec Orazio Brancadoro, colonel de onze autres compagnies italiennes, à Bastia, où étaient également Agostino Spinola et les commissaires Girolamo Fiesco et Polo Casanova. Après avoir ainsi pris ses dispositions, D'Oria s'éloigna de l'île. Il débarqua (1) une partie de ses compagnies espagnoles à Piombino, pour qu'elles allassent de là à Sienne renforcer l'armée assiégeante, et emmena les autres à Naples pour être en mesure d'étouffer les complots qui auraient pu éclater dans ce royaume. Ce fut là qu'il s'arrêta pour surveiller les mouvements de l'armée turque. Personne ne doit le blâmer d'avoir quitté la Corse avant d'avoir achevé son entreprise ; au contraire, on doit, selon moi, chaudement féliciter celui qui, pour ne pas tomber dans des dangers plus grands, a eu assez de prudence pour ne s'attacher qu'aux choses utiles.

(T. 287) (P. III, 452)

---

1) MS. de Ceccaldi : « e delle fanterie spagnuole che haveva *ne smontò* » parte a Piombino etc. » Editions italiennes : « ... *ne mandò* parte etc. »

Après le départ de D'Oria, Agostino Spinola s'occupa de faire fortifier Bastia et Calvi et de prendre les précautions que réclamaient les circonstances. Il envoyait fréquemment des soldats dans les environs pour essayer de mettre la main sur quelques rebelles ; ce fut ainsi qu'un jour un peloton de cavalerie envoyé par Spinola s'empara, au-dessous de Castellare, de Filippo Maria, l'un des principaux habitants de Venzolasca, qui fut pendu. En poursuivant ainsi les rebelles, les Génois ne faisaient qu'irriter davantage les populations. D'ailleurs ils étaient loin d'être toujours heureux dans ces poursuites. Un jour trente-cinq soldats de la garnison du château de Corte partirent pour s'emparer de Guglielmo della Rebbia, descendant par son père de Giudicello da Gaggio Cortinco, l'un des premiers personnages de la piève de Bozio et père de Vitello (1) que Thermes avait déjà nommé capitaine royal, bien que plus tard il lui fît trancher la tête, ainsi qu'à un de ses frères et à un de ses cousins, pour certains méfaits personnels.

Les soldats génois, qui avaient des intelligences dans le pays, s'emparèrent donc de Guglielmo ; mais la plupart des populations se soulevèrent en sa faveur et le leur arrachèrent des mains. Elles tuèrent quatorze soldats génois environ, prirent les autres et les dépouillèrent si complètement qu'ils arrivèrent à Corte presque nus. Ils envoyèrent aussitôt demander du secours à Calvi, tant pour renforcer la garnison du château de Corte qui se trouvait fort réduite que pour punir la piève de Bozio d'une pareille témérité. Les gens de Bozio, de leur côté, ne perdirent pas de temps pour envoyer demander du secours à Thermes qui était à

(T. 287) (P. III, 453)

---

1) MS. de Ceccaldi : « ... e principale della pieve di Bastia, perchè fu
» padre di Vitello etc. » — Editions italiennes : « e principale della pieve
» di Bozio e Vitello etc ; » leçon qui est inintelligible.

Ajaccio. Ceux qui furent envoyés de Calvi étaient Francesco Sornacone, Orlando d'Ornano et Giordano de Sarla avec deux cents hommes ; Thermes envoya Monseigneur Alviggi avec Montestrucco, son neveu, et un nombre égal de soldats. Les deux troupes arrivèrent presque en même temps à Corte. Sornacone eut à peine le temps d'entrer dans le château avec le nombre de soldats qu'il jugea nécessaire, et Orlando se retira en toute hâte avec les autres du côté du Niolo. Montestrucco, qui était soutenu par les populations, se mit à leur poursuite, sans perdre leurs traces un instant de vue.

Orlando et Giordano, qui connaissaient le pays, étaient convaincus qu'ils pourraient se sauver dans le Niolo, et à leur arrivée, les habitants du pays avaient entretenu en eux cette espérance. Mais lorsque Montestrucco survint, ils se joignirent à lui pour les attaquer. Il y eut, tant du côté des Français que du côté des Génois, une cinquantaine de morts. Les autres Génois furent tous pris ou dépouillés, à l'exception d'Orlando et de Giordano (1) ; ceux-ci furent sauvés secrètement par des Corses amis qui leur fournirent les moyens de rentrer à Calvi. Les Français et les Corses eurent de leur côté aussi des morts assez nombreux, et entre autres Ambrogio de Bastia, capitaine distingué, que les Génois avaient compris dans la liste de ceux qu'ils avaient déclarés rebelles. Après avoir remporté ce succès, Montestrucco retourna à Corte et investit le château. Il n'avait besoin pour cela que

---

1) MS. de Ceccaldi : « ... eccetto Orlando e Giordano, i quali da » alcuni Corsi loro amici furono secretamente salvati e rimandati a Calvi. » — Editions italiennes : ... « eccetto Orlando e Giordano, i quali pratica del » paese avevano, e poteronsi salvare in Niolo ; ove secretamente da alcuni » Corsi etc. » Les mots, *i quali pratica del paese avevano*, se trouvent déjà plus haut, et ceux-ci, *poteronsi salvare in Niolo*, présentent un non-sens, puisque c'est dans le Niolo qu'eut lieu l'engagement.

d'une faible troupe, puisque les populations étaient pour lui. Il laissa donc seulement un de ses lieutenants avec cinquante soldats environ et retourna à Ajaccio.

Sur ces entrefaites, la discorde éclata d'une manière inattendue dans cette ville parmi les Français. Le roi avait adressé des instructions à Thermes pour qu'il envoyât au siège de Sienne, comme étant une affaire d'une importance plus grande, tous les Italiens qu'il avait avec lui dans l'île. Thermes, qui attendait d'heure en heure la flotte française alors à Bonifacio, communiqua aux chefs des compagnies italiennes les instructions qu'il avait reçues. Les Italiens répondirent qu'ils consentaient à s'embarquer pour l'Italie, mais qu'ils voulaient pour chacun d'eux sept soldes qui, disaient-ils, leur étaient dues, et avant tout, ils en exigeaient le paiement. Thermes ne voulait leur en donner que trois, alléguant qu'il voulait donner les quatre autres aux populations de la Corse, chez lesquelles les Italiens avaient été longtemps nourris à discrétion. Alors plusieurs officiers italiens, excitant les autres à exiger absolument le paiement des sept soldes, prirent les armes contre le général français et braquèrent deux canons contre la maison où il était et où il se tenait renfermé par prudence. Pour calmer ces forcenés, il dut se rendre à leurs exigences, et comme un capitaine ne se déshonore pas toujours en cédant, il leur paya les sept soldes. Mais quand les galères furent arrivées, Thermes fit embarquer les compagnies italiennes, puis il envoya prendre l'un après l'autre les auteurs de la mutinerie, et les fit pendre dans la place aux créneaux de la forteresse. Parmi eux se trouvait le neveu de Giovanni de Turin, qui, prévoyant le sort qui l'attendait, se mit en défense, fut blessé à mort, puis pendu. Le lieutenant de Don Carlo Caraffa, et beaucoup d'autres que Thermes regardait comme les plus mutins, eurent le même sort.

(T. 288) (P. III, 456)

Du reste, ceux qu'on laissa sur les galères ne furent pas plus heureux. Ils débarquèrent à Porto Ercole et furent presque tous taillés en pièces peu de temps après par les troupes ducales.

Pendant que la Corse était ainsi troublée, Dragut reparaissait dans les mers d'Italie avec une flotte puissante du Grand Turc. Il saccagea dans la Pouille une localité importante appelée Vestia, où il fit plus de quatre mille prisonniers. Une autre, celle du roi d'Alger, arriva à son tour de l'ouest pour soutenir les intérêts du roi ; elle comptait dix-sept bâtiments, tant galères que galiotes. A cette nouvelle, le prince D'Oria qui, comme je l'ai rapporté, était à Naples avec une flotte supérieure à celle de Dragut, et cinq mille hommes d'infanterie, tant Espagnols qu'Italiens, mit à la voile au commencement du mois d'août. Son intention était de rencontrer la flotte turque et de la battre, ou de lui barrer si bien le chemin qu'elle ne pût faire sa jonction avec les flottes française et algérienne. Mais Dragut, soit qu'il craignît D'Oria, soit qu'il ne fût pas autorisé à s'avancer plus loin, retourna dans le Levant. Andrea D'Oria passa d'abord à Malte, où sa présence était nécessaire à cause de certaines intrigues qu'on avait découvertes dans cette île ; il parcourut ensuite ces mers pendant tout le mois de septembre pour empêcher Dragut d'y revenir.

Cependant la flotte d'Alger était arrivée, comme je l'ai dit, dans les mers de la Corse, qu'elle parcourait avec la plus grande sécurité, sans rencontrer de résistance nulle part, tantôt séparément, tantôt réunie à la flotte française. Son arrivée causa aux Génois des pertes considérables, parce qu'elle leur enleva dans le cours de cet été plus de vingt vaisseaux chargés de grains ou d'autres denrées. Gênes se trouva alors comme assiégée, parce qu'elle ne pouvait faire venir des vivres d'un endroit quelconque qu'avec la plus grande difficulté. En dernier lieu, la flotte algérienne prit un vaisseau génois près des côtes de la Corse, au-dessous de la Padulella, vers la plage qui fait partie des pièves de Tavagna et de Mariana. Le commandant et ses matelots, espérant se sauver sur l'esquif avec leurs objets les plus précieux, se dirigèrent vers la côte. Mais c'était presque, comme dit le proverbe, sauter de la poêle dans la braise. Les gens du pays les prirent et les dévalisèrent complètement ; ils leur rendirent seulement leur liberté, et encore avec bien de la peine.

Cette conduite irrita vivement Agostino Spinola ; il fit partir aussitôt de Bastia Orazio Brancadoro avec ses cinq compagnies et celle de Giordano de Pino, en lui donnant l'ordre de brûler, de ruiner et de piller tout le pays. Brancadoro se conforma à ces instructions, et brûla une grande partie de Tavagna et de Moriani. Mais il ne se montra ni aussi cruel, ni aussi impitoyable qu'on le lui avait prescrit. Ses soldats pourtant ne se contentaient pas de piller ; ils arrêtèrent un grand nombre d'habitants qui avaient fait leur soumission et les obligèrent à racheter leur liberté à prix d'argent. Ces malheureuses populations, qui avaient prévu leur malheur, avaient précédemment envoyé demander du secours à Thermes à Ajaccio. Celui-ci fit partir en toute hâte Giacomo Santo Da Mare avec deux cents Gascons, avec la compagnie de Sampiero et celle de Marco d'Ambiegna, qui était l'ancienne compagnie de Teramo de Bastelica ; il lui ordonna de grossir ses forces en faisant appel aux populations pour empêcher à tout prix les Génois de brûler ces pièves. Giacomo Santo s'acquitta de sa mission avec une extrême diligence. Il entraîna à sa suite la plus grande partie des chefs corses avec leurs partisans, et réunit ainsi à ses compagnies corses et gasconnes un renfort de soixante cavaliers et de cinq cents hommes de pied. Mais comme il avait à faire un long parcours, il ne put arriver à temps. Lorsqu'il arriva à Moriani, l'exécution avait déjà eu lieu et Brancadoro s'était retiré à Vescovato, où il se proposait de rester plusieurs jours. Mais en apprenant l'arrivée de Giacomo Santo, il craignit d'avoir avec lui un engagement désavantageux et mit à regagner Bastia la même diligence que Giacomo Santo mettait à le poursuivre.

Brancadoro partit de Vescovato le matin et Giacomo Santo y arriva le soir. Marc'Antonio Ceccaldi, qui était de cet endroit, était beau-frère de Giacomo; mais au lieu de s'attacher à sa fortune pendant la guerre précédente, il était resté chez lui, obéissant à ceux qui pouvaient disposer à leur gré de son petit avoir (1). Marc'Antonio savait de bonne source que Giacomo, lorsqu'ils étaient loin l'un de l'autre, avait menacé à plusieurs reprises de le mettre à mort. Il l'envoya donc prier, dès son arrivée, de lui faire connaître ses intentions. L'ayant trouvé inflexible, il laissa ses frères et sa femme faire leur soumission, et deux jours après l'arrivée de Giacomo il se rendit à Bastia. Les officiers génois l'y accueillirent avec tous les égards dus à son rang (2). Néanmoins Giacomo Santo respecta ses biens, soit qu'il ne fût pas autorisé à y toucher, soit qu'il voulût ménager sa sœur. Il resta plusieurs jours à Vescovato. Un jour entre autres, il emmena avec lui un grand nombre des principaux habitants de l'endroit et tous les chevaux qu'il avait, et s'avança à moins d'un mille de Bastia jusqu'au lieu appelé le Pino (Lupino).

(T. 289) (P. III, 461)

---

7) MS. de Ceccaldi : « a dar ubbidienza a chi delle sue picciole sustanze » era padrone. » Le mot *picciole* a été supprimé dans les éditions italiennes.

2) MS. de Ceccaldi : « Dove da quei signori fu lietamente (*secondo che* » *al suo grado conveniva*) ricevuto. » Cette phrase manque dans les éditions italiennes.

Là, un des cavaliers eut son cheval tué sous lui d'un coup de demi-couleuvrine tiré de la place, sans avoir lui-même aucun mal. En les apercevant, quelques cavaliers et une centaine d'arquebusiers à pied sortirent de Bastia, les chargèrent et leur firent tourner bride. En s'en retournant, Giacomo Santo enleva dans ces parages des bestiaux qu'il emmena à Vescovato.

Il partit bientôt de cet endroit, passa dans le Nebbio, puis à Pietr'Alba et enfin en Balagne, où il s'arrêta également plusieurs jours, soit pour obliger (comme il l'avait fait ailleurs) ces populations à se soumettre aux Français, soit pour se tenir à proximité de Calvi et empêcher les soldats qui étaient dans cette ville de parcourir le pays, comme c'était leur habitude. Les Calvais étaient donc obligés de se tenir renfermés dans leurs murs; car la défaite du Niolo les avait fort affaiblis, et l'arrivée du Génois Carlo Gottieri, que le gouvernement de Gênes avait envoyé avec une compagnie, n'avait pas suffi pour relever leurs forces. Pendant que ces événements se passaient en Corse, Strozzi était battu avec un corps de troupes considérable en Italie, à Val di Chiana, par les troupes ducales. Medichino, ayant détaché de l'armée qui assiégeait Sienne de la cavalerie et de l'infanterie, avait obligé Strozzi à en venir aux mains, et celui-ci vaincu et blessé avait dû se réfugier à Mont'Alcino. Cette victoire remplit de joie les Génois; ils allumèrent des feux, ils firent des décharges d'artillerie à Calvi, à St-Florent, à Bastia. Ils espéraient que le roi de France serait trop affaibli pour soutenir la guerre en Italie, et qu'ils pourraient ainsi eux-mêmes reconquérir la Corse. Mais en agissant, comme ils firent plus tard, contrairement à toutes les règles de la guerre, ils donnèrent à entendre qu'ils avaient plutôt l'intention d'abandonner la Corse, que de la reprendre à ceux qui la leur avaient enlevée.

(T. 290) (P. III, 462)

Les Génois occupaient toutes les forteresses du Deçà des Monts; ils étaient ainsi obligés d'entretenir des troupes nombreuses, et avaient dû dépenser à cet effet des sommes énormes. Afin de réduire les dépenses, le gouvernement décida que les fortifications de St-Florent seraient rasées. Il était encore poussé par une autre raison ; en effet, l'air était tellement malsain en cet endroit que tous les soldats tombaient malades pendant l'été. Mais cette mesure imprudente devait coûter cher à Gênes, et les membres du gouvernement ne tardèrent pas à s'en apercevoir. Lorsqu'on délibère en effet sur des choses importantes, il faut examiner les opinions avec tout le soin que l'on met à vérifier la pureté de l'or. Le gouvernement signifia sa décision à Agostino Spinola qui fit partir immédiatement les pionniers occupés à fortifier Bastia et les envoya à St-Florent pour raser les fortifications de la place et la forteresse. Puis sachant que Corte, investi par les ennemis, allait manquer de vivres, il ordonna au comte Alberico à St-Florent, à Orazio Brancadoro à Bastia et à Alessandro Spolverino de Vérone à Calvi, de partir chacun avec un détachement et d'aller secourir le château.

Les deux derniers acceptèrent volontiers cette mission ; mais le comte, considérant la disproportion qu'il y avait entre les forces des Génois et celles des Français, et sachant qu'il était détesté plus que les autres par les Corses parce qu'il avait brûlé leurs villages, crut prudent de ne pas quitter St-Florent et refusa absolument de prendre part à l'expédition. Il alléguait deux raisons principales : l'une, que le prince D'Oria lui avait confié cette forteresse et qu'il ne voulait la rendre qu'à lui-même; l'autre, que la plupart de ses Allemands étaient malades à cause de l'insalubrité du climat. Il s'éleva à ce sujet entre les deux chefs une longue dispute. A la fin, Spinola se résigna à envoyer à Corte ceux

(T. 291) (P. III, 448)

dont il pouvait se faire obéir, et au mois de septembre, partirent de Bastia le commissaire Polo Casanova et Brancadoro avec huit compagnies parmi lesquelles était celle de Giordano de Pino, et de Calvi, Alessandro Spolverino de Vérone, avec six compagnies, quatre italiennes et deux corses, celle d'Anton Paolo de St-Antonino et celle de Michel Agnolo de Calvi. C'était Brancadoro qui devait commander toutes ces forces.

Un grand nombre de chefs corses se joignirent aux troupes génoises. Ce furent, à Bastia, Alessandro avec deux de ses fils, et Alfonso, tous d'Erbalunga ; Lodovico de Brando, Ottaviano et Sansonetto, tous deux de Biguglia, Anton Francesco et Marc'Antonio de Bastia, Geronimo de Venzolasca, Marc'Antonio Ceccaldi de Vescovato et Pagnale de Pietralata (1) ; à Calvi, Giordano de Sarla, Anton Guglielmo, fils de Raffaello (2) de Bozi, Rinuculo de Speloncato et beaucoup d'autres. On les invita à prendre les devants pour rassurer les populations et veiller à ce qu'il ne fût fait aucun mal à personne, à l'exception des quinze rebelles désignés plus haut. Les deux détachements partirent en même temps l'un de Bastia, l'autre de Calvi. Brancadoro alla loger dans le Nebbio, et Spolverino à Belgodere, en Balagne. Ils avaient l'intention d'opérer leur jonction et de marcher ensemble jusqu'à Corte. Pendant qu'ils prenaient de sages dispositions pour opérer ce mouvement, Giacomo Santo Da Mare, n'ayant pas de troupes à leur opposer, avait quitté précipitamment la Balagne et s'était retiré à Pietrera di Caccia. Il s'y arrêta et écrivit partout pour appeler autour

(T. 291) (P. III, 466)

---

1) Ce dernier nom ne se trouve pas dans le MS. de Ceccaldi.
2) MS. de Ceccaldi : « Anton Guglielmo *figliuolo di Raffaello* da
» Botio. » — Les mots soulignés ont été omis dans les éditions italiennes.

de lui les populations. Alviggi Montestrucco le rejoignit avec tous les gens de pied qu'il avait pu emmener d'Ajaccio et de Bonifacio.

En voyant arriver Montestrucco, Giacomo Santo pensa qu'il fallait agir sans retard pour empêcher la jonction des deux chefs génois, et la nuit suivante, il se mit en marche pour aller attaquer à Belgodere Spolverino, qui était de beaucoup plus faible que Brancadoro. Ils arrivèrent à la première ou à la seconde veille et s'approchèrent sans faire aucun bruit. Le hasard ayant voulu que le mot d'ordre fût le même pour les deux armées, ils tuèrent la sentinelle et se jetèrent sur le premier corps de garde, qui fut massacré en grande partie presque aussitôt. Les Génois, attaqués à l'improviste, eurent d'abord beaucoup à souffrir ; mais ayant ensuite pris les armes, ils se battirent, ainsi que Spolverino leur chef, jusqu'au jour avec le plus grand courage et arrêtèrent la troupe de Giacomo Santo. Il y eut, tant d'une part que de l'autre, plus de cent hommes tués, et bien que les Génois eussent perdu plus de monde que les Français, néanmoins Giacomo Santo dut opérer sa retraite sans avoir pu s'emparer du village. Cette retraite se fit avec un tel désordre que, si on l'eût poursuivi, on l'eût battu sans aucune peine. Ce fut ainsi que se termina à sa confusion un engagement dont le début semblait lui promettre une magnifique victoire. Il se retira à Pietrera d'où il était parti. Spolverino informa Brancadoro de ce qui était arrivé et ranima son courage, en lui exposant combien l'attaque des ennemis avait été peu redoutable.

Les encouragements de Spolverino rassurèrent Brancadoro qui jusqu'alors avait eu des inquiétudes sur le succès de cette démarche. Les deux détachements firent leur jonction le lendemain soir à Urtaca ; le matin suivant, ils gagnèrent ensemble Teto, puis Pietrera, que Giacomo Santo avait quitté le jour même. Arrivées à Pietrera, les troupes génoises manquèrent de vivres et le pays en était presque complètement dépourvu ; elles s'arrêtèrent deux jours pendant lesquels Anton Paolo de St-Antonino retourna en Balagne avec sa compagnie et fit apporter des vivres.

Giacomo Santo s'était arrêté un peu au-dessous d'Omessa près du pont pour défendre certains passages difficiles et dangereux, et tout en faisant ses préparatifs, il attendait d'heure en heure Sampiero (1). Il avait en effet écrit à Thermes à Ajaccio que, si l'on voulait empêcher les Génois d'atteindre Corte, la présence de Sampiero était nécessaire, parce qu'il avait une plus grande expérience que lui dans le métier des armes, et parce que les populations, qui avaient pour Sampiero plus d'affection et de dévouement, ne manqueraient pas sans doute d'accourir dès qu'elles auraient appris son arrivée; autrement, il craignait, disait-il, que ses efforts pour arrêter l'ennemi ne fussent peu heureux (2). Giacomo Santo ajoutait, ce qui était vrai, que, si les Génois menaient cette expédition à bonne fin, une grande partie des Corses se révolteraient contre les Français et feraient de nouveau leur soumission aux Génois. Informé d'un danger si pressant, Thermes fit aussitôt partir Sampiero, bien qu'il ne fût pas encore assez bien remis de sa blessure pour se tenir ferme sur les pieds et aller à cheval sans fatigue; le crédit en effet s'attache non à la noblesse du sang, mais à

(T. 292) (P. III, 469)

---

1) MS. de Ceccaldi : « aspettava d'hora in hora a San Piero. » — Editions italiennes « .. s'aspettava Sampiero. »

2) MS. de Ceccaldi : « Altrimente temeva che il suo opporsi non havesse » a conseguir infelice successo. » — Edition de Tournon : « altrimente » che'l suo opposito non avesse a conseguir infelice successo. » — Edition de Pise : « altrimenti che il suo nemico non avesse a conseguir il felice » successo. » — Il est facile de voir que la leçon du MS. de Ceccaldi est la seule bonne.

la grandeur du cœur. Malgré son état de faiblesse, Sampiero passa donc aussitôt dans le Deçà des Monts avec un grand nombre de cavaliers de ces pays et rejoignit Giacomo Santo.

L'arrivée de Sampiero produisit chez les Corses un tel enthousiasme qu'ils accouraient en foule de tous côtés. Il y eut bientôt autour de lui et de Giacomo Santo (1) sept cents Gascons, cent cinquante chevaux et quinze cents Corses à pied, dont le nombre augmentait à toute heure. Afin de couper la retraite aux soldats génois lorsqu'ils se seraient avancés jusqu'au milieu de ses troupes, Sampiero avait partagé son armée en trois corps. Il s'était réservé le commandement des Corses à pied; il avait mis les cavaliers sous les ordres de Giacomo Santo et l'infanterie sous ceux de Montestrucco. Sûrs de remporter la victoire, ils attendaient que l'ennemi tentât le passage. Mais Brancadoro et les autres chefs génois, informés de l'arrivée de Sampiero et de la force de l'armée ennemie, ne se crurent pas en état de se mesurer avec elle, parce qu'ils n'avaient que quatorze cents hommes, et résolurent de rebrousser chemin. Le lendemain de bonne heure (c'était le dix-huit septembre), ils quittèrent Pietrera, et se mirent en route. Pour donner le change aux ennemis, qui n'étaient qu'à une distance de quatre milles et couvraient de leur multitude les montagnes voisines afin d'en défendre le passage, ils feignirent de continuer leur marche sur Corte, parce que la bravoure, même lorsqu'elle est feinte, impose souvent à un ennemi, et que l'idée que l'on fait peur aux autres ranime les courages abattus. Rangés en ordre de bataille, ils poussèrent donc en avant tant que les ennemis purent les apercevoir des divers postes qu'ils occupaient.

(T. 292) (P. III, 470)

---

1) MS. de Ceccaldi : « Onde egli e Jacopo Santo trovandosi etc. » — Editions italiennes : « Onde egli trovandosi etc. »

Mais dès qu'ils furent cachés à leur vue par la colline qui est au-dessous de Pietrera, ils continuèrent leur route, afin d'atteindre le chemin qui mène dans le Nebbio. Sampiero et Giacomo Santo avaient été avisés de leur retraite par un feu qu'avait allumé sur la montagne voisine un sergent de Sampiero, Francesco d'Attallà (1), surnommé *il Manomozzo*, c'est-à-dire, le manchot; et il l'était en effet. C'était un homme hardi et aventureux que Giacomo Santo avait chargé depuis quelques jours de se tenir continuellement avec une cinquantaine d'hommes dans le voisinage de l'armée ennemie afin d'être plus à portée de la harceler. Après avoir fait le premier signal, Manomozzo, s'étant aperçu que Brancadoro et ses gens avaient changé de direction, comme la peur d'une armée augmente l'audace de l'armée ennemie, fit un second signal afin de faire comprendre aux Corses que les Génois se repliaient; puis avec les gens qu'il avait autour de lui et avec les habitants du pays, il s'efforça de retarder la marche de l'armée génoise, la suivant de montagne en montagne, engageant sans relâche contre elle des escarmouches fort vives, sans lui laisser le moindre répit.

Quoique ainsi contrarié dans sa marche, Brancadoro continuait d'avancer avec rapidité. De peur qu'on ne lui barrât le chemin, il avait envoyé en avant les Corses qui n'avaient pas de compagnies à conduire, afin qu'ils occupassent avant les Français le passage du hameau de Casenuove, puis celui du col de Tenda, qu'il fallait absolument franchir. Il espérait que, s'ils arrivaient à temps, l'armée génoise pourrait aisément se tirer d'une situation si périlleuse, grâce au

(T. 293) (P. III, 471)

---

1) MS. de Ceccaldi : « Fu di questa partenza... fatto segno... a San » Piero et a Jacopo Santo da Francesco da Tallà sergente di San Piero » cognominato etc. » — Le texte des éditions italiennes est un peu différent.

voisinage de St-Florent qui n'était qu'à cinq milles. Mais dans les dangers, lorsque le courage manque, le talent militaire ne sert de rien. Sampiero et Giacomo Santo, qui avaient aperçu le premier signal et avaient vu l'armée ennemie se diriger de leur côté, étaient restés assez longtemps à leur poste pour l'attendre; mais lorsqu'ils aperçutent le deuxième signal qui les informait que les Génois se repliaient en désordre, ils se mirent à leur poursuite avec toutes leurs forces. Comme ils craignaient quelque stratagème, chacun d'eux prit un chemin différent; Giacomo Santo prit l'un avec les cavaliers; Sampiero avec les Corses à pied, et Montestrucco avec les compagnies régulières prirent l'autre (1). Giacomo Santo arriva le premier à l'église de S. Maria de Pietr'Alba avec ses cavaliers, et s'empara aussitôt des bagages de l'armée génoise qui étaient en tête. Mais Brancadoro, arrivé à l'église, fit faire halte à sa troupe, la rangea en bataille, reprit immédiatement les bagages, et l'escarmouche dura un certain temps. Tout à coup la pluie se mit à tomber et contraria beaucoup les arquebusiers génois. Après avoir recouvré les bagages, Brancadoro, sans prolonger la lutte davantage, gravit en ordre de bataille et avec toute la célérité possible la côte qui est fort raide. Mais la cavalerie qui le harcelait sans relâche avait assez

(T. 293) (P. III, 473)

---

1) MS. de Ceccaldi: « perciochè dall'altra parte San Piero e Jacopo
» Santo, havendo veduto il primo segnale, et il campo inimico alla lor
» volta passare soprastettero buon spatio per aspettarlo in quel luogo. Ma
» dopo veduto per l'altro segno, il suo ritornarsene indietro senza ordine
» alcuno, con tutta la gente a seguirlo si mossero, avvegnache dubitando di
» qualche inganno tennero due strade, Jacopo Santo co' cavalli per una, e
» San Piero coi Corsi a piede, e Montestrucco appresso con le fanterie per
» l'altra. » — Le texte des éditions italiennes est un peu différent; Filippini a retranché presque partout le nom de Giacomo Santo.

retardé sa marche pour que, au moment où il arrivait sur la hauteur, Sampiero y arrivât de son côté avec les Corses qui l'avaient suivi dans sa marche précipitée et bientôt après Montestrucco avec les compagnies. Ainsi resserrée de tous côtés, l'armée génoise fut aussitôt battue et mise en déroute. Les Génois perdirent onze enseignes dans cette journée; et bien que pendant l'action il n'y eût pas plus de dix hommes tués en tout tant d'une part que de l'autre, néanmoins dans la déroute, les Génois eurent plus de deux cents morts avec un capitaine italien. Brancadoro, Spolverino, le commissaire, la plupart des capitaines et des officiers furent faits prisonniers avec plus de sept cents soldats. Les autres furent poursuivis jusque près de St-Florent, et bien peu parvinrent à s'échapper. Les Corses seuls qui, comme je l'ai dit, avaient été envoyés en avant, se sauvèrent presque tous; on ne leur fit que trois prisonniers : Giordano de Pino, Marc'Antonio Ceccaldi de Vescovato et un autre Corse.

Cette journée ne fut pas très heureuse pour les Français eux-mêmes, malgré leur victoire. En effet, Giacomo Santo Da Mare, qui était la gloire du Deçà des Monts, périt en poursuivant vigoureusement les Génois à la descente de la montagne. Ce vaillant homme fut atteint d'un coup d'arquebuse. On soupçonna fort les Corses, qui étaient avec les Français, de l'avoir tué, à cause de la grande jalousie qu'ils avaient envers lui (1). De quelque côté que soit parti le coup, on

---

1) MS. de Ceccaldi : « Nè fu quella giornata per i Francesi molto felice,
» benchè assai vi guadagnassero, perciocchè il Signor Jacopo da Mare, il
» qual era la gloria di quà da' monti, nel calare il monte cacciando con
» molto valore a Genovesi su la vittoria, questo huomo chiarissimo morì
» passato d'una archibugiata. La cui morte fu dubitata assai non gli
» venisse dai medesimi Corsi ch'erano con Francesi per la grande invidia
» che gli havevano. » — Editions italiennes : « Morì in quella giornata

disait qu'il avait été lui-même la cause de sa mort, en poursuivant avec si peu de prudence et avec tant d'acharnement les Génois qui étaient déjà battus. En effet, celui qui ne se contente pas d'une victoire honorable, mais demande trop à la fortune, perd souvent la victoire et la vie. [Pedeleve (1) Filippini de Vescovato, qui avait été sergent d'Ambrogio de Bastia, tué quelque temps auparavant dans le Niolo, comme je l'ai dit, reçut une blessure à la jambe]. Agostino Spinola apprit le soir de quelques hommes qui gagnèrent Bastia, la triste et douloureuse nouvelle de cette défaite; il fit partir la nuit même pour Gênes une frégate, qui, après une traversée de vingt-quatre heures, informait de cet événement le gouvernement génois; quant à lui, avec les trois compagnies qui lui restaient, il se renferma prudemment dans Bastia pour s'y fortifier. De son côté le comte de Lodrone, qui s'occupait déjà de faire raser les fortifications de St-Florent, en voyant la situation si critique, travailla en toute hâte à se retrancher à son tour. Et il faisait sagement; parce que Sampiero, qui après sa victoire avait envoyé tous les prisonniers à Thermes, à l'exception de Marc'Antonio Ceccaldi, qu'il retint auprès de lui, avait l'intention de profiter de l'enthousiasme de ses troupes pour occuper la place ainsi démantelée. Il eut l'espoir que la fortune favoriserait ses desseins. En effet, deux jours après la bataille, les galères françaises qui venaient de Porto Ercole arrivèrent dans le golfe de St-Florent, et Sampiero songea aussitôt à leur emprunter l'artillerie nécessaire pour battre la place. Il descendit immédiatement à la marine,

(T. 294) (P. III, 475)

» Giacomo Santo da Mare nel calar il monte, seguitando la vittoria,
» d'un'archibugiata; la cui morte fu dubitato assai che gli venisse da' me-
» desimi Corsi che erano co' Francesi. »
1) Le passage entre crochets a été ajouté par Filippini.

soit pour reconnaître l'état de la forteresse, soit pour s'entretenir avec le commandant des galères de ce qu'il y avait à faire. Mais son espoir fut déçu : St-Florent pouvait tenir encore, et les galères, rappelées pour les opérations plus importantes de la guerre de Sienne, ne pouvaient s'arrêter. Il retourna donc au village de Vallecalde di Nebbio, où il logeait (1), licencia les Corses et s'en alla avec les compagnies à Borgo di Mariana, tandis que les galères faisaient voile pour Ajaccio.

Lorsqu'elles furent arrivées, Thermes rendant la liberté à tous les prisonniers faits à Tenda, à l'exception des chefs, les embarqua sur celles qui se rendaient en Provence, après leur avoir fait promettre qu'avant la fin du troisième mois, ils ne rentreraient au service ni des Génois ni de leurs alliés. L'humanité et la clémence de Thermes ne s'arrêta pas là ; quelque temps après, il rendit la liberté à tous les capitaines et à tous les officiers aux mêmes conditions ; il retint seulement pendant quelques jours encore le commissaire, Brancadoro, Spolverino, Anton Maria Spinola et Giordano de Pino.

Pendant que Thermes traitait ses prisonniers avec tant d'humanité et que Sampiero était à Borgo avec les compagnies françaises, d'où il envoyait chaque jour quelque détachement en reconnaissance pour harceler la garnison de Bastia, Agostino Spinola se tenait renfermé dans cette place. Mécontent des Corses, il en fit jeter en prison quelques-uns qui lui étaient suspects, puis les remit bientôt tous en liberté à l'exception de Negrone de Cardo. Spinola avait su que lors de la défaite de Tenda, Negrone, qui se trouvait parmi

---

1) « ... Se ne ritornò alla villa di Valle calde di Nebbio, *ov'era già allogiato*, di donde etc. » — Les mots soulignés ont été omis dans les éditions italiennes.

les Génois, avait changé de cocarde et fait lui-même des prisonniers ; on l'accusait encore de n'être revenu que pour travailler à faire révolter Bastia. Il fut en effet convaincu et pendu par le pied à une fenêtre de la place publique. Sampiero, après être resté à peu près inutilement plusieurs jours à Borgo, repartit pour Ajaccio et fut bientôt suivi de toutes les compagnies françaises, parce que les garnisons d'Ajaccio et de Bonifacio se trouvaient fort réduites. Manomozzo resta seul dans le Deçà des Monts, pendant plusieurs jours encore, avec environ 140 hommes (1), tant soldats que paysans ; avec cette troupe, il faisait des incursions tantôt dans le Cap-Corse, tantôt jusque sous les murs de Bastia, tantôt jusqu'auprès de St-Florent, afin d'obliger à se renfermer dans leurs forteresses les Génois, auxquels il inspirait un grand effroi.

De retour à Ajaccio, Sampiero reçut des lettres du roi qui le rappelait en toute hâte ; elles avaient été apportées par Bernardino d'Ornano, lequel était arrivé de la cour quelques jours auparavant, avec des lettres patentes qui lui conféraient la seigneurie de la Rocca. Sans perdre de temps, Sampiero, après avoir présenté à Thermes Marc'Antonio Ceccaldi, de Vescovato, (qui obtint son pardon en promettant de ne plus s'occuper de la guerre et retourna dans sa maison où il resta toujours depuis ce temps, parce que les promesses que la nécessité arrache, la même nécessité oblige souvent à les tenir) (2), s'embarqua pour la France, emmenant avec

(T. 295) (P. III, 478)

---

1) MS. de Ceccaldi : « ... con circa a 140 tra soldati e paesani etc. » — Editions italiennes : « ... con circa quaranta soldati e paesani etc. »

2) MS. de Ceccaldi : « il quale se ne ritornò a casa sua, *et vi stette sempre dapoi, perciochè quelle cose che la necessità fa promettere, la medesima spesso le fa anco osservare*, s'imbarcò etc » Le passage souligné a été omis tout entier dans les éditions italiennes.

lui Altobello de Brando, Antonio, fils de Mariano, de Belgodere de Bagnaggia (1). Ce dernier s'était rendu à la Cour en qualité d'ambassadeur des Corses et en était revenu récemment en compagnie de Napoleone de Levie, après n'avoir obtenu que peu de chose.

Sur ces entrefaites, Francesco Sornacone, qui était investi dans le château de Corte et avait attendu de longs jours le secours des Génois, apprit qu'ils avaient été battus, et comme il n'avait plus ni espoir ni vivres, il se rendit le trois octobre. Thermes le fit accompagner avec ses gens jusqu'à Calvi ; quant au château de Corte qu'il venait de reconquérir, il y mit une forte garnison, avec des provisions suffisantes, et en fortifia les points les plus faibles.

Le rappel inattendu (2) de Sampiero en France fut attribué à Thermes par beaucoup de gens. En effet, pendant qu'il séjournait à Vescovato, attendant l'issue du siège de St-Florent, un matin qu'après son repas une forte pluie l'obligeait à rester inoccupé, il se mit à jouer aux cartes avec quelques-uns de ses gentilshommes; les autres s'assirent également et se mirent aussi à jouer par groupes de trois ou quatre, comme c'est l'usage. Parmi les spectateurs se trouvaient Sampiero et un grand nombre de gentilshommes, de capitaines français et corses, si bien que la maison, qui pourtant était assez grande, semblait regorger de monde. Au nombre des personnages les plus distingués était Giovanni Vitelli, colonel de six compagnies italiennes. Tout en jouant, on vint à parler des choses de la guerre et de la valeur des Corses. Giovanni Vitelli, jeune homme d'un caractère fougueux, dit qu'il se sentait assez de courage pour traverser avec ses six compagnies la Corse tout entière,

---

1) MS. de Ceccaldi : « ... et ad Antonio di Mariano dalla Bastia. »
2) Cet alinéa a été ajouté tout entier par Filippini.

sans craindre les habitants. Ces paroles étaient à peine prononcées, que Sampiero, irrité, les releva et déclara que, si on lui donnait vingt-quatre heures, il se chargeait de tailler en pièces non seulement lui et ses compagnies, mais encore tous les Italiens qui étaient en Corse au service des Français. En entendant ces mots, Thermes abattit ses cartes sur la table et cessa de jouer. Devant cette attitude, les autres quittèrent aussi le jeu à leur tour, Thermes resta tout pensif sans dire un seul mot pendant un quart d'heure. Il régna alors dans la maison un silence si profond qu'il semblait qu'il n'y eut là personne; presque tous semblaient prêts à mettre les armes à la main. Enfin, au bout d'un quart d'heure, Thermes se leva de table toujours silencieux, se retira dans sa chambre et resta enfermé toute la journée. On crut, comme je l'ai dit, qu'il avait écrit immédiatement au roi. Je me trouvai présent à cette scène, car j'étais allé dans la maison pour certaines affaires personnelles.

Après ces événements, pendant le mois de novembre (1), Thermes, pensant que toutes les populations de l'île reconnaîtraient son autorité sans résistance, parce que les Génois se tenaient renfermés dans leurs trois places fortes et que tout le reste obéissait aux Français, envoya dans le Deçà des Monts un Auditeur nommé Giovan Battista Azzale, de la Romagne. Celui-ci rendit la justice (1) aux populations jusqu'au mois de janvier suivant, tenant son tribunal une partie du temps à Corte, une autre à Tallone et enfin à Campoloro; mais sa conduite donnant trop souvent prise à

---

1) MS. de Ceccaldi : « Dopo questi successi del mese di novembre » parende al Thermes etc. »

2) MS. de Ceccaldi : « ... che somministrò ragione etc. » — Editions italiennes : « che somministrasse. »

la critique, il se fit tellement détester du peuple que Thermes le rappela à Ajaccio.

L'Auditeur, tant qu'il avait été en fonctions, avait jugé au criminel et au civil. S'il se trompa souvent, il poursuivit du moins avec sévérité les assassins et les voleurs; il réduisit à un prix raisonnable toutes les denrées nécessaires à la vie, lesquelles étaient devenues d'une cherté extrême à cause de la guerre; il est vrai qu'elles ne furent vendues à un prix raisonnable que pendant son administration. Entre autres titres à la reconnaissance qu'il cherchait à mériter dans toutes ses actions, il réconcilia par la persuasion et les menaces tous ceux qui étaient divisés par des inimitiés particulières. Au reste, ce qu'il y eut d'extraordinaire, on pourrait dire d'incroyable pendant cette guerre, c'est que ces populations nourries dans le sang et toujours si turbulentes, qui, alors même que la justice génoise déployait le plus de sévérité et recourait à des châtiments de toute sorte, commettaient chaque jour de nouveaux excès, on les vit, depuis le commencement de la guerre jusqu'au moment où nous en sommes arrivés, bien qu'elles jouissent d'une liberté plus grande et qu'elles ne fussent pas contenues par la crainte des châtiments corporels, vivre presque toutes entre elles (en dehors de la guerre que se faisaient les puissances) dans une concorde et une union si parfaite que, si l'on n'eût pas su quelles étaient leurs habitudes dans les temps passés, on aurait cru qu'il n'y avait jamais eu en Corse la moindre inimitié.

Pendant tout ce temps, un seul des principaux habitants de l'île, Francesco Maria d'Ortale, avait été tué l'année précédente par un de ses voisins d'une classe inférieure à la sienne. En apprenant sa mort, ses partisans se réunirent et plusieurs périrent en voulant le venger. Bavaraccio de Matra fut tué également par Bernardino, qui était du même pays, et le lendemain de la défaite de Tenda, Antonio Gentile, de Nonza, fut tué par un de ses rivaux, aussi de Nonza. Toutes les autres familles vivaient entre elles, comme je l'ai dit, dans une union fraternelle. Il est vrai que cette paix ne devait pas durer longtemps, comme je le raconterai longuement en son lieu.

Alors que l'Auditeur exerçait ses fonctions à Corte, pendant le mois de novembre, Thermes, écoutant sa clémence ordinaire, rendit contre une légère rançon la liberté à Brancadoro, à Spolverino, à Antonio Maria Spinola et à Giordano de Pino, qui avaient été, comme je l'ai dit, faits prisonniers à Tenda. Ils partirent d'Ajaccio sous de funestes auspices. Ils firent route ensemble pour retourner à Bastia par terre, et un soir, ils logèrent à Corte dans la maison de l'Auditeur. Là, après souper, à la suite de certains propos presque insignifiants, Spolverino, avec deux de ses domestiques, tua Giordano. A cette nouvelle, toute la population de la ville s'attroupa et voulait massacrer Spolverino, ainsi que ceux qui s'opposeraient à cette exécution (1). Pour calmer les colères, l'Auditeur fit pendre l'un de ses domestiques coupables et mettre Spolverino en prison en attendant les ordres de Thermes.

Brancadoro et Antonio Maria n'avaient eu aucune part à ce crime; deux jours après, ils voulurent se remettre en route et l'Auditeur les fit accompagner par des Corses jusqu'à Borgo. Arrivés à cet endroit, ils crurent qu'ils n'avaient plus rien à craindre; ils renvoyèrent donc leur escorte, et repartirent seuls, à cheval, à travers la campagne, pour gagner Bastia. Mais en arrivant au-dessous de Biguglia, ils rencon-

(T. 297) (P. III, 484)

---

1) MS de Ceccaldi : « ... minacciò di voler uccidere il Spolverino, » *e chi tal morte gli impediva*, onde etc. » — Les mots soulignés ont été omis dans les éditions italiennes.

trèrent Lodovico de Brando, cousin par alliance de Giordano. Lodovico avait appris, à Bastia, leur arrivée ; feignant d'avoir certaines affaires, il prit avec lui deux ou trois hommes de pied, partit le matin de la ville, et se dirigea de ce côté dans l'intention de venger la mort de Giordano sur Brancadoro, qu'il fût coupable ou non. Au moment où ils se rencontrèrent, Lodovico fit bon visage à Antonio Maria et dit à Brancadoro qu'il lui fallait sa vie pour venger la mort de Giordano. En entendant ces mots, Brancadoro, qui n'avait sur lui d'autres armes offensives ou défensives que son épée et une petite arquebuse à rouet, tourna bride pour prendre la fuite. Mais Lodovico, qui avait un cheval meilleur que le sien, l'atteignit et le frappa dans le dos d'un coup de pique, qui le perça de part en part. Brancadoro, se sentant blessé, se retourna en brisant le manche de la pique qui lui avait traversé le corps, et voulut décharger son arquebuse sur Lodovico ; le coup rata. Il saisit alors son épée et se défendit longtemps ; mais à la fin, les compagnons de Lodovico arrivèrent ; à coups de hallebardes, ils précipitèrent Brancadoro en bas de son cheval et le massacrèrent.

Antonio Maria gagna Bastia sans avoir été inquiété aucunement et raconta à Agostino Spinola ce qui venait d'arriver. Tout affligé de cette nouvelle, celui-ci fit partir cent cinquante hommes pour rapporter le corps de Brancadoro qu'il envoya dans sa patrie quelques jours plus tard. De son côté, Thermes, apprenant ce qui s'était passé, et craignant que Spolverino ne fût massacré par la population, envoya à Corte une compagnie de Gascons qui le ramena à Ajaccio, d'où il le fit passer sain et sauf en terre ferme. Quelques jours plus tard, il remit encore en liberté Casanova, précédemment commissaire des Génois, qui passa à Bastia pour retourner à Gênes. Lodovico de Brando, après avoir commis ce meurtre, jugeant qu'il n'était pas sûr pour lui de rentrer à Bastia, alla à Brando, où le rejoignit Benedetto de Pino, son beau-père et oncle de Giordano, et tous deux s'embarquèrent pour Gênes afin d'obtenir leur pardon de l'Office. Lodovico ne fut ni absous ni condamné par les Protecteurs ; seulement, sur une lettre de recommandation du prince D'Oria, il retourna avec son beau-père en Corse, où ils restèrent à Brando pendant de longs mois.

Le prince D'Oria, après avoir fermé le passage, comme je l'ai dit, à la flotte de Dragut, était retourné pendant ces jours à Gênes avec trente-six galères. Bien que l'on n'eût plus rien à redouter de la flotte algérienne, qui avait regagné les côtes d'Afrique, néanmoins, pour plus de sûreté, il escorta dix vaisseaux chargés de blé qui allaient à Gênes, et avec lesquels il faillit se perdre non loin de Rome. Tout en accompagnant ces vaisseaux, il débarqua à Piombino, en traversant le canal, quatre mille fantassins qu'il avait levés à Naples et qui partirent pour Sienne, afin de rendre plus effectif le blocus qui durait depuis si longtemps. En effet, Strozzi, s'étant un peu remis de sa blessure, était parvenu à faire entrer à plusieurs reprises quelques vivres dans Sienne, en partant soit de Porto Ercole, qu'il faisait fortifier, soit de Monte Alcino. Il est vrai qu'à chaque fois il s'exposait à tomber entre les mains de ses ennemis qui, se trouvant maîtres de la campagne, prenaient chaque jour quelque château dans les états siennois. Medichino, pour rendre plus facile le succès de son entreprise, faisait venir de puissants renforts d'infanterie de Naples et d'autres endroits. Le roi Henri et les Génois avaient cessé les hostilités en Corse ; ils attendaient le résultat de la guerre d'Italie. En effet, pendant tout cet hiver, il y eut à peine quelques légers engagements.

C'est ainsi qu'un jour, pendant le mois de novembre, le comte Alberico sortit de St-Florent avec deux compagnies de ses Allemands et saccagea tout le village de Patrimonio, qui se trouve près de là, afin de punir les habitants qui l'inquiétaient sans relâche; il ne resta qu'une tour qui se défendit vaillamment et dont l'assaut coûta la vie à un certain nombre d'Allemands et de Corses. En apprenant cette nouvelle, Thermes fit partir d'Ajaccio Manomozzo et l'envoya dans le Deçà des Monts. Manomozzo arriva avec une centaine d'hommes tant Corses que Gascons, et croyant pouvoir s'emparer facilement de St-Florent, il réunit beaucoup de gens avec une nombreuse provision d'échelles. Une nuit, il s'approcha des murs, mais il trouva qu'il était impossible d'escalader la forteresse. Voulant essayer s'il n'obtiendait pas d'une autre manière quelque avantage sur les troupes du comte, il dressa une embuscade. Il posta les cavaliers dans un vallon, au-dessous de l'endroit où était le monastère de St-François, et vingt-cinq soldats à l'église Sainte-Marie; quant à lui, il se cacha avec le reste de ses gens à Marcorio, et il attendit jusqu'au jour. Le matin venu, le comte, suivant son habitude, envoya en reconnaissance six Allemands qui tombèrent dans l'embuscade préparée à l'église Sainte-Marie. Quatre d'entre eux furent tués, sans avoir eu le temps de se reconnaître; les deux autres, plus agiles, s'enfuirent et rentrèrent dans la place (1). Le comte, ayant su ce qui s'était passé, se dirigea de ce côté avec une compagnie, mais en route il découvrit l'embuscade des cavaliers qui se montrèrent trop tôt; il comprit qu'ils avaient

(T. 298) (P. III, 489)

---

1) Il manque ici plusieurs lignes dans les éditions italiennes. Voici le texte du MS. de Ceccaldi : «... fin al giorno. La mattina il Conte, come era
» usato, mandò sei Tedeschi a fare la scoperta fuori, i quali capitarono
» nell' agguato della Chiesa di Santa Maria ; nel qual luogo ne fu di essi
» quattro (avanti che si accorgessero della cosa) uccisi, e gli dui per esser
» più espediti nella terra fuggendo, si ritornarono. Il Conte come vide etc. »

l'intention de lui fermer la retraite et rentra dans la place. Les Français se réunirent ensuite tous ensemble, et repoussèrent vigoureusement le comte jusqu'aux portes où on escarmoucha un certain temps; mais à la fin, l'artillerie, qui se mit de la partie en déchaînant sur la tête des assaillants une véritable tempête, et le courage du comte et de ses Allemands obligèrent les Français à se retirer.

Ayant ainsi perdu tout espoir de prendre St-Florent, Manomozzo se retira en Balagne. Là, ayant appris que quelques soldats génois s'étaient fortifiés à l'Algaiola, petit château voisin de la marine, il résolut de forcer ce poste. Martino Bozolo, commissaire de Calvi, y avait envoyé pendant ces jours quatorze cavaliers, sous les ordres d'Orlando d'Ornano qu'accompagnaient Giacomo et Battista Sorbi, ses beaux-frères. Ce détachement avait pour mission de resserrer Francesco de S. Antonino qu'on leur avait dit se trouver de ce côté avec une faible escorte. Les cavaliers et les soldats qui étaient déjà dans le château formaient une troupe de vingt-cinq hommes; voyant leurs intentions découvertes, ils engagèrent à deux reprises des escarmouches contre les Français qui se trouvaient de ce côté. Manomozzo arriva enfin, et comme il était résolu, ainsi que je l'ai dit, d'occuper ce poste, il retint, le jour même qu'il arriva, tous les habitants du village qui étaient sortis pour leurs travaux, et s'occupa de faire des échelles pour escalader les murs. La nuit suivante, au milieu d'une obscurité profonde, il fit monter ses gens sans bruit au haut des échelles, sur un point qu'on lui avait indiqué comme le plus faible.

Cet endroit donnait sur une maison neuve sans toit; les Français y descendirent, mais en voulant sauter dans la place, ils furent entendus par les Génois qui étaient dans l'intérieur. Déconcertés tout d'abord, ceux-ci reprirent bientôt courage; ils se précipitèrent sur les Français, les refoulèrent dans la maison et fermèrent avec de gros morceaux de bois la porte extérieure. Il était descendu environ une quarantaine d'hommes, tant Corses que Gascons. Les Génois, postés dans une tour qui dominait la maison, en tuèrent une partie à coups de pierres et d'arquebuses, les autres se rendirent à discrétion et furent faits prisonniers; quatre ou cinq seulement purent s'échapper en remontant par les cordes qui leur avaient servi à descendre. Il resta dans la place trente-cinq hommes, tant morts que prisonniers. Les Gascons perdirent seulement leurs armes et furent remis en liberté; mais les huit Corses qui se trouvèrent au nombre des prisonniers furent conduits à Calvi et pendus après avoir subi divers supplices. Cet événement eut lieu pendant le mois de janvier 1555.

Cet échec causa un vif dépit à Manomozzo qui s'était tenu au dehors; à la fin, il apprit à ses dépens que les entreprises trop précipitées ne produisent d'ordinaire que des mécomptes. Il cherchait les moyens de prendre sa revanche, lorsque au bout de quelques jours il arriva à l'île de Balagne une galiote française pour faire la course contre les ennemis. Manomozzo se concerta avec le capitaine appelé Nipoli: la galiote devait battre les murs de l'Algaiola par mer, tandis que lui-même donnerait par terre l'assaut à la place qui n'avait pas d'artillerie. La galiote alla prendre position à quelque distance du rivage pour commencer l'exécution du plan concerté. Mais il s'éleva alors une terrible tempête; la galiote, malgré tous ses efforts, ne put rentrer dans le port de l'île qu'elle avait quitté; la tempête la jeta par son travers et la brisa sur certains écueils de ladite île, près de l'entrée du port. Des espions portèrent à Calvi la nouvelle du naufrage; les Calvais armèrent quelques frégates et partirent pour recueillir, en employant au besoin la force, les épaves qui flottaient sur la mer. Ils eurent à soutenir une longue lutte contre les soldats de la galiote réunis à ceux de Manomozzo, et il y eut des morts de chaque côté ; mais l'engagement tourna à l'avantage des Calvais qui recueillirent une grande quantité d'épaves et retournèrent à Calvi. Le capitaine de la galiote emporta à Monticello une petite bâtarde, qu'il portait à la proue de son embarcation.

Peu de temps après arriva un autre capitaine français envoyé d'Ajaccio par Thermes, avec une galère et un canon accompagné d'abondantes munitions. Après s'être concerté avec Manomozzo, le capitaine, de sa galiote, tira quelques coups sur le château, tandis que Manomozzo tirait par terre avec le canon qui avait été débarqué. Se trouvant ainsi resserrés, ceux du château furent contraints de se rendre. Le capitaine de la galère, sachant que les Corses et les Génois se faisaient une guerre sans pitié, ne voulut pas laisser les prisonniers entre les mains de Manomozzo, mais il les renvoya à Thermes, à Ajaccio. Thermes les remit en liberté avec sa courtoisie ordinaire. Le capitaine de la galère laissa dans la place le canon qu'il avait apporté et se rendit où l'appelaient d'autres affaires, au grand mécontentement de Thermes qui aurait voulu qu'il rapportât le canon à Ajaccio.

Tels étaient les événements, peu importants, en somme, qui avaient eu lieu en Corse, lorsqu'éclata un incendie non moins terrible que tous ceux qui l'avaient précédé. On vit s'évanouir complètement cette belle union qui avait subsisté jusqu'alors, et les inimitiés particulières, ravivées par les anciennes rancunes, recommencèrent à montrer la tête ; ce qui fut, non moins que la guerre étrangère, une source de calamités pour notre malheureuse île. Le sang coula de nouveau à la Casabianca ; la première victime fut Polo Battista, cousin de Giacomo, qui appartenait à la faction des

(T. 299) (P. III, 494)

Rouges (j'ai déjà parlé ailleurs de ce nom). Quelques jours après, Giacomo, qui avait été obligé de prendre la fuite, tua par représailles un partisan de la faction Noire, Giovan Vincenzo, frère de Camillo, et son frère, le chanoine Vincenzo, fut blessé à son tour (1). Vers ce même temps, la discorde éclata de nouveau à Casta. Giudicello fut tué par Raffaello; tous deux étaient de ce village et avaient le grade de capitaines royaux. Raffaello fut tué à son tour l'année suivante. Il y eut aussi de nouveaux meurtres à la Brocca; Fabrizio fut tué par un fils de Mariano (2), et sa mort fut vengée ensuite par celle de Filippino. A Lucciana, une inimitié, dans laquelle se trouva enveloppée la famille Biaggi de Vescovato, coûta la vie à sept hommes tant d'une part que de l'autre. A la Penta di Casinca, il y eut onze morts, parmi lesquels Virgo, un des principaux habitants de l'endroit, avec trois fils et plusieurs neveux. Il y eut aussi des morts à Borgo, dans le Nebbio, et dans beaucoup d'autres endroits; état religieux, sexe, âge, rien ne fut épargné. Voilà ce qui se passa dans le Deçà des Monts; quant à ce qui se passa dans le Delà, nous n'avons pas à ce sujet de détails précis; nous savons seulement que Rinuccio d'Istria fut tué par un de ses vassaux.

Ce n'étaient pas là les seuls maux dont l'île eût à souffrir;

(T. 300) (P. III, 495)

---

1) MS. de Ceccaldi : « ... fu della parte rossa... morto Polo Battista, e Jacopo suo cugino fugato; per il chè da ivi a giorni Jacopo uccise un fratello di Camillo della parte nera. Suscitò etc. » — Editions italiennes : « ... Polbattista, cugino di Giacomo, per lo chè da ivi a pochi giorni Giacomo uccise un fratello di Cammillo della parte negra, detto Giovan Vincenzo, e fu ferito Vincenzo Canonico, pur anco suo fratello. » — Nous avons complété les deux textes l'un par l'autre.

1) MS. de Ceccaldi: «... fu morto Fabricio da un figliuolo di Mariano, per la qual vendetta fu dipoi ucciso ancora Filippino. » — Editions italiennes : « ... fu morto Fabrizio figliuolo di Mariano etc. »

chaque jour on entendait parler de nouveaux crimes commis par les paysans, d'assassinats, de vols sur les grands chemins, de brigandages et d'une foule d'autres forfaits. Un grand nombre de gens endettés arrêtaient où ils les rencontraient, leurs créanciers lorsqu'ils étaient plus faibles qu'eux, et les gardaient prisonniers dans leur maison, tant qu'ils n'avaient pas racheté leur liberté. Les choses en étaient venues au point que ceux qui étaient moins forts que leurs voisins étaient opprimés, écrasés ; il fallait absolument tuer l'oppresseur ou se faire tuer. Et la chose était bien facile, parce que quiconque n'avait pas alors continuellement avec lui une ou deux arquebuses à rouet (arme peu en usage auparavant), ne se croyait pas un homme. La cause de tous ces meurtres, de toutes ces calamités, c'est que le frein de la justice était inconnu dans l'île, et que chacun vivait à sa guise dans une licence absolue. A tant de calamités et de ruines vint encore s'ajouter une famine horrible, incroyable. Les récoltes avaient manqué pendant l'année, et le peu de grain qu'on avait recueilli avait été consommé pour les besoins de la guerre ; le blé avait monté au prix de quatre ou cinq écus le *stajo* (mesure (1) corse équivalant aux quatre cinquièmes de la mine), et encore n'en vendait-on qu'à des amis intimes.

Malgré tous ces désordres, la guerre n'était pourtant pas abandonnée. Vers le milieu du mois de février, un vaisseau et vingt-quatre galères faisant partie de la flotte du prince D'Oria, arrivèrent en Corse sous les ordres de Giovan Andrea, fils de Giovannettino D'Oria, auquel le prince voulait laisser sa succession. Giovan Andrea prit terre à St-Florent, et des

---

1) MS. de Ceccaldi : « ... misura corsesca minore *una quinta parte* della mena etc. » — Editions italiennes : « ... *una quarta parte* etc. »

trois compagnies italiennes qu'il amenait, il en envoya deux avec deux galères à Calvi ; l'une était commandée par Leonardo Giustiniano et l'autre par Giulio de Pontremoli ; la troisième qui était commandée par Domenico Buti, de Lucques, fut envoyée par terre à Bastia. Ces dispositions étaient à peine prises qu'Agostino Spinola, sur l'ordre du gouvernement génois et de l'Office, s'embarqua sur des frégates avec deux commissaires et quelques chefs corses et arriva au Cap ; là, il trouva deux galères qui l'attendaient et avec lesquelles il rejoignit l'escadre à St-Florent, laissant à Bastia, comme commissaire, Francesco Saulo, et Niccolò Pallavicino, comme colonel de l'infanterie. Après le départ d'Agostino Spinola, Giovan Andrea s'occupa, comme il en avait reçu l'ordre, de ruiner aussi promptement que possible les fortifications de St-Florent. Il continua dans le château une mine qui avait déjà été commencée ; mais la mine n'ayant eu aucun effet, il le fit démolir de son mieux à coups de canon.

Pendant que Giovan Andrea employait plusieurs jours à ruiner les ouvrages de St-Florent, ceux de Calvi, habitants et soldats, irrités contre Manomozzo qui ne cessait de les harceler, eurent tout à coup les moyens de se venger de tant d'affronts. Les deux galères, dont j'ai parlé plus haut, étaient arrivées dans le port avec les deux compagnies et le comte Alberico qui avait voulu voir Calvi avant son départ. Manomozzo aperçut quelques bestiaux qui paissaient non loin de la place, et poussé par son avidité ordinaire ou par son malheureux destin, il envoya quelques cavaliers pour les prendre. Des soldats sortirent de Calvi pour défendre le bétail, mais Manomozzo accourut au secours des siens, si bien que les Génois furent contraints de se retirer. Mais ils firent une seconde sortie, en plus grand nombre cette fois, et pour plus de sûreté, les galères se rapprochèrent du théâtre de l'action et firent plusieurs décharges d'artillerie. A la fin, les Français se débandèrent, et ne pouvant échapper autrement, ils se cachèrent de leur mieux dans les environs. Mais un certain nombre d'entre eux furent trouvés et faits prisonniers. Manomozzo avait avec lui une quarantaine d'hommes qui, à l'exception de deux, furent tous emmenés à Calvi. Les Gascons furent désarmés, comme à l'ordinaire, et remis en liberté; mais les Corses, qui se trouvèrent au nombre de quatorze, furent tous mis à la chaîne, à l'exception de Scipione de St-Florent que Martino Bozolo fit pendre. Manomozzo fut étranglé en prison. Son cadavre fut ensuite traîné dans les rues de la place et accablé d'outrages; après quoi il fut pendu par un pied, Manomozzo à peine fait prisonnier, avait été emmené par les deux galères à St-Florent (1).

Giovan Andrea D'Oria était encore devant cette place, lorsqu'il apprit que la flotte française déployait à Marseille une activité fébrile pour se mettre en état de transporter à Porto Ercole de l'infanterie et des vivres destinés à Sienne. Pour empêcher que cette place ne reçut un pareil secours (on pensait en effet que le siège tirait à sa fin et que la capitulation aurait lieu d'un jour à l'autre), Giovan Andrea partit si précipitamment qu'il laissa à St-Florent une grande quantité de vivres, dont les gens du pays s'emparèrent plus tard (2). Le démantèlement de St-Florent resta inachevé; parce que Giovan Andrea, avant de s'éloigner des côtes de Corse, alla d'abord à Calvi. Il en repartit après avoir mis à

(T. 301) (P. III, 499)

---

1) MS. de Ceccaldi : « Era stato portato il Manomozzo come fu preso » con le due galee a San Fiorenzo. »

2) MS. de Ceccaldi : « la quale fu poi preda dei paesani. » — Editions italiennes : « . . . la qual fu poi presa da' Francesi. »

mort Manomozzo (1). Arrivé à l'île d'Elbe, il donna quatre galères à Agostino Spinola et aux commissaires pour regagner Gênes ; puis, avec le comte Alberico et les autres Allemands qu'avait épargnés le climat malsain de St-Florent et qui, pour le moment, ne devaient plus combattre au service de Gênes, il passa à Piombino où il les débarqua. Les Allemands prirent le chemin de la Lombardie, tandis que Giovan Andrea allait se joindre, à la hauteur du mont Argentario, aux galères commandées par le prince D'Oria et aux galères napolitaines qui étaient venues pour veiller à la sûreté de ces côtes.

Les Français avaient fortifié en Corse le village de S. Antonino, en Balagne, où ils entretenaient quelques soldats pour tenir les Calvais en échec. Ils y transportèrent le canon qui avait été débarqué et laissé à l'Algaiola. D'un autre côté, à Bastia, Niccolò Pallavicino, par ordre de l'Office, travaillait sans relâche, quoique lentement, à fortifier cette place. Il y fit transporter une telle quantité de vivres que tout le Cap-Corse et les populations des montagnes, amies ou ennemies indistinctement, purent s'approvisionner pour leur argent. Elles avaient grand besoin de ce secours, parce que, s'il leur eût manqué, un grand nombre de personnes seraient mortes de faim. Bien que les Génois, en assistant ainsi les Corses, cherchassent à se les concilier, néanmoins ils n'avaient pas l'intention de se servir d'eux, pas plus que des Italiens. En effet, ils enlevèrent vers cette époque la garde de leur place aux compagnies italiennes et au Corse

(T. 301)   (P. III, 500)

---

1) MS. de Ceccaldi : « ... passò anco in prima a Calvi, *et ivi poi che fece morire il Manomozzo*, si partì etc. » — Filippini paraît avoir compris que Manomozzo fut exécuté à Calvi tout d'abord, et que ce fut son cadavre que l'on transporta à St-Florent. C'est sans doute pour cette raison qu'il a supprimé le passage souligné.

Giocante de la Casabianca qui les commandait. Giocante était alors d'un âge mûr ; sa fidélité ne s'était jamais démentie ; depuis vingt-cinq ans il commandait cette place avec le même grade. On leur confia la garde de la porte St-Thomas et celle du môle ; la garde de la place fut confiée à des Allemands.

Le roi de France agit en Corse d'une manière toute contraire ; il rappela de cette île Thermes et y envoya Giordano Orsino qui pouvait reprendre les armes, le délai que lui avait imposé le prince D'Oria à St-Florent étant expiré ; Giordano partit de Rome, au commencement de mars, avec le cardinal Alessandro Farnese et se rendit sur les galères de Baccio Martelli qui stationnaient à Porto Ercole. Il alla débarquer à Ajaccio et pendant les quelques mois que Thermes resta encore dans l'île, il refusa d'entrer en fonctions, à cause du respect qu'il lui portait. Le cardinal fit voile pour Marseille, d'où il se rendit par la poste à la cour. Il est vrai qu'il n'y fit pas un long séjour, parce que le pape Jules III étant venu à mourir le vingt-trois du mois susdit, il dut retourner immédiatement à Rome pour l'élection du nouveau pape ; après de longs démêlés, Marcel II fut nommé le neuf avril. Sur ces entrefaites, le baron de La Garde arriva à Ajaccio avec vingt-huit galères et sept compagnies françaises destinées à secourir Sienne. Le commandant de ces compagnies était Monseigneur Jean de Cros, originaire du Languedoc, qui s'était fait une grande réputation dans les armes (1). La Garde ayant appris à Ajaccio que le prince D'Oria bloquait le mont de Porto Ercole avec quarante-sept galères, n'osa pas s'aventurer de ce côté ; il débarqua l'infanterie et envoya une galère à Porto Ercole

(T. 302) (P. III, 502)

---

1) MS. de Ceccaldi : « ... *huomo di gran riputatione nella guerra.* » — Ces mots ont été omis dans les éditions italiennes.

pour demander au maréchal Strozzi s'il devait lui mener ce renfort.

En attendant la réponse, Thermes envoya trois compagnies en Balagne aux environs de Calvi, une autre à Bonifacio, et garda les trois autres avec lui à Ajaccio. La flotte avait amené en Corse Pier Giovanni, gendre de feu Giacomo Santo Da Mare, Altobello de Brando et Antonio, fils de Mariano de Bastia, qui avaient reçu à la cour des gratifications plus ou moins fortes, selon leurs services et leurs qualités, et auxquels des lettres patentes avaient confirmé tout ce que Thermes leur avait promis en Corse. Sampiero, qui avait été retenu, parce que le roi avait été informé par des gens malveillants (1) qu'il se comportait mal à l'égard de Thermes, écrivit à tous les principaux de l'île, pour leur demander de déclarer par écrit s'ils l'aimaient ou s'ils le haïssaient. Presque tous, par affection ou par crainte, envoyèrent à Sampiero l'attestation qu'il demandait. Après ces événements, la galère revint de Porto Ercole, et le baron de La Garde revint du Cap-Corse où il était allé pour essayer de prendre quelque vaisseau ennemi, sans emmener d'autre infanterie que l'effectif ordinaire des galères.

Jugeant qu'il était impossible d'aller à Porto Ercole et voulant obliger le prince D'Oria à abandonner le siège, assurés d'un autre côté que la flotte turque viendrait à leur secours dans un mois ou deux, Thermes, Giordano Orsino et le baron de La Garde songèrent à faire leur possible pour prolonger la résistance de Porto Ercole, dont on craignait la chute, et pour attirer ailleurs, comme je l'ai dit, le

(T. 302) (P. III, 503)

---

1) MS. de Ceccaldi : « . . . per havere già il Re *da malevoli* poi havuta
» informatione etc. » Les mots *da malevoli* ont été omis dans les éditions italiennes.

prince D'Oria. Ils envoyèrent donc par mer et par terre trois mille fantassins d'élite pour assiéger Calvi ; ils mirent en batterie devant la place sept canons et deux couleuvrines, y compris le canon de S. Antonino qu'ils firent apporter. Pendant deux jours, l'artillerie tira sans relâche, et le rempart était tellement endommagé que, sans un prompt secours, la forteresse courait grand risque de succomber.

Mais les calculs des assiégeants furent déjoués. Pendant ces mêmes jours, le 22 avril, Sienne contrainte par la famine se rendit et reconnut l'autorité du Duc, sous la protection de l'empereur, tout en conservant, comme auparavant, son titre de cité libre. Le Duc, au nom de l'empereur, mit dans la place une forte garnison de soldats espagnols ; il occupa ensuite la plupart des châteaux des états siennois, et se mit en marche pour Porto Ercole qui était une position fort importante. Le prince D'Oria se trouvait avec quarante-quatre galères à Livourne, et se disposait à aller attaquer Porto Ercole, pendant que les troupes s'y rendaient par terre, lorsque Martino Bozolo, commissaire de Calvi et colonel, le fit informer de la situation critique dans laquelle il se trouvait. D'Oria, sachant que les dangers pressants et soudains exigent une prompte résolution, fit voile pour Calvi avec ses quarante-quatre galères et avec un grand nombre de petites frégates appartenant à des pêcheurs de corail qui se trouvaient par hasard en sa compagnie (1).

Les galères royales, au nombre de dix-sept, surprises par l'arrivée de D'Oria, prirent le large ; Thermes, qui avait précisément alors disposé ses troupes pour donner l'assaut,

(T. 303) (P. III, 505)

---

1) MS. de Ceccaldi : « *Per il che con le dette quaranta quattro galee et* » *altre molte piccole fragate de corallatori che per sorte seco si trovava,* » *conoscendo etc.* » — Tous les mots soulignés ont été omis dans les éditions italiennes.

après avoir fait reconnaître la brèche et l'avoir jugée insuffisante se retira dans son camp, où il pensait que l'ennemi viendrait l'attaquer par terre. D'Oria n'avait amené avec lui que peu d'infanterie, aussi malgré la demande de ceux de Calvi, il ne jugea pas à propos de risquer une bataille sur terre. En effet, les Français étaient fortement retranchés, et d'ailleurs il avait atteint son but qui était de secourir la place. Ne voulant point s'éloigner avant de l'avoir mise en bon état de défense, il fit faire beaucoup de fascines pour remplacer les parties de mur ruinées par le canon ; et pendant que l'on travaillait à ces ouvrages, il se retira avec sa flotte à l'île de Balagne. Ses soldats débarquèrent et, étant allés à Monticello, ils rapportèrent la bâtarde que le capitaine de la galiote française, échouée quelque temps auparavant, y avait emportée pour empêcher les frégates de Calvi de s'en emparer. Pendant que l'on fortifiait Calvi avec des fascines, et que les Français se tenaient renfermés dans leur camp à Mozzello, D'Oria approvisionna sa flotte d'eau douce et se retira à la Torre di Spano. Il entretenait des intelligences dans le pays pour essayer de faire prendre les armes aux insulaires et de tailler en pièces, avec leur assistance, les troupes françaises. Chaque jour quelqu'un des siens descendait à terre pour mener ces négociations à bonne fin.

Giordano Orsino fut informé de ces intrigues. Il voyait bien que les populations restaient fidèles aux Français ; néanmoins pour rompre les desseins de l'ennemi et encourager les insulaires, il résolut de se signaler par quelque coup d'éclat. Il alla en personne à la tour de Spano avec environ vingt-cinq cavaliers et cent cinquante fantassins, et en vint aux mains avec les soldats qui étaient descendus en désordre des galères pour le combattre, au nombre d'environ six cents. C'étaient des Espagnols en grande partie. Les

(T. 303) (P. III, 506)

Français perdirent, il est vrai, quatorze hommes et dix-huit d'entre eux furent blessés par les galères qui, se tenant près de là, tiraient des coups de canon pour soutenir les leurs ; mais Giordano se comporta si vaillamment que les Espagnols eurent quatre-vingts morts et regagnèrent précipitamment la flotte, poursuivis jusqu'à leurs esquifs. Giordano ramenait au camp français soixante-trois prisonniers, parmi lesquels le capitaine des Espagnols qui fut blessé à la cuisse d'un coup d'arquebuse. Tous les prisonniers furent traités par lui avec humanité (1).

Le prince D'Oria n'attacha pas grande importance à cet incident. Après avoir fortifié Calvi, il y laissa une compagnie d'Italiens qui formait sa garde particulière, et fit voile pour Porto Ercole, afin de concourir au siège de cette place. Thermes, voyant qu'il n'y avait plus rien à faire pour le moment, laissa Giordano avec six enseignes à Mozzello, colline qui domine Calvi ; il renvoya l'artillerie à Ajaccio et s'y rendit lui-même avec le reste des troupes. Dix jours après, Giordano Orsino, ayant reçu l'avis que les négociations pour la paix ou pour une trêve, entamées entre le roi

(T. 304) (P. III, 508)

---

1) Nous donnons ici le texte du MS. de Ceccaldi qui diffère un peu de celui des éditions italiennes : « Venne alla torre di Spano in persona con
» circa venticinque a cavallo e 150 a piedi, et s'affrontò con quegli che
» delle galere per combatterlo erano scesi disordinati in numero di 600
» in circa, et buona parte i Spagnuoli erano. Nella qual zuffa Giordano si
» portò tanto gagliardamente, che finalmente i Spagnuoli (ancorche am-
» mazzassero intorno a 14 dei francesi, e che 18 fussero i feriti dalle ga-
» lee le quali a colpi di cannonate in appresso gli difendevano, havessero
» il favore) con morte di 80 dei loro, et essendo perseguitati fin' alli loro
» schifi sulla loro armata in fuga si ritornarono, conducendone Giordano
» al campo 73 prigioni, fra quali fu il capitano de' Spagnuoli ferito d'ar-
» chibugiata in la coscia, li quali tutti trattò humanamente. »

et l'empereur n'avaient pas abouti (1), quitta Mozzello ; il laissa la direction des affaires de Balagne et le commandement des troupes au capitaine de Cros, mestre de camp royal dans l'île, et alla par terre retrouver Thermes à Ajaccio.

Pendant que le prince D'Oria resserrait Porto Ercole par mer avec quarante-quatre galères, et que le marquis de Marignano, surnommé Medichino, le resserrait par terre avec dix mille hommes d'infanterie, le pape Marcel II vint à mourir. Son successeur fut Paul IV ; quelque temps avant l'investissement de Porto Ercole, celui-ci avait appelé son neveu Don Carlo Caraffa de cette place, où il était gouverneur au nom du roi de France, et l'avait ensuite élevé à la dignité de cardinal ; cette circonstance fit craindre aux Impériaux qu'il ne se montrât ouvertement favorable aux Français ; mais pour le moment, rien dans sa conduite n'autorisa à lui prêter ces sentiments.

Tandis que ces choses se passaient, un assaut livra Porto Ercole aux troupes ducales pendant le mois de juin ; on fit un carnage horrible des malheureux qui étaient enfermés dans la place. Parmi beaucoup d'autres, le comte Fiesco Ottobuono, banni de Gênes, fut fait prisonnier et exécuté sur les galères du prince D'Oria. Strozzi, qui était aussi dans la place, eut l'insigne bonheur de s'échapper et de gagner Civitavecchia. Le marquis, laissant à Porto Ercole une forte garnison, envoya une grande partie de son infanterie en Piémont, où Fernando Alvarez de Tolède, duc d'Albe, et Monseigneur de Brissac, l'un général de l'empereur,

(T. 304) (P. III, 509)

---

1) MS. de Ceccaldi : « ... havendo nova che il trattato della pace o tre-
» gua... restava vano etc. » — Le mot *vano* qui est le plus important a
été omis dans les éditions italiennes.

l'autre général du roi, guerroyaient ensemble en se signalant par de brillants faits d'armes. Comme ils se préparaient à se livrer une bataille en règle, on rassemblait partout des troupes, surtout le Duc, car dans le cours de la guerre Brissac avait occupé dans ce pays une grande partie des places qui appartenaient à l'empereur.

Tandis que ces événements avaient lieu en Italie, Thermes fit transporter une grande quantité de vivres à l'Algaiola par quinze galères qui les avait apportés de Marseille. Après quoi, à la fin du mois susdit, il laissa la direction de la guerre à Giordano Orsino, lieutenant du roi dans l'île. Lorsqu'il allait quitter la Corse, les compagnies corses d'Ajaccio et quelques compagnies gasconnes firent du tumulte, et demandèrent qu'avant de partir, il leur payât treize soldes qui leur étaient dues. Il fut obligé de leur en payer neuf, après quoi, grâce à l'intervention de Giordano Orsino, les soldats se calmèrent. Thermes fit voile pour la Provence, afin de se rendre à la cour, comme il en avait reçu l'ordre. Giordano se trouvait donc commandant en chef des troupes royales dans l'île. Les populations se montrèrent fort satisfaites de son administration, parce qu'il les gouvernait avec beaucoup d'humanité et de prudence et savait ce que demandaient de lui son autorité et son grade.

D'autre part, à Bastia, Niccolò Pallavicino, voyant que les rigueurs exercées par les Génois dans la guerre précédente contre les populations de l'île leur avaient causé de grandes dépenses et de nombreuses pertes, jugea convenable de renoncer à des mesures si sévères et si impitoyables et de recourir à la clémence et à la bienveillance. Après avoir secouru indistinctement toutes les populations en leur fournissant du blé, il fit l'accueil le plus bienveillant à tous ceux qui allaient à Bastia ; il ne permettait pas qu'on les inquiétât pour des dettes, pour des objets dérobés précédemment ou pour quelque autre délit. Et afin de mieux atteindre son but, qui était de regagner l'affection des populations, il envoya demander à Gênes, à l'Office, de publier un édit, d'après lequel on ne pourrait, pendant un an, inquiéter personne pour les raisons susdites. L'Office fit plein droit à cette requête, et félicita Pallavicino de cette mesure. Pour l'encourager à persévérer dans cette voie, il l'autorisa à accorder un pardon général, dont les quinze rebelles seuls devaient être exclus.

Pallavicino publia l'édit et le pardon ; puis il envoya dans toutes les pièves du Deçà des Monts une proclamation invitant les populations qui désiraient se mettre sous la protection de Gênes à venir dans un délai déterminé jurer fidélité au gouvernement génois. Un grand nombre de Corses, surtout des *marine*, se rendirent à Bastia. Cette démarche donna fort à penser à Giordano Orsino qui était à Ajaccio ; il savait combien les événements de la guerre sont incertains, combien la fortune est inconstante ; il craignait que les populations, changeant de sentiment, ne se tournassent contre la couronne royale. Et ses craintes étaient bien fondées, parce qu'il y en eut fort peu parmi les principaux habitants de l'île qui n'entrèrent pas, secrètement ou ouvertement, en négociations avec Niccolò pour retourner sous l'autorité des Génois; tellement Niccolò, favorisé encore par l'absence de Sampiero, avait su par sa bienveillance et par ses manières obligeantes gagner l'affection des Corses ! tellement le zèle des populations pour les Français semblait se refroidir ! tellement les populations, au moindre accident, sont toujours prêtes à désirer un changement de fortune !

(T. 304)   (P. III, 512)

Lorsqu'une guerre éclate entre les princes et que les peuples se montrent plus favorables à celui qui provoque qu'à celui qui est provoqué, ils se laissent ordinairement déterminer par de puissantes raisons dont voici les principales : l'un a un empire plus étendu, des forces plus imposantes que l'autre ; il sait mieux se concilier l'affection ; il se montre résolu à pousser jusqu'au bout l'entreprise ; avec lui, il y a plus de récompenses à attendre après la victoire. Mais la raison qui prime toutes les autres, c'est le plaisir de changer de condition. Les populations de la Corse avaient obéi à toutes ces raisons au commencement de la guerre. Les Français, maîtres partout, avaient deux flottes considérables sur mer et une puissante armée sur terre ; ils honoraient les populations, surtout les chefs, en leur conférant des dignités et se les attachaient en leur donnant les biens des ennemis ; ils leur montraient le succès comme assuré et encourageaient leur zèle en leur faisant sans cesse des promesses. Aussi les populations, naturellement avides de nouveauté, comme je viens de le dire, prirent-elles les armes en masse contre les Génois.

Leur dévouement pour les Français s'accrut encore lorsqu'elles virent les Génois déclarer chaque jour rebelle quelque Corse, confisquer leurs biens, brûler impitoyablement leurs villages, pendre, condamner aux galères et se montrer ennemis acharnés du nom corse. D'un autre côté, les Français les exemptaient de tout impôt, les affranchissaient de leurs dettes, fermaient les yeux sur leurs méfaits, se les attachaient par de riches dons, en un mot les traitaient aussi bien que possible. Aussi, lorsque plus tard les Génois revinrent dans l'île avec des forces imposantes et prirent St-Florent, les Corses, tout en voyant leur puissance, ne prirent pas les armes en leur faveur. Une première raison, c'est qu'ils avaient juré depuis peu fidélité aux Français, et que les faveurs qu'ils en avaient reçues étaient encore récentes; une autre, c'est que les Génois n'avaient pas encore étouffé leur ressentiment et ne pouvaient le dissimuler malgré leurs efforts; voilà pourquoi presque tous les Corses restèrent fidèles au parti royal. Mais à l'époque où j'en étais arrivé à la fin du livre précédent, les affaires de l'empereur étaient redevenues plus florissantes en Toscane, celles du roi paraissaient moins brillantes en Corse, et les Génois semblaient avoir oublié leurs rancunes. Les populations craignant que l'île ne rentrât bientôt sous la domination génoise, et regardant comme le plus honnête le parti qui était le plus sûr, se seraient volontiers remises sous l'autorité de Gênes, si elles eussent pu compter sur un pardon absolu. Les choses se seraient sans doute passées ainsi, car les Génois, ne voulant pas laisser perdre une si belle occasion, réunirent, aussitôt après la chute de Sienne, des troupes, des munitions et tous les approvisionnements nécessaires pour commencer le siège d'Ajaccio, et nommèrent Visconte Cicala commandant de l'expédition; ils avaient précédemment envoyé, par précaution, à Calvi trois cents fantassins embarqués sur quinze galères. Quelques galiotes turques prirent alors une galiote génoise, qui avait été armée quelques jours auparavant pour les besoins de la guerre de Corse. Mais pendant que les Génois se disposaient à enlever, avec leurs forces, Ajaccio aux Français, une force plus grande que les leurs non seulement leur fit perdre l'espoir d'attaquer aucune place, mais leur fit même craindre de perdre Bastia et Calvi. Le 12 juillet, une puissante flotte turque de cent bâtiments, les uns soudoyés, les autres partis volontairement, arriva à l'improviste à Porto Ercole. Elle venait comme alliée du roi de France et avait pour chef Cassim Bassa, jeune homme sans expérience, auquel Soliman, le Grand Seigneur, avait pour cette raison adjoint comme lieutenant Dragut, qui était au contraire d'une expérience consommée et avait commandé à plusieurs reprises des flottes dans ces mers. La flotte turque n'avait relâché qu'une seule fois, dans le royaume de Naples, où elle avait saccagé Paola, faisant de nombreux prisonniers et un butin considérable. Elle se présenta devant Porto Ercole qu'elle trouva, contrairement à son attente, au pouvoir des Impériaux; voyant qu'il n'y avait rien à faire de ce côté, elle cingla vers Piombino qu'elle pensait occuper sans difficulté.

Le commandant de cette place était alors Chiappino Vitelli, jeune homme plein de résolution et de bravoure, qui était arrivé quelques jours auparavant, envoyé par Cosme, Duc de Florence. Chiappino informa immédiatement de la présence de la flotte turque les compagnies allemandes qui formaient un effectif de quatre mille fantassins logés à Campiglia, et la cavalerie ducale forte de cinq cents chevaux, qui se trouvait à quelques milles. Ces troupes se mirent aussitôt en marche pour Piombino; Chiappino, de son côté, fit une sortie avec les quelques cavaliers qu'il avait et avec les habitants de la place. Les Turcs, qui étaient descendus à terre au nombre de quatre mille, avec Dragut lui-même, se trouvèrent enveloppés par ces forces. Resserrés de tous côtés, ils prirent la fuite, laissant sur le terrain plus de quatre cents morts et poursuivis jusqu'à leurs galères; ceux qui arrivèrent les premiers purent s'estimer heureux. Après avoir éprouvé cet échec inattendu, la flotte turque s'éloigna et s'en alla à l'île d'Elbe, où elle resta plusieurs jours sans faire aucune tentative; le 27 juillet, elle arrivait en Corse.

Le roi était résolu d'en finir avec l'expédition de Corse.

(T. 307) (P. IV, 10)

Pier Giovanni Da Mare s'était rendu par le Cap-Corse au golfe de St-Florent, pour visiter la seigneurie qui devait lui revenir si les Français étaient victorieux (1). Pier Giovanni était le seul des enfants légitimes de Giacomo Santo qui survécût. Encouragé par la présence de la flotte turque, il passa avec une centaine d'hommes à St-Florent et se rendit sur la galère de Cassim Beglierbei. Il lui exposa qu'il était un serviteur dévoué du roi, et le pria de lui donner quelque gage de sûreté pour que les galiotes volontaires ne fissent point de dégâts dans son pays. Beglierbei lui donna en guise de patente une de ces flèches que le Grand Seigneur, pour se distraire, fait de sa propre main, et dont il se servait ordinairement pour faire comprendre ses ordres aux siens, au lieu de les exprimer de vive voix.

Mais après le départ de Pier Giovanni, les galiotes volontaires, en passant par le Cap-Corse, pillèrent et brûlèrent le pays sans le moindre égard, et firent un nombre considérable de prisonniers. Pier Giovanni espérant obtenir la liberté de ses vassaux, monta avec quelques-uns des siens sur une frégate pour rejoindre la flotte qui, après s'être réunie dans le golfe à trente-deux galères françaises venues de Marseille, avait fait voile avec elles pour Calvi, dans l'intention de s'emparer tout d'abord de cette place. Il avait à peine traversé le golfe de St-Florent, qu'il fut pris par une galiote et retenu jusqu'au soir; mais ayant montré le gage que lui avait donné le commandant en chef de la flotte, il fut relâché. Pour ne pas retomber entre les mains des

---

1) MS. de Ceccaldi : « ..... il quale era desideroso di vedere il
» stato che, vincendo i Francesi, gli spettava etc. » — Éditions italiennes :
« ... il qual desiderava di veder il suo stato libero, e che vincendo i
» Francesi gli aspettava etc. » Nous suivons le texte du manuscrit.

infidèles, il cingla en toute hâte vers la côte, parce qu'une autre galiote qui accompagnait la première s'était mise à sa poursuite. Pier Giovanni, qui n'était encore qu'un tout jeune homme, eut peur et sauta précipitamment à terre. Puis voyant qu'un grand nombre de Turcs couraient après lui pour le prendre, il s'enfuit avec ses compagnons par les sentiers difficiles de l'Agriata. Mais sa frayeur était si grande qu'il tomba mort en fuyant.

Arrivées devant Calvi, les deux flottes alliées débarquèrent, l'une l'infanterie turque et l'autre quatre compagnies qu'elle avait amenées de Provence. Giordano Orsino (1), qui était déjà devant la place, fit encore venir les douze autres compagnies qui étaient partie en Balagne, partie à Ajaccio. Il voulait que l'on assiégeât Bastia avant Calvi, estimant que la première place serait plus facile à prendre et que la possession en serait plus profitable aux intérêts français dans l'île. Mais Cassim Bassa, sur les conseils de Dragut, ne voulut jamais aller à Bastia, alléguant que cette place était sur une plage et n'avait pas de port. On ne saurait dire si Dragut donnait ces conseils par ignorance ou par malignité. Les flottes débarquèrent trente-cinq canons de siège, bien qu'il n'y en eût jamais plus de vingt-un, sept français et quatorze turcs, qui battissent les murs. Quand les tranchées furent faites, les assiégeants établirent des canons sur une seule ligne, depuis l'endroit où était l'église Saint-Fran-

(T. 308) (P. IV, 13)

---

1) MS. de Ceccaldi : « ..... e l'altra quattro insegne che di Pro-
» venza arrecate haveva, facendovi Giordano Orsino (il quale ivi inanzi
» era arrivato) le dodeci insegne etc. » — Le texte de l'édition de Tournon est à peu près le même que celui du MS. de Ceccaldi ; celui de l'édition de Pise a subi une modification fâcheuse : « ... e l'altra quattro in-
» segne di Provenza, che portate aveva Giordano Orsino (il quale ivi innanzi
» era arrivato, facendovi etc. »

çois jusqu'à l'église Sainte-Marie, c'est-à-dire sur une ligne qui enveloppait Calvi par terre, l'autre partie étant entourée par la mer. C'était surtout Dragut qui, du côté des Turcs, n'épargnait pas la fatigue pour diriger les opérations du siège. Après qu'il eût mis ordre à toutes choses, ses canons déchaînèrent sur la ville un ouragan terrible et épouvantable, qui n'épargnait pas plus les maisons particulières que les remparts.

Les assiégés résistaient bravement, car il y avait dans la place, outre Martino Bozolo, Leonardo Giustiniano, surnommé le Grechetto, et d'autres vaillants capitaines. Dans ces mêmes jours était également arrivé Giulio Spinola avec le titre de commissaire et de colonel de la *Signoria*; c'était un homme d'un grand talent et d'une grande intrépidité (1). L'expérience leur ayant appris, au mois de mai précédent, que le mur d'enceinte ne pouvait offrir que peu de résistance, parce qu'il était nouvellement bâti et que les canons français se trouvaient fort rapprochés, ils avaient élevé à l'intérieur quelques bastions en terre ainsi que d'autres ouvrages de défense. De cette façon, ce fut en vain que le mur d'enceinte s'écroula en peu de temps sous les coups redoublés de

---

1) MS. de Ceccaldi : « Resistevano con animo intrepido quei di dentro,
» imperoche vi era oltre a Martino Bozolo Leonardo Giustiniano cognomi-
» nato il Grechetto et altri valenti capitani. E vi era in quei giorni arrivato
» Quilico Spinula mandato commissario e colonnello dalla signoria il quale
» era huomo di grande ingegno e di audacissimo cuore. » — Filippini a complété ainsi ce passage, mais un peu aux dépens de la clarté : « Erano
» nella fortezza per i Genovesi alla difesa di quella, Martino Bozolo com-
» messario, e colonello; e con quella medesima autorità Quilico Spinola,
» il Grechetto sergente maggiore d'ottocento fanti; detto Leonardo Gius-
» tiniano; Vincente Bianco, Battista Casanova, Oberto Spinola, Battista da
» Massa tutti capitani con le loro compagnie; e Pantaleo Selvago capo de'
» terrazzani; i quali tutti resistevano con animo intrepido. »

l'artillerie ; les assiégés ne s'en trouvèrent pas moins forts pour prolonger la résistance pendant de longs jours.

Sur ces entrefaites, quelques chefs corses arrivèrent dans le camp des assiégeants ; mais ils n'amenaient plus des partisans nombreux comme auparavant. Orsino, qui n'avait que peu d'argent et peu de vivres, leur avait fait comprendre qu'ils ne devaient venir qu'avec une faible escorte ; d'ailleurs les populations, qui avaient pris si souvent les armes, commençaient à se lasser. Giacopo de Bozzi se rendait au camp français avec des partisans du Delà des Monts, lorsqu'au delà de Calvi, il fut assailli et tué avec tous ses compagnons par un parti de Turcs qui était descendu des galères volontaires et cherchait des rafraîchissements dans ces endroits écartés. Un seul Corse s'échappa blessé des mains des Turcs et alla porter au camp français la nouvelle du massacre. Ce fut alors entre les chrétiens et les Turcs une haine qu'on ne saurait s'imaginer ; quiconque était rencontré à l'écart par les soldats de l'autre nation était tué en secret ou réduit en esclavage. Lorsque l'on vit, contre toute attente, paraître cette flotte si redoutable, l'épouvante régna sur toutes les côtes des pays soumis à l'empereur. En vain Calvi était-il fortifié par la nature et défendu encore par de gros bastions élevés récemment, on ne pouvait croire qu'il y eût une forteresse capable de résister à de pareilles forces. La ville de Gênes s'était mise en état de défense avec toutes ses Rivières, ainsi que les Etats de Cosme de Médicis, Duc de Florence, le royaume de Naples, la Sicile, la Sardaigne, les Etats de l'Eglise, les Vénitiens, quoique neutres, en un mot, la chrétienté tout entière. Andrea D'Oria, qui n'était pas rassuré davantage, s'était retiré à Naples avec une grande partie de la flotte impériale. Chacun craignait de se voir attaqué par des forces si terribles après la chute de Calvi, et se préparait à la résistance.

(T. 309) (P. IV, 16)

Mais celui qui parmi les commandants des villes, des châteaux ou des forteresses déployait le plus d'activité était Niccolò Pallavicino ; se voyant trop faible à Bastia pour résister à une pareille flotte, il se fortifiait sans se reposer ni jour ni nuit, car il était certain que la seconde place attaquée serait celle qu'il commandait. Outre une compagnie que le comité des affaires de la guerre ajouta aux autres compagnies italiennes, Pallavicino ordonna à de nombreux capitaines corses de faire des levées. Ces capitaines étaient Alfonso et Orazio Gentile d'Erbalunga ; Marc'Antonio et Anton Francesco de Bastia ; Sansonetto et Rinuccio de Biguglia ; Pier Andrea de Belgodere ; Niccolò de Levie ; Niccolò de' Fornari, né et élevé en Corse. Francesco Maria, de la piève d'Alesani (1), s'étant rendu à Bastia, Niccolò et le commissaire, afin d'encourager les autres à imiter son exemple, lui firent lever aussi une compagnie. Tous ces capitaines réunirent environ cinq cents Corses.

Pendant qu'on se mettait ainsi sur tous les points en état de défense, Calvi avait beaucoup à souffrir. Onze mille coups de canon, tirés sans interruption par les assiégeants, avaient ruiné la grande tour et tous les ouvrages de défense et ouvert dans la muraille une large brèche. Bien que les assiégés n'eussent rien perdu de leur courage, les Français s'imaginèrent qu'ils pouvaient emporter la ville, et sans attendre les ordres ni les instructions de leurs chefs, ils lui livrèrent un assaut terrible. En voyant le désordre de cette attaque, Giordano fit prendre les armes aux autres Français et les lança contre la place avec le reste de ses troupes. Un grand nombre de Corses se joignirent aux assaillants pour

(T. 309) (P. IV, 17)

---

1) MS. de Ceccaldi : « dalla pieve de Alessani. » — Editions italiennes : « dalla Piova d'Alesciani. »

leur compte personnel, et parmi eux Achille de Campocasso se signala d'une manière particulière. C'était le 10 août, jour de Saint Laurent. Mais les assiégés, exposant sur les murailles une image de notre Rédempteur crucifié, opposèrent une résistance merveilleuse à la furieuse impétuosité des assaillants. Ils mirent le feu à plusieurs mines préparées d'avance à cet effet, si bien que les Français, malgré tout leur courage, après avoir eu plus de cent morts et plus de deux cents blessés, furent repoussés, Dragut n'ayant pas voulu faire avancer les Turcs pour qu'ils donnassent l'assaut à leur tour. Giordano, qui ne voulait pas laisser à ceux de la place le temps de respirer, était résolu de continuer à battre les murs avec l'artillerie, et comme il avait été informé que l'artillerie avait fait beaucoup de mal aux Calvais, il voulait encore livrer de nouveaux assauts (1), fatiguer les assiégés et les user ainsi peu à peu, en un mot ne rien épargner pour pénétrer dans la place. Mais pendant la nuit, avant qu'on s'aperçût de rien, Dragut, soit qu'il fût mécontent, soit qu'il eût quelque dessein secret, avait rembarqué toute son artillerie sur la flotte et levait l'ancre pour s'en aller.

(T. 310) (P. IV, 19)

---

1) MS. de Ceccaldi : « Non voleva l'Orsino (lasciar) respirar in modo alcuno » quei di dentro, onde haveva disegnato continovare la batteria, et essendo » avvertito che quelli dentro erano stati dalla sua artigliaria molto maltrat- » tati, fargli dare ancora degli altri assalti, o così straccarli etc. » — Editions italiennes : « Non volendo l'Orsino lassar respirar in modo alcuno » que' di dentro, onde haveva disegnato continuar la batteria, et essendo » avvertito da uno di quei di dentro, detto Tomaso di Trevisi, che fuggito » se n'era a un' hora di notte che la sua artigliaria haveva molto maltrat- » tati gli stretti nimici, il qual Tomaso fu causa di far battere il cavalier » novo, e nel castello anchora voleva fargli dar degli altri assalti, è cosi » straccargli etc. »

Fort étonnés de cette conduite, Giordano et le baron de La Garde se rendirent aussitôt auprès de lui et auprès de Beglierbei. Ils les prièrent de rester pour leur donner le temps d'occuper Calvi, qui était déjà presque entre leurs mains, de ne pas s'éloigner ainsi tout à coup et d'épargner une pareille flétrissure à leur réputation et à celle du Grand Seigneur. Mais ils ne purent les décider à différer leur départ; ils obtinrent seulement que la flotte turque se rendrait devant Bastia, où l'on espérait être plus heureux en essayant de prendre cette place, comme l'avait voulu tout d'abord Giordano. Les Turcs promirent d'y employer toutes leurs forces, parce qu'ils jugeaient l'entreprise facile. Les deux flottes s'éloignèrent donc de Calvi et firent voile pour Bastia, emmenant toute l'infanterie française, à l'exception de deux cents Gascons que Giordano envoya à l'Algaiola pour garder les importants approvisionnements de vivres qu'on y avait déposés.

Calvi était ainsi sauvé contre tout calcul humain. Le commissaire qui était dans la place se hâta d'informer Niccolò, à Bastia, de ce qui s'était passé, et de l'avertir que les flottes ennemies se rendaient de son côté. A cette nouvelle, Niccolò fit aussitôt partir des envoyés pour Gênes. Il avait fait de grands travaux dans l'intérieur de la place; une casemate extérieure protégeait au midi la courtine dans toute sa longueur; un rang de maisons avait été abattu de ce côté pour ménager une retraite. Niccolò avait en outre établi tous les capitaines dans des endroits convenables et formé des postes pour secourir les points menacés; il était bien résolu à ne pas moins se distinguer que les défenseurs de Calvi. Dès que les flottes furent arrivées à Testa di Sacro, où l'on commence à apercevoir Bastia (c'était le 16 août), Niccolò fit aussitôt brûler un grand nombre des maisons du bourg extérieur, appelé, comme je l'ai dit, Terravecchia, pour que les Français ne pussent s'y loger. Puis, lorsque les galères commencèrent à se rapprocher de la place, afin de montrer qu'il ne les craignait pas, il fit tirer sur elles plusieurs coups de canon. Mais celles-ci, faisant un long détour, allèrent prendre terre à l'embouchure de l'étang, à trois milles de Bastia, du côté du midi. Les compagnies françaises débarquèrent dans cet endroit et marchèrent aussitôt sur la place pour mettre à l'épreuve le courage des soldats génois. Ceux-ci firent une sortie vigoureuse, et il s'engagea une escarmouche qui dura assez longtemps.

Après cette escarmouche dans laquelle ils perdirent deux capitaines, les Français ayant bien reconnu la place et repoussé les soldats génois, prirent l'église Saint-Roch, située au midi sur une éminence voisine des remparts. Les Génois en avaient fait un poste avancé et l'avaient fortifiée quelque peu; le capitaine Butino, de Lucques, que Niccolò y avait mis avec quelques soldats, fut fait prisonnier. Giordano avait déjà commencé à faire des tranchées et à débarquer l'artillerie pour battre la place; il avait déjà conduit à la Guardiola deux canons et deux moianes, et il commençait à tirer sur les ouvrages, quoique faiblement, s'imaginant que les Turcs en feraient autant de leur côté, comme ils l'avaient promis. Mais soit lâcheté, soit mauvaise volonté, ils ne voulurent jamais débarquer ni infanterie, ni artillerie. Au bout de deux jours, ils s'en allèrent avec toute leur flotte à Erbalunga, où ils firent la Pâque, suivant leur usage. Giordano, reconnaissant que les Turcs ne lui servaient qu'à assurer sa supériorité sur mer, sans qu'il pût compter autrement sur eux, ne sachant que faire parce qu'il était trop faible à lui seul, laissa ses troupes à terre, en logea une partie à Terravecchia, au bas de la colline, dans les maisons qui n'avaient pas été brûlées, et l'autre partie dans l'église Saint-Roch, pour y attendre des renforts de France. Il voulait aussi apprendre quelles étaient les intentions des Turcs de la bouche du baron de La Garde, qui, au nom de tous les deux, s'était rendu auprès d'eux pour se plaindre de leurs procédés peu délicats. Il fit continuer les tranchées et voulait les pousser assez loin pour saper un bastion, entreprise qui lui paraissait facile. En même temps il nommait quelques capitaines corses pour avoir des forces plus nombreuses et venir plus facilement à bout de son dessein. Mais ces capitaines n'ayant pu réussir à former leurs compagnies, je ne les nommerai point.

Pendant que les assiégeants battaient mollement les ouvrages de défense, le bastion qui faisait face à l'église Saint-Roch, entièrement construit avec des pierres et du bois, n'avait pas encore reçu vingt coups de canon, qu'il s'écroula en grande partie. La frayeur s'empara alors des assiégés et ils travaillèrent jour et nuit à se fortifier de leur mieux. Français et Génois se livraient de temps en temps de terribles escarmouches. Une fois entre autres, les Génois attaquèrent Giordano dans les tranchées, forcèrent un corps de garde, jetèrent à terre quelques tonneaux que les Français avaient placés pour leur servir de défense, et les chargèrent si vivement qu'ils les obligèrent à se retirer. Souvent aussi les escarmouches étaient légères et se terminaient sans grande perte pour les deux partis. Ceux de la place n'étaient pas d'ailleurs resserrés de bien près, et opéraient leur retraite sans la moindre difficulté.

Pendant que ces choses se passaient, et que Giordano Orsino, avide de gloire, travaillait à établir des pièces d'artillerie dans d'autres endroits, espérant avoir tout l'honneur de l'entreprise, parce qu'il lui était arrivé de Marseille quatre galères chargées de munitions avec quatre cents pionniers, le vingt-trois du mois susdit, la flotte turque, qui était revenue après avoir fait la Pâque, s'éloigna de l'île sans prendre congé. La cause de ce départ ne fut pas connue exactement. Quelques-uns prétendent que le Grand Seigneur ne l'avait pas autorisée à rester plus longtemps, [opinion peu vraisemblable, car (1) les Turcs n'étant point fatigués, avaient refusé le concours que l'on devait attendre d'eux. S'ils avaient voulu se donner quelque peine, on peut croire que dans cet espace de temps, ils auraient pris l'une ou l'autre place]. Suivant d'autres, les places attaquées leur auraient paru trop difficiles à prendre, opinion que je n'admets pas davantage. Quelques-uns ont dit que le roi avait fait demander au Grand Turc de ne pas nommer Dragut commandant en chef de la flotte, et que celui-ci indigné avait voulu venir comme lieutenant pour empêcher le roi d'en tirer parti ; il aurait demandé des vivres pour la flotte, sans avoir pu en obtenir ; il se serait plaint de n'avoir pas eu de rafraîchissements pendant un si long voyage, et serait parti mécontent à cette occasion. On ne manqua pas de dire aussi qu'il avait reçu de l'argent des Génois, ou du duc de Florence ou des Impériaux. [Suivant moi (2), le mécontentement de Dragut vint de ce que ce caractère altier, intraitable et surtout avide du gain, aurait voulu donner à Calvi le premier assaut, avoir à discrétion entre ses mains les personnes et les biens, ou obtenir la promesse d'une riche récompense, comme il l'avait obtenue de Thermes l'année précédente à Bonifacio]. Quoiqu'il en soit, la flotte turque s'éloigna aussi vite qu'elle était venue et alla se ravitailler en Sardaigne. Là, Beglierbei et Dragut écrivirent chacun une lettre au roi de France pour expliquer leur conduite, puis ils s'en allèrent à Constantinople.

En voyant un départ si soudain, Giordano fut longtemps

(T. 312)   (P. IV, 25)

1-2) Les passages entre crochets ont été ajoutés par Filippini.

à se remettre de sa surprise et de son étonnement; mais sachant par expérience combien il est dangereux et funeste de compter pour le succès d'une entreprise sur les forces des alliés, surtout quand ils sont de mœurs et de religion contraires, sachant aussi que les armes ne triomphent point sans la religion, laquelle, à elle seule, peut vaincre sans armes, il résolut de s'éloigner de Bastia au plus tôt. Il licencia donc les quelques soldats corses que les nouveaux capitaines avaient recrutés, ainsi que les autres Corses, chefs ou gens du peuple, qui s'étaient joints à lui, fit descendre toute l'artillerie sur le rivage, l'embarqua sur la flotte française, et contournant le Cap-Corse, il gagna le golfe de Saint-Florent. Il s'y arrêta trois jours, pendant lesquels il donna quelques vivres aux caporaux du Nebbio, ce qui lui attira des embarras. En effet, les populations du Nebbio, qui croyaient avoir autant de droit que les caporaux à obtenir des vivres, n'ayant pu en avoir, se fâchèrent contre les Français et tuèrent un grand nombre de Gascons qu'ils rencontrèrent dans ce pays par groupes isolés. Giordano remit en liberté Butino de Lucques, avec les soldats génois qui avaient été pris dans l'église Saint-Roch le premier jour du siége de Bastia (1); puis il quitta Saint-Florent avec la flotte et l'infanterie et retourna à Ajaccio. Il se mit à fortifier cette place avec toute le diligence possible, et le baron retourna à Marseille avec la flotte.

Bien des gens s'étonnèrent du retour précipité de Giordano dans le Delà des Monts, car il semblait qu'il eût pu s'arrêter dans le Deçà, et puisqu'il n'avait pu s'emparer de Calvi ni de Bastia, construire au moins un fort près de

---

1) MS. de Ceccaldi « la prima giornata *dell' oppugnatione della Bastia* » etc. » — Les mots soulignés manquent dans les éditions italiennes.

chacune de ces places pour les tenir en échec, ou encore rebâtir Saint-Florent, et protéger ainsi les gens du pays. Beaucoup pensaient aussi, et le baron de La Garde le premier, que, si l'on eût agi ainsi, les affaires du roi s'en seraient trouvées beaucoup mieux et que les populations auraient été beaucoup plus zélées qu'elles ne l'étaient alors. Mais comme je demandai moi-même à Giordano quelques explications qu'il me donna, je vais les rapporter ici (1). Il me dit donc qu'il n'avait pas d'argent pour faire construire des forts, que ses soldats étaient malades, presque tous blessés (2), n'étaient pas payés, puisqu'on leur devait la solde de plusieurs mois ; qu'en prenant les mesures qu'on lui indiquait, il se serait attiré la guerre sur les bras. En effet, les Génois et les Impériaux, en le voyant s'obstiner au siège de leurs places fortes, n'auraient pas manqué de venir les secourir; or Giordano, à cause des difficultés indiquées plus haut, n'aurait pu leur résister. Les ennemis, le voyant si faible, lui auraient fait volontiers la guerre pour ne point perdre une si belle occasion, tandis qu'en se retirant à Ajaccio, il avait fait reprendre des forces à ses soldats fatigués. Les Génois, satisfaits des résultats qu'ils avaient obtenus pendant cette année, ne cherchèrent pas à continuer la guerre en Corse, parce qu'ils n'avaient pas de flotte à leur disposition, et l'empereur, voyant que les places génoises n'étaient plus assiégées, voulut se servir de sa flotte pour ses propres affaires.

(T. 313) (P. IV, 28)

---

1) MS. de Ceccaldi : « Ma havendogliene io domandato la causa et
» havendomela detta, ho giudicato al proposito farla sapere. Mi disse dun-
» que lui etc. » — On lit simplement dans les éditions italiennes : « Ma
» essendo da qualche particolare domandato, rispose che egli etc. »

2) MS. de Ceccaldi : « et che la fanteria era ammalata *et ferita quasi*
» *tutta* et non era pagata etc. » — Les mots soulignés ont été omis dans
les éditions italiennes.

Les Corses qui s'étaient armés en faveur du roi, voyant la tournure qu'avaient prise les affaires, restèrent profondément découragés; jamais homme ne regretta d'avoir perdu un objet qui lui appartenait autant qu'ils regrettèrent de n'avoir pas acquis ce qui appartenait à autrui. Se sentant privés d'appui, beaucoup d'entre eux envoyèrent de nouveau demander pardon à Niccolò à Bastia, et à Quilico à Calvi. Ceux-ci, tout heureux de voir la situation aussi prospère, leur firent espérer le pardon; ils écrivirent à Gênes pour exposer l'état des choses, engagèrent la *Signoria* et l'Office à accorder un pardon général et à battre le fer pendant qu'il était chaud.

Les Génois apprirent ces nouvelles avec grand plaisir; ils n'auraient pas manqué de faire des préparatifs pour aller assiéger Ajaccio, mais ils attendirent pour les raisons exposées plus haut. D'ailleurs les affaires du roi étaient plus florissantes en Piémont, qu'en Corse; son armée avait pris d'abord Casale malgré les Impériaux, puis emporté d'assaut Ulpiano, où le sang avait coulé à flots. Les populations riches sont en effet exposées aux coups d'ennemis plus nombreux.

De nouveaux troubles naquirent encore sur d'autres points. Vers ce même temps, le pape, à Rome, avait en plusieurs circonstances laissé voir sa sympathie pour les Français; aussi plusieurs seigneurs appartenant au parti impérial avaient-ils excité contre lui, à cette occasion, quelques soulèvements. Le pape se hâta de prendre à sa solde des troupes nombreuses, tandis que le vice-roi de Naples ainsi que Cosme de Médicis, duc de Florence, ignorant de quel côté le pape méditait une attaque, se hâtèrent, de leur côté, de soudoyer par précaution autant de troupes qu'ils purent. Mais ces trois armées restèrent plusieurs jours sans franchir leurs frontières respectives, chacune d'elles attendant une provocation. Andrea D'Oria ne jugea pas à propos de s'éloigner de Naples avec une partie des galères impériales (1) tant que le pape n'aurait pas posé les armes ou fait quelque mouvement ; il craignait d'ailleurs une révolte de ce côté.

Pour le moment, les Génois ne pouvaient donc, comme ils le désiraient, entreprendre le siège d'Ajaccio, dont le succès était, de l'aveu général, assuré, si l'expédition avait eu lieu à cette époque. En effet, si les Génois avaient transporté dans l'île des forces imposantes, les populations auraient pris partout les armes en leur faveur, [surtout (2) en l'absence de Sampiero qu'elles n'attendaient presque plus, en voyant que son retour avait tant tardé]. Ces dispositions des populations commençaient à se manifester par certains symptômes ; aussi les Gascons que Giordano Orsino avait laissés à la garde des vivres à l'Algaiola et qui formaient deux compagnies, ayant reconnu les sentiments des populations, et surtout des populations voisines, se laissèrent-ils effrayer et s'enfuirent-ils honteusement sans attendre le secours que Giordano leur avait promis. S'ils n'avaient pas été défendus par quelques chefs corses qui les accompagnaient, ils auraient été, dans cette marche ou dans cette fuite, dépouillés et massacrés par les habitants des pays qu'ils traversaient. Lorsqu'ils furent arrivés à Ajaccio, leurs chefs furent honteusement cassés et punis.

En apprenant le changement survenu dans les sentiments des populations, Quilico Spinola, qui commandait à Calvi depuis que Martino Bozolo s'était embarqué pour Gênes, ressentit un vif plaisir que ne fit qu'accroître le départ

(T. 314) (P. IV, 31)

---

1) MS. de Ceccaldi : « Con una parte delle galee etc. » — Editions italiennes : « con una *gran* parte etc. »

2) Le passage entre crochets a été ajouté par Filippini.

des Gascons. Afin de s'attacher d'une manière plus ferme encore les esprits des Corses, il fit voir qu'il avait grande confiance en eux, et envoya trois capitaines corses lever des compagnies en Balagne. C'étaient Anton Cristoforo, fils d'Anton Paolo de Sant'Antonino, et les deux frères Andrea et Rinuculo, de Speluncato. Les Génois parcouraient donc la Balagne à leur guise sans rencontrer de résistance nulle part ; tous ceux qui soutenaient le parti français s'étaient éloignés.

Après le départ des Gascons, les Balanais descendirent à l'Algaiola et emportèrent une grande quantité des vivres qui s'y trouvaient, parce que le pays souffrait beaucoup de la disette. Mais pendant qu'ils se partageaient les vivres, comme on se partage les objets abandonnés, Grechetto Giustiniano, envoyé par Quilico Spinola, arriva avec sa compagnie.

Il prit toutes les bêtes de somme qui se trouvaient à Calvi, toutes celles qu'il put réunir en Balagne, et commença à enlever les vivres qui restaient et à les faire transporter à Calvi. Il en avait déjà transporté le tiers environ, lorsqu'arrivèrent à l'Algaiola cinq galères françaises envoyées par Giordano afin d'empêcher les Calvais de sortir de la place. Sur ces galères se trouvaient cinq compagnies gasconnes qui débarquèrent sur le rivage. Lorsqu'elles virent que les soldats génois emportaient les vivres de l'Algaiola, elles leur barrèrent le chemin. Surpris par une attaque si soudaine, les Génois prirent la fuite et regagnèrent Calvi, les uns de jour, les autres de nuit. Il n'y eut qu'un fils d'Anton Paolo de Sant'Antonino avec sept de ses Corses, et plusieurs bêtes de somme, ânes et mulets, chargées de vivres, qui ne purent rentrer dans la place, comme avaient fait les autres. Ils s'enfermèrent dans une tour, à Montemaggiore, où ils furent aussitôt investis par les Français.

Ils ne purent tenir que six jours, au bout desquels, n'ayant pas été secourus, ils se rendirent à discrétion.

Giordano avait décidé que les compagnies passeraient l'hiver de ce côté. Mais il ne songea pas seulement aux besoins de ce pays, il voulut que partout les populations fussent retenues par un frein. A cause de la présence de cette garnison, personne ne pouvait se rendre à Calvi; Giordano prit les mêmes mesures à l'égard de Bastia. Comme il était autorisé par le roi à former une compagnie à cheval, il ordonna à Altobello de Brando de recruter une troupe de trente-cinq cavaliers et de rester avec eux dans la pieve de Casinca, à proximité de Bastia; il chargea également Corsetto de Caccia d'en recruter vingt-cinq qu'il réunit aux compagnies cantonnées dans la Balagne. Et pour empêcher que les Corses ne se révoltassent contre les Français, comme des avis qu'il recevait de différents côtés le lui faisaient craindre, il ne manqua pas d'écrire immédiatement à tous ceux dont il se défiait, pour les encourager et les exhorter à rester fidèles à la cause du roi. Corsetto s'occupa de recruter du côté de Caccia les cavaliers dont on lui avait confié le commandement; Altobello envoya Raffaello son frère dans le Deçà des Monts avec de l'argent pour recruter les siens; mais arrivé à Muracciuole, Raffaello fut attaqué par quelques paysans, ses ennemis particuliers, et laissé pour mort sur la route, de manière qu'il ne put pour le moment s'acquitter de sa mission.

Giordano Orsino déployait toute la prudence possible et prenait toutes les mesures nécessaires pour faire face aux besoins qui surgissaient de différents côtés, lorsque, au moment où les populations se montraient si disposées à changer de parti, où la situation des Français devenait de plus en plus critique, Sampiero, après avoir obtenu son congé du roi, débarqua en Corse au mois de septembre.

Son arrivée produisit sur l'esprit des Corses une impression plus profonde que ne l'aurait fait un renfort de dix mille hommes qui serait venu au secours des Français ; tellement un seul homme leur inspirait de confiance et d'affection (1). A peine Sampiero eut-il mis le pied en Corse, qu'il écrivit aussitôt partout dans l'île pour annoncer son arrivée et recommander aux populations de ne faire aucun mouvement en son absence. Puis craignant que ses recommandations ne fussent pas suffisamment écoutées, il consacra huit jours à parcourir l'île en personne avec une faible escorte, en se montrant aux populations, qui le croyaient mort. Il passa d'abord en Balagne, puis dans le Nebbio ; il ménagea une trêve de quelques jours entre les caporaux de Casta qui étaient toujours en inimitié. Il en fit autant à Borgo di Mariana ; à son arrivée il n'y avait pas un homme de ce village qui osât sortir de sa maison, de peur d'être tué ; tellement étaient terribles les inimitiés qui animaient les habitants les uns contre les autres.

Les luttes entre particuliers n'étaient plus en Corse ce qu'elles avaient été autrefois ; en effet, auparavant les partis s'attaquaient à coups de pierres, très rarement avec des piques, tandis que les seules armes employées alors étaient les arquebuses. Les relations continuelles des Corses avec les soldats étrangers les avaient familiarisés avec ces armes qui étaient devenues fort communes dans l'île, grâce aux combats dont elle avait été le théâtre. Ce ne fut pas seulement au maniement des armes que les Corses s'habituèrent dans leurs relations journalières avec les étrangers ; leur langue et leurs mœurs, jusque-là fort grossières surtout dans les montagnes, se polirent d'une façon remarquable. Sampiero,

(T. 315) (P. IV, 36)

---

1) MS. de Ceccaldi : « Amore » — Editions italiennes : « onore. »

étant donc arrivé à Borgo et ayant trouvé les habitants dans l'état que nous venons de dire, leur fit faire une trêve jusqu'à Pâques de l'année suivante; il en fit faire une également jusqu'à Noel à ceux de Lucciana et à ceux de Vescovato. Il manda ensuite les principaux habitants de Casinca, parce qu'on lui avait dit qu'ils s'étaient déclarés pour les Génois; comme ils étaient innocents, ils se présentèrent devant lui. Il les reçut avec bienveillance et les renvoya dans leurs maisons. Quant à lui, il retourna immédiatement à Ajaccio.

D'un autre côté, Niccolò Pallavicino, à Bastia, cassa par ordre de la *Signoria* tous les capitaines et toutes les compagnies corses. Quilico Spinola en fit autant à Calvi. Ils prirent ces mesures à cause des nouveaux sentiments qu'avait fait naître dans les Corses l'arrivée de Sampiero, ou peut-être parce qu'ils n'en avaient plus besoin. Ils cassèrent ensuite quelques compagnies italiennes et en firent venir d'autres, suivant les instructions que leur envoya le sénat génois. Tous les officiers déployaient une égale activité pour fortifier leurs postes respectifs, surtout Niccolò D'Oria, qui commandait Bastia, place moins forte que Calvi. Effrayé par l'arrivée de Sampiero, Niccolò fit démolir un grand nombre des maisons qui avaient été brûlées à Terravecchia; il s'occupait de relever le bastion écroulé et de fortifier au midi la courtine intérieure. Pendant qu'il prenait à la hâte toutes ces mesures, il continuait de recevoir avec la même bienveillance tous les Corses qui arrivaient à Bastia. Mais Francesco Saulo, qui était, comme je l'ai dit, dans cette place en qualité de commissaire, se montrait tout autre à l'égard des Corses. Lodovico Matteo, l'un des principaux habitants de Saint-Florent, ayant été pris hors de Bastia par des soldats de la garnison, Saulo voulait le faire pendre immédiatement, tandis que Niccolò qui cherchait à s'attacher les populations, voulait le remettre en liberté. Ils eurent à ce sujet une grande dispute et chacun écrivit de son côté à Gênes. La *Signoria* et l'Office qui n'étaient pas entièrement fixés sur la question, ordonnèrent que Lodovico Matteo leur fût envoyé enchaîné. Lorsqu'il fut arrivé à Gênes, comme on ne trouvait contre lui aucune accusation sérieuse, on lui rendit la liberté au bout de quelques jours. Quant à la dispute du commissaire et de Niccolò, le gouvernement génois ne donna pas son avis pour le moment; il avait en effet l'intention de les rappeler bientôt tous les deux, l'un, parce que le temps de ses fonctions était expiré, l'autre parce qu'il avait déjà demandé plusieurs fois son rappel, espérant être élevé ensuite à une charge plus importante.

Pendant que les affaires des Génois étaient dans cet état, Altobello de Brando avait réuni sa compagnie à cheval; après avoir fait des incursions sur les plages des pièves de Mariana et d'Orto et s'être emparé d'une grande quantité de bétail appartenant aux gens du pays, il passa en Balagne, où Giordano Orsino, que l'on attendait de jour en jour, devait passer la revue de sa compagnie. Pendant qu'Altobello était en Balagne, il arriva que les gens de Calvi, avec un brigantin qu'ils gardaient pour leur usage, s'emparèrent à l'Isola, au-dessous de la Balagne, d'une frégate montée par des corsaires sardes, espagnols, et d'autres nations, qui, promenant le ravage sur ces côtes, pillaient Français et Génois indistinctement, et étaient venus, poussés par la tempête, relâcher à cet endroit. La nuit suivante, Altobello, avec une petite frégate montée par des marins, qui se trouvait dans ces parages, alla à la recherche des deux embarcations qu'il trouva l'une à côté de l'autre à l'Isola, où elles attendaient le beau temps. Il les attaqua. Ceux du brigantin, qui n'avaient fait que deux prisonniers (les autres corsaires ayant pu s'échapper), crurent, à cause de l'obscurité, avoir affaire à des forces supérieures; ils coupèrent le câble, prirent le large et gagnèrent avec beaucoup de peine Calvi, où le commissaire fit pendre immédiatement les deux corsaires. Altobello prit la frégate; mais comme il la faisait garder à la côte par un poste trop faible, une frégate de Calvi vint la reprendre pendant une nuit et l'emmena dans le port. Sur ces entrefaites, Sampiero, ayant obtenu à force de prières de Giordano Orsino qu'on accordât immédiatement, comme prêt, des secours en blé aux populations des montagnes qui en avaient grand besoin, se rendit en Balagne, où il resta plusieurs jours attendant Giordano, qui devait venir par mer afin de prendre les mesures que réclamait la situation de ce côté.

Vers la fin d'octobre, avant l'arrivée de Giordano, Sampiero, sachant que les soldats de la place, qui travaillaient toujours aux ouvrages de défense, allaient chaque matin faire des fascines dans les montagnes du voisinage, résolut de diriger contre eux une attaque soudaine. Après s'être concerté avec Monseigneur de Cros, qui était resté comme mestre de camp des compagnies françaises, il envoya un matin quelques cavaliers sur la plage, du côté de l'église Sainte-Marie, où les Génois entretenaient un corps de garde. Puis lui-même, avec le mestre de camp, Bernardino d'Ornano et beaucoup d'autres chefs corses, emmenant une partie de sa compagnie, une partie de celle de Bernardino et des compagnies gasconnes, se mit en mouvement pour couper la retraite aux soldats génois qui étaient dans la montagne, comme je l'ai dit. Les cavaliers envoyés du côté de l'église susdite chargèrent tout d'abord vigoureusement le poste génois; mais celui-ci, de son côté, opposa une résistance énergique. Alors ceux de la place, craignant pour le salut de ceux qui étaient dans la montagne, leur firent signe de revenir. Ils revinrent en effet en toute hâte et arrivèrent à l'endroit où les cavaliers étaient aux prises avec les leurs, longtemps avant que Sampiero se fût assez rapproché pour leur couper la retraite, comme c'était son intention. L'engagement dura assez longtemps sans que les Français reçussent aucun secours; mais à la fin, Sampiero et les autres qui n'avaient pu, comme ils le désiraient, couper la retraite aux soldats génois, se montrèrent du côté de Mozzello et fondirent sur eux avec impétuosité. Incapables de résister à une attaque si furieuse, les Génois commencèrent à se retirer du côté de la place. Le colonel qui était à Calvi aperçut ce mouvement et envoya aussitôt au secours des siens Grechetto avec tous les soldats qui étaient dans la ville.

Grechetto partit avec sa troupe, et ses forces se trouvant supérieures à celles des Français, il les rompit aussitôt, si bien qu'ils s'enfuirent de tous les côtés. Ceux qui étaient les plus rapprochés de la plage s'échappèrent assez facilement; c'étaient Bernardino d'Ornano, Leonardo de Corte et beaucoup d'autres. Mais Sampiero et Monseigneur de Gros, qui étaient plus loin, et qui, pendant le combat, avaient été refoulés du côté du monastère ruiné de Saint-François, se trouvèrent engagés dans ces passages difficiles et coururent grand risque d'être faits prisonniers. Monseigneur de Gros dut abandonner son cheval à cause des difficultés des lieux, et comme il était leste et agile, il s'enfuit à pied. Considérant que l'on est à moitié sauvé lorsque dans les grands dangers on montre un grand courage, bien que poursuivi par de nombreux soldats génois qui ne voulaient pas le tuer afin de le prendre vivant, il s'échappa à travers les bois et les précipices et fut perdu de vue par les ennemis qui couraient après lui. Il se tint caché, tant que le dernier Génois ne fut pas éloigné, et arriva le soir à son quartier, harassé et couvert d'égratignures.

(T. 317) (P. IV, 43)

Sampiero avait été également obligé d'abandonner son cheval; craignant que l'animal ne fût reconnu et que les ennemis, en suivant ses traces, n'arrivassent jusqu'à lui, car le danger était plus grand pour lui que pour les autres, il le tua, [comme (1) avait fait Rinuccio della Rocca]. Comme la blessure qu'il avait reçue l'année précédente l'empêchait de se servir de sa jambe, il réfléchit qu'il y avait, non pas du courage, mais de la folie à s'exposer à une mort manifeste, et il se tint caché près de là. Plusieurs groupes de soldats génois, qui battaient le pays en cherchant les ennemis qui s'étaient enfuis et se cachaient, passèrent à moins d'un pas de l'endroit où Sampiero se tenait blotti. Mais par bonheur celui-ci aperçut Polidoro de Corte qui se tenait près de là à cheval sur une petite éminence tout pensif et considérant les suites de l'engagement. Il l'appela à voix basse et son appel fut entendu. Polidoro le reconnut immédiatement, alla vers lui et lui donna son cheval. Une fois en selle, Sampiero donna de l'éperon et s'échappa aussitôt. Resté à pied, Polidoro attendit la nuit; lorsqu'il put partir sans danger, il alla rejoindre les autres qui l'avaient cru mort et le reçurent avec les plus grandes démonstrations de joie.

Pendant que les Génois, pour compléter leur victoire, poursuivaient les fuyards dans les vignes, Altobello de Brando, qui était en Balagne et ignorait les suites du combat, avait à peine appris que l'action était engagée, qu'il avait couru de ce côté avec ses cavaliers. Il arriva le soir, lorsque Grechetto était encore dans la campagne du côté de l'église Sainte-Marie. En l'apercevant, Altobello piqua des deux, suivi de quelques vaillants compagnons; mais les vignes

---

1) Les mots entre crochets ont été ajoutés par Filippini.

étant coupées de fossés, Altobello roula dans l'un de ces fossés avec son cheval, et s'il n'avait été aussitôt relevé par les siens, il était certainement fait prisonnier. Mais Grechetto, pour une raison quelconque, ne chercha point à l'attaquer; il fit même sonner la retraite et se retira dans la place.

Dans cette journée, les Génois firent plus de cinquante prisonniers, parmi lesquels se trouvèrent une vingtaine de Corses et le capitaine français Villa. Au nombre des morts peu nombreux qu'il y eut du côté des Français, fut Biancone de la Volpaiola, l'une des plus vaillantes épées qu'il y eût alors en Corse. Son cadavre fut pendu par un pied à Calvi. Les autres Corses prisonniers furent, les uns pendus, les autres envoyés sur les galères; les Gascons seuls furent renvoyés, après avoir été désarmés, suivant l'usage.

Quelque temps après, Giordano Orsino arriva avec quatre galères; il paya aussitôt la solde de l'infanterie et des cavaliers. Lorsqu'il eut appris ce qui s'était passé, il fit mettre aux fers les fils d'Anton Paolo de Sant'Antonino et ceux qui avaient été pris dans la tour de Montemaggiore pour venger les Corses que les Génois avaient pendus à Calvi ou envoyés sur les galères, de sorte que des deux côtés les Corses n'avaient à attendre que de mauvais traitements. Giordano et Sampiero ne restèrent pas longtemps en Balagne; ils partirent quelques jours après leur arrivée, sans avoir pris aucune disposition nouvelle et en laissant les compagnies dans l'état où ils les avaient trouvées. Ils retournèrent à Ajaccio l'un par mer, l'autre par terre.

Le temps avait été pendant la saison presque continuellement mauvais sur mer. Comme on n'avait pu faire entrer de grains à Bastia, la disette commença à se faire vivement sentir. A la fin, le commissaire et Niccolò Pallavicino furent obligés d'envoyer un officier avec un certain nombre de soldats pour prendre du blé dans les villages voisins. Cet officier allait de maison en maison prenant au moins la moitié de ce qu'il trouvait et prenait note de la quantité emportée. Après avoir épuisé les provisions des villages voisins, les Génois se virent obligés d'aller jusqu'à Brando, Farinole, Furiani et Biguglia ; c'est ainsi que vers le milieu de novembre ils poussèrent même jusqu'à Borgo.

Mais deux jours après leur arrivée, Altobello de Brando, ayant quitté la Balagne et voulant tenir tête aux ennemis, prit en toute hâte le chemin du Nebbio avec ses cavaliers et passa en Casinca. Arrivé sur la plage de Furiani et de Biguglia, il trouva au moins quatre mille têtes de bétail appartenant aux paysans des montagnes du Nebbio et de Mariana, qui les faisaient paître dans ces parages. Il les prit toutes en disant qu'il ne voulait pas que les troupeaux restassent de ce côté pour approvisionner de viande les ennemis, et il les emmena en Casinca. Mais le passage du Golo, qui était alors très gros, s'opéra avec tant de désordre et de confusion qu'un grand nombre de bestiaux furent noyés ; ceux qui restaient furent rendus à leurs propriétaires qui, pour diverses raisons, furent loin de retrouver leur compte.

L'arrivée d'Altobello et le séjour qu'il fit ensuite à Venzolasca continrent pendant quelque temps les soldats génois de Bastia qui ne sortaient plus aussi librement qu'auparavant. Mais huit jours plus tard, ils arrivèrent à l'improviste à Borgo avec cent cinquante arquebusiers environ et douze cavaliers ; ils poussèrent même jusqu'à Lucciana, village qui se trouve près de là. Ils prirent beaucoup de vivres à Borgo, et prirent note de la quantité qu'ils emportaient, comme ils avaient fait précédemment. Mais à Lucciana, Biagio de Borgo avec quelques autres s'étant retranchés dans une maison solide, les Génois les y assiégèrent pendant quelque temps; il y eut un mort de part et d'autre. A la fin, les Génois ne pouvant forcer la maison assiégée, brûlèrent la maison d'un habitant dont le fils se trouvait avec Biagio ; ils brûlèrent ensuite et saccagèrent la plus grande partie du village, sans prendre note des objets qu'ils enlevaient. Après quoi, ils chargèrent leur butin sur des bêtes de somme qu'ils avaient amenées des villages voisins de Bastia, placèrent les cavaliers à l'arrière-garde, et repartirent avec la plus grande rapidité. Altobello, informé de ce qui se passait, eut beau se mettre à leur poursuite, il ne put les atteindre.

Pendant que ces choses se passaient du côté de Bastia, les Génois qui étaient à Calvi ne laissaient guère de repos aux ennemis qui se trouvaient dans le voisinage; Grechetto Giustiniano, en particulier, se signalait chaque jour davantage par de nouveaux exploits. Un jour que Bernardino d'Ornano avec sa compagnie et une compagnie française était logé au village de Mucale, à trois milles de Calvi, Grechetto, considérant qu'il vaut mieux, à la guerre, tendre des pièges aux autres que d'avoir à se défendre des pièges tendus par eux, se concerta avec le maître de la maison où Bernardino était logé, et fit partir pendant la nuit son lieutenant avec une partie de la compagnie. Celui-ci assaillit Bernardino à l'improviste tua sept des Corses qui se trouvaient avec lui, et le laissa lui-même si grièvement blessé qu'il mourut au bout de quelques jours.

Bernardino était, comme je l'ai dit, l'un de ceux qui avaient été déclarés rebelles par la *Signoria* de Gênes. De quinze qu'ils étaient au commencement de la guerre, il n'en restait plus guère alors que neuf. En effet, comme je l'ai déjà raconté, outre Bernardino, Giacopo Santo Da Mare avait péri dans la bataille de Tenda; Ambrogio de Bastia dans l'engagement du Niolo. Francesco d'Ornano, beau-père de Sampiero, Alfonso de Leca, et peu de temps après, Antonio, fils de Mariano, étaient morts de la fièvre; Pier Antonio de Valentano avait quitté l'île pour aller se fixer à Civitavecchia où il était mort depuis. Enfin, pendant ces mêmes jours, Pier Giovanni d'Ornano fut banni par la justice française. Il avait en effet donné son consentement et son appui à Giovannone de Fozzani, du Delà des Monts, qui avait mis de force l'anneau au doigt de la veuve de Rinuccio d'Istria, mort, comme je l'ai dit, l'année précédente, pour en faire sa femme, et l'avait obligée à partager sa couche. Cette femme s'était ensuite échappée et était allée à Ajaccio se plaindre à Giordano Orsino, qui, irrité d'une pareille conduite, les manda tous les deux. Ils se présentèrent en effet devant lui; Giordano, après avoir fait subir à Giovannone diverses tortures, lui fit trancher la tête, et bannit de l'île à perpétuité Pier Giovanni dont il confisqua la seigneurie et les autres biens. Napoleone de Levie, qui avait été compromis également dans cette affaire, ne s'étant point présenté devant Giordano, fut banni à son tour. Ceci se passait dans les jours mêmes où mourait Bernardino; de sorte que, dans l'espace d'un mois, l'un des deux frères était mort et l'autre banni.

Ce n'était pas seulement la guerre entre les puissances étrangères qui privait la Corse de ses principaux personnages; comme la justice y était inconnue, ou à peu près, on entendait souvent parler de meurtres commis entre les insulaires. C'est ainsi qu'à Omessa, Marco, neveu d'Ambrogio piévan de l'endroit, tua vers cette époque Marc'Antonio, fils de Giovan Battista, son adversaire. Le bruit de cette mort s'étant répandu, de nombreux habitants d'Omessa accoururent pour prêter leur appui à Giovan Battista. Ils cernèrent la tour du piévan, où celui-ci s'était retiré avec le meurtrier; la tour fut prise et brûlée, Marco fut tué, et le piévan fait prisonnier. Mais comme son neveu avait péri, on le relâcha. Pendant ces jours encore, vers la fin de novembre, à Ajaccio, le feu prit par suite d'imprudence dans les maisons où les payeurs du roi avaient plusieurs milliers d'écus d'or et d'argent ; les maisons furent brûlées et une grande partie des écus se trouva fondue en lingots.

Pendant que ces choses se passaient en Corse, la guerre, en Italie, tournait de plus en plus à l'avantage du roi. Les officiers impériaux envoyèrent donc chercher en Espagne de l'infanterie, pour la répartir entre les divers endroits où l'on avait besoin de renforts. Environ six mille Espagnols furent réunis à cet effet ; ils s'embarquèrent sur onze vaisseaux et firent voile pour l'Italie. Un vent N.-N.-O. les poussa, vers le milieu de décembre, sur les côtes de Corse dans le golfe de Saint-Florent. Lorsque les vaisseaux furent entrés dans le golfe, ils se disposèrent à prendre terre. Deux vaisseaux seulement avaient déjà abordé à la côte, lorsque le baron de La Garde se présenta avec quatorze galères françaises. Il venait de Civitavecchia où il avait transporté quelques cardinaux français qui se rendaient à Rome, et il retournait en Provence. A peine arrivé, il attaqua vigoureusement les deux vaisseaux, qui, ainsi assaillis à l'improviste et cherchant à rejoindre les autres qui étaient encore au large, se trouvèrent, en manœuvrant trop précipitamment, tellement embarrassés l'un dans l'autre, qu'ils allèrent donner contre un écueil, où ils furent fracassés. En voyant cet accident, les autres vaisseaux qui étaient en pleine mer tournèrent la proue avec bien de la peine dans une autre direction. Après une traversée fort laborieuse, elles arrivèrent à Gênes, où elles débarquèrent environ cinq mille Espagnols, qui se rendirent sur les points où l'empereur avait le plus besoin d'eux.

Le baron de La Garde prit sur les deux vaisseaux naufragés environ neuf cents soldats ; et comme il ne pouvait en embarquer davantage sur ses galères qui se seraient trouvées trop chargées, il fut obligé d'en laisser à terre plus d'un cent. Ils furent désarmés par les gens du Nebbio qui étaient descendus pour piller les galères, et se retirèrent à Bastia. De là, les uns furent envoyés à Calvi et enrôlés dans les compagnies, d'autres en terre ferme, sur les points où l'on avait le plus besoin d'eux. Le baron de La Garde, emmenant les Espagnols qu'il avait pris pour les mettre aux fers, retourna en Provence avec ses quatorze galères et deux autres encore qui, de leur côté, avaient pris dans la mer un vaisseau génois chargé de blé. On prétendait que, lors du naufrage des deux vaisseaux espagnols, outre le butin considérable que firent les gens du Nebbio, ceux de Farinole y trouvèrent cachés plusieurs milliers d'écus et un grand nombre d'entre eux s'enrichirent de cette manière.

Peu de temps après ces événements, arrivèrent dans l'île quatre galères de Gênes, envoyées par la *Signoria* et par l'Office au sujet des contestations qui étaient survenues à Bastia, comme je l'ai dit, entre Niccolò Pallavicino et Francesco Sauli. Elles amenaient le nouveau commissaire, Antonio Fornari. Francesco fut privé de sa charge, et Niccolò cassé avec sa compagnie. Mais pour que la place de Bastia ne restât pas sans commandant, les galères avaient mission de toucher d'abord à Calvi, d'y prendre Grechetto et de le transporter à Bastia, où il devait avoir une compagnie et conserver le grade de sergent-major qu'il avait à Calvi.

Après que Grechetto fut monté à bord, les galères prirent la direction de Saint-Florent, où elles escarmouchèrent quelque temps avec les gens du Nebbio, toujours occupés à emporter les denrées, l'argent et les autres objets qu'ils trouvaient sur les deux vaisseaux naufragés. Mais les paysans étant trop nombreux pour qu'elles pussent les inquiéter sérieusement, elles passèrent au Cap-Corse. Là, le nouveau commissaire et Grechetto montèrent sur des frégates et gagnèrent Bastia, tandis que les galères retournaient à Gênes. Dès qu'ils furent arrivés à Bastia, une dispute s'éleva encore entre Niccolò et Grechetto. Niccolò ne voulut consentir à aucun prix qu'un seul de ses soldats restât à Bastia, mais il exigea qu'ils s'embarquassent tous pour partir avec lui. Avant de partir, Niccolò et l'ancien commissaire firent rendre à chaque village tous les vivres qu'ils avaient pris précédemment, car il en était arrivé de terre ferme une grande quantité ; outre le blé, les sommes que la *Camera* avait empruntées pendant ces jours à des particuliers, furent également restituées. Après quoi, Niccolò et le commissaire partirent pour Gênes, tandis qu'Antonio Fornari et Grechetto restaient pour garder Bastia, comme ils en avaient la mission.

Pendant ce temps, le pape avait déposé les armes et Andrea D'Oria avait passé de Naples à Gênes avec un certain nombre de galères. Lorsqu'il y fut arrivé, la *Signoria* ayant, par l'entremise de Pallavicino, noué des intelligences dans la place de Bonifacio avec un certain Domenico Petrucci, on décida que Giovan Andrea D'Oria, avec quatorze galères, tenterait l'entreprise. Celui-ci prit neuf galères du prince son oncle, trois d'Antonio D'Oria sur lesquelles se trouvait le fils même d'Antonio, et deux de Bindinello Sauli ; il emmena avec lui Scipione, fils de Cristoforo Pallavicino, ainsi que Niccolò Pallavicino avec sa compagnie qui avait été maintenue à cet effet. Il passa à l'île d'Elbe, où il devait attendre des instructions pour savoir ce qu'il avait à faire. A peine fut-il arrivé que le mât de l'une des galères de Bindinello se brisa, présage qui annonçait des malheurs plus grands. Celui-ci retourna à Gênes avec ses deux galères, et les douze autres restèrent à l'île d'Elbe environ un mois.

Giordano Orsino, ayant appris en Corse le but de leur entreprise, rappela les compagnies de Balagne; il en envoya une partie avec le mestre de camp à Bonifacio et à Portovecchio, et en garda une autre partie avec lui à Ajaccio; puis il se tint sur ses gardes, attendant de quel côté les Génois allaient diriger leurs coups.

En quittant la Balagne, les compagnies françaises avaient brûlé quelques tours dans les villages favorables aux Génois; lorsqu'elles furent parties, les Génois sortirent à leur tour de Calvi et brûlèrent les tours qui restaient dans les villages favorables aux Français, par exemple, celle de Francesco de Sant'Antonino et quelques autres. Ils rasèrent ensuite jusqu'aux fondements les murs de l'Algaiola, pour empêcher les Français de s'établir à l'avenir dans quelque forteresse de ce côté. Pendant ce temps, Scipione, comte de Fiesco, avec quatre galères, prenait à Lungosardo, en Sardaigne, un vaisseau chargé de soldats espagnols qui allaient en Italie combattre au service de l'empereur. Toutes les puissances chrétiennes étaient tellement épuisées par une si longue guerre que l'on entamait de divers côtés des négociations pour amener la paix; aussi chacun des belligérants s'efforçait-il d'occuper le plus de pays possible, avant que la paix fût signée.

Giordano Orsino, qui faisait les mêmes calculs, envoya à Corte un juge nommé Giovan Michele Pertuso de Raconisi, en Piémont, pour administrer la justice à toutes les populations. Il ordonna au piévan Deodato de Casta de mettre quelques Corses dans les ruines de Saint-Florent; il avait en effet l'intention de fortifier cette place, s'il parvenait à la conserver. D'un autre côté, les Génois établis à Calvi occupaient la Balagne; Grechetto, qui était à Bastia, soit pour faire de même, soit pour empêcher Altobello de Brando et ses cavaliers de parcourir à leur guise le pays, se mit à fortifier de nouveau à la Mortola, la maison des fils de Matteo de Biguglia que les Français avaient autrefois brûlée. Il y entretenait un poste de douze ou quinze hommes; mais au bout de quelques jours, la plate-forme s'écroula et il fallut abandonner la maison. Pendant que le poste génois était de ce côté, Grechetto, afin de préparer une embuscade à Altobello, envoya, la nuit qui précéda le 24 janvier 1556, Bonifacio son frère, qui était chef d'une compagnie, avec environ cent soixante soldats d'élite et dix cavaliers, jusqu'à la plage de Mariana, à dix milles de Bastia.

Il était encore nuit lorsque Bonifacio arriva de ce côté; il eut le temps de se cacher avec ses gens dans l'église de la Canonica et dans celle de San Perteo, qui se trouvent à peu de distance l'une de l'autre. Lorsqu'il fit jour, Biagio de Borgo, qui était descendu sur la plage pour vaquer à ses affaires, arriva avec quelques compagnons. Afin de les empêcher d'aller avertir l'ennemi, Bonifacio les fit arrêter tous, à l'exception de Biagio qui, ayant des raisons particulières pour avoir plus à craindre que les autres, s'échappa et traversa le Golo à la nage. Bonifacio se voyant découvert et jugeant qu'il n'y avait plus rien à faire pour cette fois, relâcha les gens de Borgo et se mit en marche avec sa troupe pour retourner à Bastia. Comme il était un jeune homme plein d'audace et de peu d'expérience, il employa une stratagème qui fut peu heureux pour lui. Il avait pensé qu'Altobello, informé de sa venue, se mettrait à sa poursuite; lors donc qu'il eut passé le Bevinco, il s'arrêta et s'embusqua dans un lieu quelque peu couvert avec environ soixante hommes, tant arquebusiers que piquiers, et envoya en avant les cavaliers avec la plus grande partie des piquiers qui auraient pu au moins tenir tête à l'ennemi. Comme l'étourderie est plus pernicieuse dans un chef d'armée que les attaques de l'adversaire, Bonifacio s'aperçut bientôt, lorsqu'il

vit sa troupe détruite, de la faute qu'il avait commise. En
effet, Altobello, à peine informé par Biagio de l'arrivée des
Génois, courut de ce côté avec ses cavaliers. Il n'en avait
avec lui que vingt-cinq; trois habitants du pays se joignirent
à lui, il en eut ainsi vingt-huit. Mais les victoires se gagnent
par le courage et non par le nombre. Altobello s'avança
avec ses gens jusqu'à la colline qui est près du Bevinco; il
s'arrêta alors et envoya cinq cavaliers à la découverte, en
leur recommandant, s'ils apercevaient les ennemis de fuir
aussitôt afin de les attirer dans la campagne pour que lui et
les autres cavaliers pussent exécuter leur dessein.

Le plan d'Altobello réussit parfaitement. En effet, Bonifacio, en apercevant les cinq cavaliers, ajouta une nouvelle
faute à la première; il les poursuivit étourdiment sans
aucun ordre jusqu'au fleuve, c'est-à-dire à une distance de
cinq cents pas de l'endroit où il s'était embusqué. Altobello,
voyant arriver les Génois dans un pareil désordre, les chargea
vigoureusement et tomba tout à coup au milieu d'eux avec
ses cavaliers. Bonifacio eut beau faire tous ses efforts pour
se retirer avec sa troupe, il n'en eut pas le temps. Les soldats
génois firent une décharge avec leurs arquebuses, mais ils
n'atteignirent qu'Altobello qui, précédant les autres et ayant
à maîtriser son cheval, fut atteint de deux coups d'arquebuse
dans le flanc.

On tira ensuite les épées; après une lutte vaillamment soutenue, les Génois furent vaincus enfin par la
valeur d'Altobello et des autres Corses et taillés en pièces
pour la plupart. Bonifacio, qui par son étourderie, indigne d'un brave soldat, avait causé la mort des siens,
échappa avec quelques autres, grâce à la vitesse de
son cheval; d'autres se cachèrent et ne quittèrent leur
retraite qu'à la nuit. Le résultat de cet engagement prouva
qu'il est plus facile de mettre en déroute une grosse troupe

(T. 323) (P. IV, 62)

où il n'y a que confusion, qu'une petite troupe qui se maintient en bon ordre.

Les prisonniers furent traités avec une grande cruauté. Altobello, croyant que les deux coups d'arquebuse qu'il avait reçus l'avaient frappé à mort, faisait tout son possible pour qu'il n'en restât par un seul de vivant et les tuait même entre les mains de ceux qui les avaient pris. Une dizaine environ, qu'Altobello et son frère Raffaello n'avaient pas aperçus alors, auraient échappé à la mort; mais le soir, Raffaello, en s'en retournant, les trouva en chemin et en pendit quatre en différents endroits; il n'y eut de sauvés que ceux qui eurent le bonheur de ne pas tomber le soir entre ses mains. Le lendemain matin, Anton Pietro Filippini, archidiacre de Mariana (1), demanda leur grâce à Altobello, alors gravement malade de ses blessures. Raffaello était absent. Filippini obtint d'Altobello la grâce des prisonniers, fit soigner par le barbier ou chirurgien ceux qui étaient blessés et les renvoya à Bastia sous la garde d'Anton Padovano de Brando. Les Génois perdirent dans cette affaire environ trente-cinq hommes, parmi lesquels le lieutenant de Bonifacio et d'autres vaillants soldats; les Corses du parti français n'eurent qu'un mort et deux blessés. Ce qu'il y avait de véritablement extraordinaire, c'était de voir comment les Français réussissaient presque toujours dans leurs entreprises, tandis que les Génois au contraire échouaient presque partout; en effet, les uns trouvaient toutes choses propices, tandis que les autres non seulement étaient malheureux sur terre, mais avaient encore contre

(T. 323) (P. IV, 63)

---

1) On lit seulement dans le MS. de Ceccaldi : « ... i quali furono da
» benigne persone la mattina di poi domandate ad Altobello che grave-
» mente delle ferite stava, et essendogli concessi gli rimandarono alla
» Bastia. »

eux les vents, les écueils et les flots. Cependant ils supportaient tout avec constance, parce qu'on doit souffrir avec humilité les choses qui viennent de Dieu et avec patience celles qui viennent des hommes.

Après être restées trente jours environ à l'île d'Elbe, comme je l'ai dit, les galères génoises reçurent des instructions et se disposèrent à poursuivre leur route. Giovanni Andrea, qui avait renvoyé à Gênes les deux galères de Bindinello, partit avec les douze autres. Il avait à peine parcouru un mille ou deux, toujours en côtoyant l'île d'Elbe, qu'eut lieu un fait vraiment surprenant. Par une mer calme, l'une des douze galères chavira, et tous ceux qu'elle portait se noyèrent, esclaves, soldats et matelots. Il n'échappa que quelques hommes qui se trouvaient dans les chambres, où l'eau dans l'intérieur n'arrivait pas jusqu'au haut. Les malheureux se tenaient debout la tête levée vers la partie qui était tout à l'heure le fond de la galère et avaient grand' peine à maintenir leur bouche au-dessus de l'eau. Ils restèrent dans cette situation pendant plus de cinq heures, et auraient certainement tous péri (car on ne pensait pas sur les galères qu'une seule personne eût survécu), si Dieu, dans sa bonté, ne les eût secourus. Bien qu'ils eussent perdu tout espoir, parce qu'ils se croyaient en pleine mer loin des autres galères, l'un deux, à l'aide d'un burin ou d'un ciseau, coupa peu à peu les planches, car il lui était impossible de frapper aucun coup, et ayant ainsi pratiqué un trou dans la coque de la galère, il passa le bras dehors. Ce signe fut aperçu par les matelots des autres galères qui se tenaient sur le rivage, contemplant d'un air attristé la galère naufragée ; ils comprirent qu'il y avait encore quelqu'un à sauver. Ils brisèrent aussitôt avec des haches le fond de la galère et retirèrent vivants la plus grande partie des naufragés. La perte inexplicable de cette galère remplit chacun d'épouvante; un grand nombre insistaient pour que l'on retournât en arrière, et ils exprimaient cette opinion sans détour; en effet, lorsqu'on risque ses jours, on peut aussi risquer un avis, et la crainte d'être taxé de peureux ne doit pas empêcher de donner un bon conseil. Mais Giovan Andrea, poussé par une fatale obstination, déclara que quand même il serait sûr de se perdre lui-même avec toute sa flotte et tout le monde qu'il avait à bord, il n'en poursuivrait pas moins sa route.

Il partit donc avec dix galères, car il en laissa une pour recueillir les épaves de la galère naufragée, et le six février il se trouvait près des côtes de Corse, en vue de Portovecchio. Il s'arrêta jusqu'à la nuit afin de pouvoir exécuter plus sûrement ses desseins. Lorsqu'il fut nuit, il alla, sans allumer les feux, prendre terre à un endroit appelé *Cavo dell'acqua*, près de Portovecchio, par un vent doux et paisible et par une mer fort calme. Mais pendant que les galères abordaient à la côte, croyant être dans le port de San Cipriano, tandis qu'elles étaient sur la plage à deux milles dudit port, il s'éleva tout à coup un vent d'Est si impétueux et si terrible, qu'en moins d'un quart d'heure les galères se brisèrent en mille pièces l'une après l'autre sur ces écueils. Une galère du prince D'Oria, qui n'avait pas encore abordé à la côte, fut seule sauvée; Giovanni D'Oria, qui était sur une autre, et le fils d'Antonio D'Oria parvinrent avec bien de la peine à remonter sur la galère qui restait. Quant aux neuf autres, dont six appartenaient au prince, et trois à Antonio D'Oria, on n'en put rien sauver. C'est ainsi que le désir de trop avoir devient souvent funeste, et que l'avenir échappe souvent à la prévoyance humaine.

Au milieu de ce désastre imprévu, tous, officiers, soldats, matelots et esclaves sautèrent à terre et chacun songea à pourvoir à son propre salut. Une partie des soldats et des matelots, marchant nuit et jour sans s'arrêter, gagnèrent Bastia qui se trouvait à une distance de quatre-vingt-dix milles; ils apportèrent eux-mêmes la nouvelle de leur naufrage et furent ainsi sauvés. Une autre partie, avec laquelle se trouvait Paolo Sardo, lieutenant de Niccolò Pallavicino, désespérant de pouvoir s'échapper, prit la route de Bonifacio et alla se remettre spontanément entre les mains des Français. Les esclaves suivirent le même chemin. D'autres, confiant leur salut à la fortune, prirent le chemin des montagnes; ils furent, les uns aussitôt, les autres un peu plus tard, dépouillés par les paysans, et gagnèrent Bastia sans avoir été autrement maltraités. Ce fut le chemin que prirent les deux Pallavicini, Niccolò et Scipione. Ils avaient avec eux quelques Corses de la compagnie de Niccolò qui les guidèrent fidèlement par des lieux sûrs. Pendant la route, Niccolò recueillit les fruits de l'accueil bienveillant qu'il avait fait aux Corses pendant qu'il était à Bastia, parce qu'il n'y eut pas de paysan qui, en le rencontrant, ne se montrât très heureux de lui faire tous les plaisirs et toutes les politesses possibles. Ce qui prouve bien que les Corses, quoique naturellement vindicatifs, n'oublient pas les services reçus et se laissent plus facilement conduire par la douceur que par la sévérité.

Niccolò, accompagné de Scipione qui était encore tout jeune, traversa donc à pied ces montagnes sauvages sans que personne le trahît. Il arriva enfin dans une anse où il put s'embarquer sur un brigantin qui avait été envoyé de Bastia à sa recherche et qui suivait la côte pour essayer de le rencontrer. Dans cette anse se trouvaient deux luths français chargés de grain envoyé de Bonifacio aux soldats d'Altobello de Brando; Niccolò en prit un et laissa l'autre en faisant prier Altobello de bien traiter ceux de ses soldats qui lui tomberaient entre les mains; après quoi, il gagna Bastia.

(T. 325) (P. IV, 68)

Là, Grechetto, son rival, refusa de le laisser entrer dans la place et tint la porte fermée pendant quelque temps. Le commissaire, l'ayant su, fut loin d'approuver un semblable procédé, et fit entrer aussitôt Niccolò dans Bastia. Celui-ci y resta jusqu'à ce que tous ceux de ses soldats qui n'avaient pas été faits prisonniers l'eussent rejoint, et pendant ce temps, lui et Grechetto se montrèrent l'un pour l'autre de véritables ennemis. Enfin, après avoir rallié la plus grande partie de ses soldats, sans qu'aucun d'eux eût été tué en route, comme cela serait arrivé aux soldats d'un chef moins aimé, Niccolò s'embarqua et passa à Gênes.

Pendant que les Génois étaient ainsi persécutés par la fortune et que leurs affaires allaient de mal en pis, Giordano Orsino et Sampiero, informés du naufrage des galères, se transportèrent de ce côté avec un certain nombre de soldats. Les galères étaient complètement fracassées; tout ce qu'ils purent faire fut de retirer de l'eau l'artillerie, et encore avec bien de la peine; ils la transportèrent dans un lieu facile à défendre. Bientôt arrivèrent quelques galères françaises sur lesquelles on l'embarqua. Comme on trouva parmi les débris des galères naufragées un grand nombre d'échelles de corde et de bois soigneusement faites, Giordano acquit ainsi la certitude absolue que l'expédition était dirigée contre Bonifacio; quelques habitants furent mis à la torture, mais ils ne firent aucun aveu. Monseigneur de la Mola, qui était gouverneur de cette place, fut relevé de ses fonctions et remplacé par Monseigneur de Cros, mestre de camp dans l'armée française. La destruction de la flotte génoise eut lieu, comme je l'ai dit, le six février, et le cinq une trêve de cinq ans avait été conclue entre les députés de l'empereur, du roi de France et du roi d'Angleterre à l'abbaye de Vaucelles. Chacun devait conserver les forteresses et les places qu'il occupait à ce moment; un délai de trente jours était accordé à tous les princes et à toutes les républiques de la chrétienté pour adhérer à cette trêve.

Giovan Giacopo Da Mare partit de Marseille avec la galère qu'il commandait pour le roi et porta en Corse la nouvelle de la trêve à Giordano Orsino. Giovan Giacopo prit en route deux vaisseaux espagnols chargés de marchandises. Après avoir reçu ces informations, Giordano voulant se trouver au moment de la publication de la trêve en possession du pays, fit aussitôt avancer les compagnies qui se trouvaient dans le Deçà des Monts, du côté de Bastia et de Calvi, et envoya pour les commander Sampiero, pour que les populations accourussent en plus grand nombre autour de lui. Sampiero, en passant par Corte, envoya une partie de l'infanterie en Balagne où était Francesco de Sant'Antonino et d'autres chefs du Delà des Monts; quant à lui, avant que personne eût vent de son approche, il arriva à Borgo di Mariana, où il réunit un grand nombre de Corses, puis il passa à Furiani. De là, il envoya le capitaine Pignano avec une compagnie de Gascons dans le village de Belgodere, et Antonio de Saint Florent, son lieutenant, avec une partie de sa compagnie à Cardo ; ces deux villages sont voisins de Bastia.

Pour les mêmes raisons, Altobello et son frère allèrent prendre possession de Brando, de Sisco et de Pietracorbara ; Giacopo Negrone occupa le Cap-Corse, Pier Battista Canari, et chacun reprit ainsi ses possessions et sa seigneurie; le piévan de Casta occupait, comme je l'ai déjà dit, la place ruinée de Saint-Florent. Les Génois, de leur côté, prenaient aussi leurs précautions de leur mieux; comme ils n'avaient pas assez de forces pour tenir la campagne, ils voulurent au moins se maintenir dans leurs places fortes. Ils envoyèrent à Calvi, où Andrea Lomellino était alors colonel, Lazzaro de Villanova, avec une compagnie. Celui-ci était à peine arrivé qu'ayant appris que Corsetto de Caccia était arrivé avant les autres à Speluncato en Balagne, il se mit en marche de ce côté. Il trouva Corsetto renfermé avec tous les partisans qui composaient sa cavalerie légère dans une tour où il l'investit si étroitement qu'il prit toute la troupe formée de vingt-cinq hommes. Corsetto seul s'échappa; comme il était agile, il sauta par une fenêtre et prit la fuite. Tous les autres furent emmenés prisonniers à Calvi. La Balagne serait donc restée aux Génois, si l'infanterie envoyée par Sampiero ne fût arrivée ensuite; non seulement la Balagne fut reprise, mais les Génois furent resserrés si étroitement dans Calvi qu'ils ne pouvaient plus en sortir.

Aussitôt après l'arrivée du commissaire Benedetto Spinola et d'Antonio Fornari, les Génois qui étaient à Bastia s'efforcèrent à leur tour d'occuper le plus d'endroits possibles. Ils envoyèrent à Erbalunga les seigneurs de ce lieu avec quelques soldats. Avant que Sampiero eût envoyé ses gens à Belgodere, ils avaient établi Piero Andrea, de ce village, avec une vingtaine de soldats, dans l'église Saint-Antoine, située au-dessus de Belgodere, et où l'on pouvait se défendre. Pier Antonio s'y fortifia et s'y approvisionna de son mieux. Les Génois mirent encore un poste à la tour de Grigione, située à mi-chemin entre Bastia et Erbalunga, et un autre à la tour de la Casaiuola, au-bas de la vallée de Sisco; ces tours servaient précédemment à se garantir contre les incursions des Turcs. Ne pouvant jouir de la terre, les Génois voulaient au moins jouir de la mer. Pendant ce temps, avant la publication de la trêve, des engagements et des escarmouches avaient lieu à Bastia entre les deux partis, et chaque jour il y avait quelques morts. Il en était de même à Erbalunga; Altobello était allé à Brando, comme je l'ai dit, avec ses cavaliers et d'autres partisans, et toutes les populations de ce pays reconnaissaient l'autorité du roi. Ennemi depuis longtemps des seigneurs d'Erbalunga, il leur faisait tout le mal possible, tandis que ses adversaires lui rendaient la pareille autant que le permettaient leurs forces.

Pendant ces jours, le baron de La Garde se trouvait sur les côtes de Corse avec treize galères; il avait pris dans le golfe de Saint-Florent deux grosses barques génoises, l'une chargée de bois, l'autre chargée de chaux, toutes deux à destination de Calvi. Après avoir débarqué du blé pour les troupes cantonnées autour de Bastia, le baron doubla le Cap-Corse, et s'approcha d'Erbalunga pour effrayer ceux de la place. Il fit tirer soixante-dix-sept coups de canon sur une tour qui s'y trouvait; mais ensuite, soit qu'il ne voulût point la prendre afin de respecter la trêve, soit qu'il ne se sentît pas assez fort, il abandonna l'attaque et reprit le même chemin. Enfin le sept avril, la trêve fut publiée à Bastia, à Furiani, à Calvi, et dans tous les lieux où il y avait des troupes en présence. Un différend s'éleva au sujet de cette trêve entre les officiers du roi et les officiers génois. Les Génois prétendaient qu'aux termes de la trêve chacun devait occuper pacifiquement tous les pays qu'il possédait le jour même où la trêve avait été signée, c'est-à-dire le cinq février. Ils réclamaient donc toute la Balagne, le Cap-Corse, une partie du Nebbio, Brando, Lota, Pietra di Bugno, la pieve d'Orto, Canari, Nonza et Mariana.

De leur côté, les Français qui pouvaient avoir le tout, ne se contentaient pas de la partie; ils prétendaient bien ne laisser aux Génois que ce qu'ils possédaient le jour où la trêve avait été publiée en Corse; ils s'appuyaient sur les termes mêmes de l'article, que chacun interprétait dans son sens. Les Français ajoutaient encore que les Génois, qui voulaient que la trêve eût son effet à partir du jour où elle avait été signée, l'avaient violée eux-mêmes; elle avait été en effet signée le cinq février et c'était le six que leur flotte avait fait naufrage à *Cavo dell'acqua,* en allant attaquer Bonifacio. Giordano Orsino avait recueilli à ce sujet de nombreux témoignages des prisonniers qu'il avait entre les mains. Afin de mieux affirmer les droits du roi, il refusa de rendre au prince D'Oria les esclaves qui étaient restés en Corse lors de la destruction des galères, et toutes les instances que fit D'Oria restèrent sans effet. Pour toutes ces raisons, les Génois ne conservèrent que Bastia, Calvi, Erbalunga, l'église Saint-Antoine de Belgodere, la tour de Grigione, celle de la Casaiuola, avec tout ce qu'ils pouvaient, de ces lieux, soumettre à leurs armes. Trouvant que ce n'était point assez, ils s'adressèrent à la *Signoria* et à l'Office. Des députés furent envoyés à l'empereur et au roi pour obtenir de meilleures conditions ; mais on attendit inutilement le résultat de cette démarche pendant tout l'été et pendant une partie de l'hiver ; chacun garda ce qu'il avait entre les mains.

Comme les Français étaient alors maîtres de la campagne, tous les seigneurs corses qui n'avaient pas pris parti pour les Génois étaient rentrés en possession de leurs domaines et de leurs seigneuries. Niccola, veuve de Giacomo Santo Da Mare, revint avec sa fille Barbara (1) pour gouverner les deux tiers du Cap-Corse ; Giacomo di Negroni (2), fils de Giorgetta, gouverna l'autre tiers, comme avait fait sa mère. Niccola était troublée dans la possession de sa seigneurie par Giovan Giacomo et Carlo Da Mare, fils naturels du premier Giacomo, qui prétendaient avoir droit à un tiers. D'ailleurs aucun seigneur ne jouissait paisiblement de ses domaines ; il n'y avait partout que doute et incertitude. Aussi entendait-on parler chaque jour dans l'île de quelque

(T. 327) (P. IV, 77)

---

1) Le mot *Barbara* a été omis dans les éditions italiennes.

2) MS. de Ceccaldi : *Giacomo di Negroni*. — Editions italiennes : *Giacopo Negrone*.

méfait ; c'est ainsi que Raffaello de Casta fut tué par ses ennemis et que beaucoup d'autres périrent dans différents endroits.

L'île n'avait pas seulement à souffrir de ces discordes et de ces inimitiés continuelles. Lorsque les Français et les Génois eurent cessé de se faire la guerre, les Turcs revinrent suivant leur habitude apporter le ravage dans l'île. Onze de leurs galiotes, qui parcouraient alors les mers de Corse, débarquèrent le 19 avril cinq compagnies à la Porraggia : ces compagnies montèrent en ordre de bataille à Lucciana où elles prirent environ soixante personnes. Les magistrats chargés des affaires de la guerre avaient relevé de leurs fonctions, à Bastia, Bonifacio Giustiniano, ainsi que Zaccaria de Brescia, et envoyé à leur place deux autres capitaines. Zaccaria avait embarqué sur plusieurs frégates une cinquantaine de soldats et retournait à Gênes, sans naviguer de conserve avec Bonifacio. Ces soldats appartenaient à la garde de Gênes et avaient été envoyés avec quelques autres soldats d'élite par la *Signoria* qui craignait quelque trouble à Bastia. Ils étaient restés deux mois dans cette place et faisaient voile pour Gênes, lorsqu'ils furent pris par les susdites galiotes turques ou par quelques-unes d'entre elles dans les eaux de Capraia le 25 avril. Ils se rachetèrent à Bastia, après quoi ils regagnèrent Gênes.

Comme on n'était qu'au commencement de l'été, les Turcs auraient pu causer des maux infinis, si on ne les eût point combattus. Mais le prince D'Oria, dont la flotte était presque désorganisée, envoya contre eux Giovan Andrea D'Oria, avec un certain nombre de galères, pour qu'il pût réparer ses forces et se dédommager de ses pertes passées. Cette expédition eut un heureux succès, et la fortune se montra plus favorable à Giovan Andrea qu'elle ne l'avait fait jusqu'alors. Non seulement il purgea les mers de la Corse, mais il prit, sur les côtes de Barbarie et de Sicile, trente-deux bâtiments turcs, tant galères que galiotes, et se signala par une prudence et un courage singuliers. Il reprit dans ces mers un vaisseau chargé de vivres et appartenant au prince D'Oria, que les Turcs avaient précédemment enlevé. La *Signoria* avait mis sous les ordres de Giovan Andrea, pour cette expédition, quatre galères nouvellement construites, et elle en avait donné deux autres à Antonio D'Oria pour remplacer celles qu'il avait perdues sur les côtes de Corse. L'île se trouva donc ainsi débarrassée des corsaires pour cet été ; beaucoup d'autres puissances chrétiennes d'ailleurs avaient aussi envoyé sur les côtes turques des galères qui prirent une foule de navires, galères, fustes, *schirazzi* et autres.

Grâce à la trêve, toute l'Europe était tranquille ; en Corse, on avait échangé beaucoup de prisonniers, bien que les soldats, tant d'un côté que de l'autre, observassent fort mal la trêve, car, au début, les meurtres n'étaient pas rares entre eux. Les Génois, pour leur part, voulaient faire cesser cette animosité ; c'était leur intérêt d'ailleurs, car ils étaient les plus faibles. Ayant su qu'à Bastia, Grechetto non seulement ne contenait pas ses soldats, mais s'associait même à eux, soit par caractère, soit parce qu'il était provoqué par les Corses du parti français, ils le cassèrent de son grade, et envoyèrent à sa place Cristoforo de' Negri. Ils rappelèrent également Antonio Fornari, l'un des commissaires, et ne laissèrent que Benedetto Spinola. Arrivé à Gênes, Grechetto sut que c'était Niccolò Pallavicino, son rival, qui par l'entremise de ses amis l'avait fait rappeler de Bastia ; il apprit aussi que ce même Niccolò venait d'être nommé commandant des troupes et retournait en Corse. Il ne put maîtriser sa colère, et pendant le mois de juillet, un matin que Niccolò, sans défiance, était en prières à genoux, suivant l'usage génois, dans l'église Saint-Laurent, à la chapelle de Saint-Jean

Baptiste, il le fit tuer par Bonifacio son frère et par son lieutenant.

Ce crime faillit faire éclater une émeute dans la ville, à cause des partis qui la divisaient. Les membres du gouvernement rétablirent le calme en envoyant en exil Grechetto et les auteurs du meurtre. Ce crime n'excita pas seulement l'indignation à Gênes chez les hommes sans parti pris ; il fut généralement maudit par tous les Corses, qui n'avaient connu en Niccolò que de bonnes intentions, et qui espéraient surtout, s'il fût venu dans l'île avec l'autorité dont il était revêtu, pouvoir jouir pendant la trêve d'une tranquillité profonde. Niccolò n'étant pas venu, il en fut tout autrement, non pas à Calvi, où la trêve fut fidèlement respectée, mais à Bastia et dans les environs, où il ne fut jamais possible de la faire observer, malgré tous les efforts des membres du gouvernement de Gênes, et ceux de Giordano Orsino, qui envoya à cet effet Agapito de Rhodes, son gentilhomme.

Le peu de respect que l'on avait pour la trêve de ce côté venait, pensait-on, de l'indiscipline des Corses qui, par caractère, aiment mieux la guerre que la paix, ou des procédés insolents de Grechetto, ou de la situation difficile de ceux de Bastia, qui ne pouvaient rien prendre sans permission sur le territoire occupé par les Français, ou de l'inimitié qui divisait les seigneurs d'Erbalunga et ceux de Castello, ou encore de celle qui régnait à Belgodere. En effet, une partie des habitants de Belgodere était restée dans le village avec les Français, et l'autre partie était avec les Génois dans l'église Saint-Antoine. Toutes les fois donc que des habitants de partis différents se rencontraient, ils ne manquaient pas de s'insulter, et les soldats, de leur côté, ne pouvaient s'empêcher de faire comme ceux qui soutenaient leur cause. Ces dispositions donnèrent lieu à plusieurs actes d'hostilité. C'est ainsi que les seigneurs d'Erbalunga dont les domaines se trouvaient sur le territoire occupé par les Français, étaient empêchés par Altobello et Raffaello de recueillir la part des récoltes qui leur appartenait. Par représailles, Tullio d'Erbalunga, qui était intéressé plus que les autres dans cette affaire, tint la mer pendant tout l'été avec une frégate armée; toutes les embarcations appartenant aux vassaux d'Altobello et de son frère, luths et *gangamelle*, qui faisaient dans ces parages le commerce de grains, il les prenait, lorsqu'il les rencontrait, avec toute leur cargaison. Pour ces raisons, les soldats des deux partis commencèrent de leur côté à engager des escarmouches.

Sur ces entrefaites, étaient arrivés de Gênes, pour rester à Bastia, Orlando d'Ornano, Francesco Sornacone de Bastelica, Anton Guglielmo, fils de Raffaello de Bozzi, et Giovan Giordano de Sarla, hommes jouissant d'un grand crédit auprès des Génois. Aussitôt après leur arrivée, afin de se donner plus d'importance aux yeux de leurs maîtres, ils excitèrent tellement Cristoforo de' Negri que celui-ci se disposa à se mesurer avec les Français d'une manière plus sérieuse. Un jour, c'était le 12 août, Cristoforo fit courir le bruit qu'il voulait aller fortifier une tour découverte, qui se trouvait au village inhabité de la Vetrice, au-dessus de Belgodere. Antonio de St-Florent, lieutenant de Sampiero, envoya aussitôt de Cardo une vingtaine de soldats, la plupart Corses, pour empêcher de fortifier la tour. Cristoforo, l'ayant su, marcha de ce côté avec les Corses que nous avons nommés plus haut et avec toute la garnison de Bastia; il emmena même les habitants, plutôt, pensa-t-on, parce qu'il craignait qu'en les laissant, ils ne fissent une révolte dans la ville que pour toute autre raison. Il laissa à la garde de la porte le commissaire de la place, avec les habitants les moins valides. En route, il envoya quelques soldats escarmoucher avec les Gascons qui étaient à Belgodere, afin d'opérer ainsi une diversion et d'empêcher ces derniers de secourir la tour. Puis précipitant sa marche, il cacha son mouvement aux yeux des Gascons en mettant entre lui et eux la colline de la Guardiola, et monta à la Vetrice, enseignes déployées.

A l'arrivée des Génois, ceux de la tour n'avaient encore fait aucun préparatif pour se mettre en état de défense ; ils avaient seulement fermé la porte par où ils étaient entrés, avec un mur en pierres sèches. Cristoforo, voyant qu'ils avaient eu l'imprudence de se renfermer aussi sottement, fit monter un grand nombre des siens sur les murs de la tour, ce qu'ils pouvaient faire sans risque et sans péril. Il fit ensuite jeter dans l'intérieur des fascines allumées et des pièces d'artifices. Désespérés, les malheureux assiégés ne pouvaient que se serrer les uns contre les autres, comme on fait en pareil cas ; ils furent pris ainsi et tous passés au fil de l'épée. Les morts furent au nombre de dix-sept, quinze Corses et deux Italiens ; les autres, plus expérimentés, avaient quitté la tour en disant qu'ils ne voulaient pas s'enfermer comme des bêtes dans ce trou ; ceux qui restèrent moururent misérablement pour avoir voulu vivre témérairement. Ils n'obtinrent pas même de sépulture. Cristoforo fit brûler les cadavres le lendemain matin avant de partir, après que ses soldats leur eurent fait subir plusieurs traitements indignes.

Un pareil acte remplit d'indignation les chefs corses et les Français cantonnés autour de Bastia. Ils firent transporter à épaules d'hommes de Saint-Florent à Belgodere deux petites pièces qu'avaient laissées les galères françaises. Ils se proposaient de battre l'église Saint-Antoine pour se venger de la cruauté que Cristoforo avait montrée à leur égard. Le commissaire de Bastia, jugeant alors qu'il n'y avait plus qu'à faire ouvertement la guerre, et ayant dans la place des soldats assez nombreux, parce qu'il lui en était arrivé de terre ferme à plusieurs reprises, prit dans la place deux canons pour aller défendre l'église. Il les fit conduire au couvent des Capucins, à mi-chemin entre Bastia et Belgodere, et fit tirer de là, ainsi que de Bastia, plusieurs coups de canon sur les maisons de ce village ; après quoi les Génois y entrèrent, mais ils ne brûlèrent qu'une maison appartenant à un Corse du parti contraire. Les Français logés à Belgodere eurent quelque peine à se maintenir dans un fort qu'ils avaient construit au sommet du village.

De nombreux Corses, en apprenant ces mouvements, coururent au secours des Français et contraignirent les Génois à rentrer dans Bastia ; il s'en fallut peu qu'ils ne leur prissent leur artillerie. Mais avant d'abandonner leurs canons, les Génois les ramenèrent si près de la place, que les Français ne pouvaient aller les prendre sans courir les plus grands dangers. Ceux-ci les laissèrent donc ; ils renoncèrent également à battre l'église Saint-Antoine, parce que le tir de leurs mousquets était à peu près inoffensif. Giordano Orsino fut informé à Ajaccio de ce qui s'était passé. Afin de renforcer les siens, il envoya en toute hâte du côté de Bastia, sur une galère, Sérillac, de nationalité française, avec une compagnie provençale ; il fit partir encore un autre détachement par terre.

Sérillac débarqua à Saint-Florent et partit aussitôt pour Belgodere. C'était un homme dur à la fatigue. Le jour même, les Génois ayant envoyé de Bastia quelques soldats porter des munitions dans l'église Saint-Antoine, il les chargea avec sa compagnie et les refoula jusque sous les murs de Bastia. Mais un nombreux corps de Génois sortit alors de la place et repoussa vivement les Français. Sérillac opéra sa retraite en gravissant péniblement la côte avec ses soldats fatigués par le poids de leurs armes, par la marche et par le combat. Ceux de l'église l'attaquèrent à leur tour, si bien qu'à la fin, il fut tué avec plusieurs de ses officiers.

Les Génois n'eurent qu'un blessé, Giordano de Sarla, qui fut atteint au bras d'un coup d'arquebuse.

Pendant que la trêve était si peu respectée de ce côté de l'île, le reste de l'Europe avait déposé les armes et vivait en paix. Seul le pape, qui, au temps de la guerre, n'avait pas pris part à la lutte, se mit, pendant la trêve, à guerroyer pour les raisons suivantes. Paul III, durant son pontificat, avait dépouillé Ascanio Colonna d'une grande partie de ses châteaux, il les avait démantelés, puis réunis aux Etats de l'Eglise. Après la mort de Paul III, son successeur, Jules III, avait rendu ces châteaux à Marc'Antonio, fils d'Ascanio, à condition qu'il ne relèverait pas les fortifications. Ascanio avait été retenu à Naples par ordre de l'empereur, à la suite de certains démêlés qu'il avait eus avec son fils et sa femme, laquelle était de nationalité napolitaine.

Jules III eut pour successeur Marcel II, qui mourut presque aussitôt. Dans l'intervalle Marc'Antonio avait recommencé à fortifier ses châteaux. Après de longs débats, Paul IV fut créé pape; il avait été banni de Naples avec un grand nombre de ses parents. Comme il était favorable aux Français, il ordonna à Marc'Antonio, qui était favorable à l'empereur, de cesser les travaux et de laisser à Rome sa mère et ses sœurs qui devaient servir de garantie. Malgré ces ordres Marc'Antonio s'enfuit avec elles (1) une nuit et regagna sa seigneurie. De nombreux cavaliers envoyés à sa poursuite ne purent l'atteindre. Le pape fit alors plusieurs mouvements de troupes, et se montra pendant longtemps disposé à commencer les hostilités. Aussi, par mesure de précaution, entretenait-on, comme je l'ai dit, dans le royaume

(T. 331) (P. IV, 89)

---

1) MS. de Ceccaldi : « ... Con quelle se ne fuggì etc. » — Les mots *con quelle* ont été omis dans les éditions italiennes.

de Naples et dans le duché de Florence un grand nombre de troupes soudoyées que l'on garda tant que le pape garda les siennes.

Lorsque la trêve fut conclue entre tous les princes chrétiens, le pape crut que le moment était venu de punir Marc'Antonio, et l'attaqua avec toutes ses forces. Il prit tous ses châteaux, érigea sa seigneurie en duché et la conféra à son neveu avec le titre de duc de Pagliano. L'empereur voyant ces mouvements, craignit que le pape n'eût l'intention de lui enlever le royaume de Naples, dont la seigneurie de Marc'Antonio était limitrophe, et jugea plus prudent de porter la guerre chez les autres que de l'attendre chez lui. Il réunit des forces imposantes sous le commandement du duc d'Albe, qui gouvernait ce royaume, et les envoya contre le pape, car les souverains ne sont jamais à court de raisons pour colorer leurs entreprises. Le pape avait donc cette armée sur les bras, tandis que son voisin, le Duc de Florence, se montrait assez mal disposé à son égard. Aussi fit-il fortifier les places frontières des Etats de l'Eglise et retira-t-il ses troupes à Rome. Ce qui lui avait fait perdre encore de son assurance, c'est que, dans ces mêmes jours, Ottavio Farnese, duc de Parme, et le cardinal Alessandro, son frère, avaient abandonné le parti français pour s'attacher à l'empereur qui leur avait donné aussitôt la ville de Plaisance. Les Farnese avaient à Rome un parti puissant. La cavalerie impériale faisait presque chaque jour des incursions jusque sous les murs de la ville, et l'armée occupait Ostie avec plusieurs autres places.

Se trouvant ainsi resserré, le pape, afin d'amener le roi de France, Henri, à se charger de la guerre, envoya le cardinal Caraffa pour implorer son secours. Le roi se prépara à répondre à cet appel, et au commencement de septembre il envoya du côté de Rome avec le maréchal

Pietro Strozzi et le cardinal, vingt-deux galères chargées de troupes. Les galères passèrent par la Corse et allèrent débarquer les troupes à Civitavecchia. Le baron de La Garde, commandant de la flotte, resta plusieurs jours dans cette ville pour la mettre en état de défense, et Strozzi passa à Rome avec le cardinal.

Les affaires étaient dans cet état à Rome, lorsque Giordano Orsino dut quitter la Corse pour se rendre à la cour du roi Henri. Afin de laisser des forces suffisantes autour de Calvi et de Bastia, il envoya dans les environs de ces villes quatre capitaines corses pour que chacun d'eux levât une compagnie. C'étaient, pour la Balagne, Andrea de Speluncato, et pour les pays voisins de Bastia, Raffaello Gentile de Brando, Leonardo de Corte et Antonio de Saint-Florent, qui était lieutenant de Sampiero. Sampiero le remplaça par Alessandro de Lento, homme plein de courage et d'expérience dans les choses de la guerre. Avant son départ, Giordano voulut encore tenir à Corte une assemblée générale. L'assemblée fut renvoyée à plusieurs reprises, n'ayant pu, pour certaines raisons, se tenir au jour indiqué. Elles se réunit enfin vers le milieu de septembre. Presque tous les principaux de l'île y assistèrent, surtout ceux qui avaient fait la guerre au service des Français. Chaque piève était représentée par deux procureurs. Cette assemblée tint de nombreuses séances : les Corses nommèrent leurs Douze, quatre par *terziere*, suivant l'ancien usage ; puis en présence de Sampiero et du consentement de toutes les populations, ils ajoutèrent aux statuts que les Génois avaient faits pour les Corses et qui continuaient de les régir, une infinité d'autres articles avec des exemptions nouvelles. Orsino accueillit avec bienveillance toutes ces demandes, puis il ajouta qu'il désirait les mettre sous les yeux du roi, et invita les Corses à élire au nom de l'île entière deux procureurs

(T. 332) (P. IV, 92)

qui partiraient avec lui. Il promettait d'appuyer les demandes. Après de longues discussions, les deux procureurs élus furent Giacomo de la Casabianca et Leonardo de Corte. On s'occupa ensuite de fixer les contributions des vivres (1), et l'on décida que le juge du Deçà des Monts siègerait la moitié du temps aux *marine* et l'autre moitié à Corte.

Giordano se rendit ensuite avec une nombreuse escorte à Belgodere de Bagnaggia pour reconnaître les positions de l'ennemi avant de quitter l'île. Après avoir mis ordre de ce côté aux affaires du roi, il passa à Saint-Florent; afin d'accroître l'importance de cette ville, il y établit le siège d'un juge, qui devait rendre la justice au Nebbio, aux pièves de Bigorno, de Mariana et d'Orto et à tout le Cap-Corse. Ce juge fut Venulo Morico, de Fermo. Précédemment, Giordano avait envoyé un autre juge pour administrer la justice en Balagne. Il passa ensuite dans cette province et laissa à l'égard de Calvi les mêmes instructions qu'il avait laissées à Belgodere à l'égard de Bastia; puis, passant par Corte, il retourna à Ajaccio. Là, après avoir indemnisé les Corses d'une partie des pertes qu'ils avaient subies pendant la guerre, il s'embarqua au bout de quelques jours avec les procureurs et gagna Marseille d'où il se rendit à la cour du roi. Il avait laissé à Ajaccio sa femme qu'il avait fait venir de Rome, et avait établi comme gouverneur Claude de Harlay seigneur de Beaumont, qui avait été gouverneur à Bonifacio avant Monseigneur de la Mola. Il plaça les troupes du Deçà des Monts sous les ordres de Bertrand de Masses, également français. Ce Bertrand avait déjà été mis à Belgodere avec une compagnie en remplacement de Pignano qui avait été

---

1) MS. de Ceccaldi : « Appresso si fecero *le composte* de' viveri etc. » — Les mots soulignés ont été omis dans les éditions italiennes.

révoqué à cause de sa mauvaise conduite. Outre ces deux gouverneurs, Giordano laissa encore comme gouverneur de Bonifacio Jean de Cros, mestre de camp de l'armée française en Corse, et comme gouverneur de la Balagne Monseigneur de Beaujourdain, neveu de Thermes.

Cependant les Génois, à Bastia, se trouvaient étroitement resserrés, car Giordano avait défendu qu'on leur laissât prendre sans autorisation aucun objet sur le territoire occupé par les Français. Ils ne pouvaient même pas aller prendre du poisson dans l'étang, car ils en étaient empêchés par Altobello et Raffaello Gentile de Brando. Or c'était là leur principale ressource ordinaire. Contraint par la nécessité, le commissaire envoya pendant la nuit du vingt octobre quelques soldats dans une île appelée Lischia (Ischia), qui se trouve au milieu de l'étang, où les pêcheurs avaient l'habitude de se retirer. Les Génois eurent le temps de s'y fortifier avant que les Français se fussent aperçus de ce mouvement. La compagnie de Raffaello Gentile se trouvait à Furiani avec les cavaliers d'Altobello; la compagnie de Masses et celle d'Antonio de Saint-Florent étaient à Belgodere; celle de Sampiero et celle de Leonardo de Corte étaient toutes deux à Cardo. Toutes commencèrent à resserrer plus étroitement encore Bastia et engagèrent des escarmouches sanglantes tantôt contre les défenseurs de Bastia, tantôt contre ceux de Saint-Antoine (1). Sans doute, il y avait des morts des deux côtés; néanmoins les Génois ne pouvaient lutter à force ouverte, bien qu'ils eussent reçu des

(T. 332) (P. IV, 95)

---

1) MS. de Ceccaldi : ... incominciarano a stringere quelli della Bastia » *e vi si facevano di scaramuccie sanguinose hora con gli prenarrati della* » *Bastia* et *hora con* quelli di Sant' Antonio. » — Les mots soulignés ont été omis dans les éditions italiennes.

renforts à plusieurs reprises et que le nombre de leurs soldats montât à plus de six cents. Les Français leur étaient supérieurs en tout.

Pendant que les Français tenaient la campagne sans rencontrer de résistance et méprisaient davantage les forces génoises (il arrive souvent, en effet, que plus on est fort, moins on est prudent), les Génois de Bastia, qui guettaient une occasion, firent, sur l'invitation des seigneurs d'Erbalunga, passer de ce côté pendant la nuit, sur des frégates, environ trois cents soldats qui arrivèrent au point du jour à Porretto, village de Brando, et attaquèrent la tour où demeuraient Altobello et Raffaello, avec six ou huit compagnons seulement. Les chefs de cette expédition étaient Aurelio d'Elce et Vincenzo de Brescia, capitaines de compagnies. Ils firent immédiatement dresser un *gatto* au pied de la tour qui était sans défense, ils croyaient pouvoir y ouvrir une brèche avec les pics qu'ils avaient apportés à cet effet. Mais après de longs efforts, ils trouvèrent le roc vif. Sans poursuivre davantage une tentative inutile, ils appuyèrent le pont contre la porte qu'ils se mirent à frapper à coups de hache.

Ceux de la tour ne perdirent point courage; ils savaient que dans les circonstances critiques, lorsque le danger est présent, il faut prendre le parti qu'inspire la grandeur d'une âme généreuse. Ils se défendirent donc énergiquement, et lorsque la porte eut été brisée par la hache, les assaillants trouvèrent derrière un mur de pierres sèches élevé dans l'embrasure. Les Génois jetèrent par terre ce mur à coups de bélier, puis ils introduisirent dans la tour un baril de poudre solidement fixé à l'extrémité d'un bâton percé de bout en bout et rempli de la même poudre. C'était un engin fort habilement préparé. Ils mirent le feu à la poudre par le bout du bâton. L'explosion brisa la plate-forme supérieure de la tour et fit sauter en l'air tous les hommes qui s'étaient postés dessus pour combattre. Il ne resta de vivants à l'intérieur qu'Altobello et Raffaello, Ippolito de Saint-Florent et un autre appelé Manetto, de San Vito de Casacconi (1) ; le hasard voulut qu'ils se trouvassent alors appuyés contre le mur. Mais Altobello ne pouvait guère se défendre, parce qu'il souffrait toujours du coup d'arquebuse qu'il avait reçu près du Bevinco, et depuis ce temps la fièvre ne l'avait pas quitté.

Raffaello, au contraire, se signala par une défense héroïque ; bien qu'il eût les mains et le visage tellement brûlés qu'on l'eût pris pour un monstre, il se tint à la porte, et toutes les piques ou hallebardes que les ennemis faisaient passer, il les tranchait ou les arrachait avec ses mains brûlées. Enfin, vers l'heure de vêpres, les Génois ayant jeté dans la tour de nombreux sacs de poudre, Raffaello, qui ne pouvait prendre aucun repos, se prépara à mourir honorablement avec Altobello. Mais les Français qui étaient à Cardo et dans les environs commençaient à arriver à leur secours, et poussaient de loin des cris pour les encourager. Les Génois, ne pouvant achever leur entreprise, firent sur Erbalunga une retraite précipitée et pleine de désordre ; mais avant d'arriver, ils avaient perdu, tant au Porretto qu'en chemin, plus de dix hommes. Les Français, en effet, n'avaient pas cessé un instant de les poursuivre. Cet événement eut lieu le cinq novembre. Altobello et Raffaello, entraînés par leur mauvais destin, pour ne point céder le pays (2) aux Génois, s'étaient retirés au Castello de Brando. Or, si la tour du Porretto

(T. 333) (P. IV, 98)

---

1) On lit seulement dans le MS. de Ceccaldi : « Rimasero dentro ivi » solamente Altobello et Raffaello *con due altri.* »

1) MS. de Ceccaldi : « ... per non cedere *il paese* etc. » — Les mots *il paese* ont été omis dans les éditions italiennes.

s'était trouvée trop faible, le Castello l'était bien davantage. Le huit du même mois, les Génois, pour laver la honte de leur échec précédent, firent partir de Bastia autant de soldats que la première fois, et le matin avant le jour, accompagnés des seigneurs d'Erbalunga, ils attaquèrent de nouveau les deux frères.

Le Castello, ruiné, comme je l'ai dit, dans les guerres précédentes, n'était pas couvert; il n'était fortifié que par sa position même; aussi Altobello et Raffaello dormaient-ils pendant la nuit dans la maison la plus rapprochée. Avant que leurs sentinelles eussent le temps de les prévenir, ils étaient cernés par les Génois. Raffaello qui, à cause de ses brûlures, était hors d'état de combattre, eut le temps de se retirer dans le Castello par le toit de la maison; Altobello, qui voulait encourager les siens, attendit quelque temps, et quand il voulut passer par le toit pour se retirer à son tour dans le Castello, il était trop tard. N'espérant plus échapper, il pensa que l'honneur lui commandait de mourir plutôt que de tomber vivant entre les mains des ennemis. Il se montra donc à eux aussi bien qu'il put, et il fut tué par plusieurs coups d'arquebuse. Dès qu'il fut mort, les Génois, pleins de joie, lui coupèrent la tête et ne songèrent plus à chercher les autres qu'ils auraient probablement pris sans difficulté. Ils s'en allèrent et passèrent par le village de Musuleo, où se trouvait une maison gardée par quelques soldats de Raffaello. Ils leur montrèrent la tête d'Altobello et les obligèrent à se rendre. Ils les remirent aussitôt en liberté, mais ils brûlèrent la maison et emportèrent en triomphe à Bastia la tête d'Altobello. Les Français qui étaient de ce côté ne tardèrent pas à s'apercevoir qu'ils avaient fait une grande perte. En effet, Raffaello ayant quitté le pays, ceux d'Erbalunga parcouraient Brando, Sisco et Pietracorbara sans rencontrer de résistance.

(T. 334) (P. IV, 100)

Mais les choses se passaient tout autrement à Bastia. A Belgodere, les Français devenaient chaque jour plus nombreux et les escarmouches étaient fréquentes, si bien que ceux de Bastia ne pouvaient presque plus mettre le pied dehors ; ceux de l'église Saint-Antoine étaient eux aussi comme assiégés. Peu de temps après la mort d'Altobello, le baron de La Garde arriva de Civitavecchia avec six galères à Saint-Florent où il trouva deux vaisseaux génois ; l'un, chargé de bois et d'autres choses nécessaires au ravitaillement de Calvi, avait pendant une tempête fait naufrage dans le golfe ; l'autre était chargé de marchandises. Beaucoup de personnes se rendirent auprès du baron et le prièrent de prendre ces vaisseaux (1), puis de faire voile pour Erbalunga, de brûler et de ruiner cette place, pour faire une sorte de sacrifice expiatoire aux mânes d'Altobello. Mais le baron repoussa ces demandes, parce que la trêve n'était pas encore expirée, et qu'il ne voulait pas être le premier à la violer. Il aida même à transporter sur l'autre vaisseau ce qui restait du vaisseau naufragé et passa à Marseille.

D'un autre côté, Masses, qui se trouvait à Belgodere, où l'on ne connaissait plus ni paix ni trêve, voyant qu'il ne restait plus personne à Brando pour resserrer comme auparavant ceux d'Erbalunga qui avaient brûlé toutes les maisons susceptibles d'être fortifiées (2), résolut de fortifier dans leur voisinage l'église de San Martino di Lota. Il la fortifia en effet aussi vite que possible, et y mit un poste nombreux de Gascons. On était à la fin de décembre. Puis trouvant

(T. 334) (P. IV, 101)

---

1) MS. de Ceccaldi : « ... quelle navi : » — Editions italiennes : « ... quella nave. »

2) MS. de Ceccaldi : « ... gli quali havevano arse quante case vi conoscevano potersi mettere in fortezza etc. » — Editions italiennes : « i quali avendo arse le case vi si conoscevano etc. »

que l'église Saint-Antoine était pour les Français un frein dur à ronger, et voyant qu'il ne pouvait empêcher les Génois de la ravitailler de temps en temps, il prit ses dispositions pour s'en emparer. Il fit venir de Saint-Florent une demi-pièce que les galères françaises avaient laissée et que les populations voisines amenèrent par terre. Cette demi-pièce vola en éclats à la première décharge, et Masses en envoya chercher une autre qui était à l'Algaiola.

On escarmouchait presque sans relâche de ce côté, et de part et d'autre succombaient des hommes vaillants et illustres, capitaines, officiers et soldats. C'est ainsi que furent tués Alessandro de Lento, lieutenant de la compagnie de Sampiero, et Anton Matteo de Vescovato, lieutenant de la compagnie de Raffaello Gentile de Brando; c'étaient deux hommes pleins de courage et fort renommés à cette époque. Alessandro fut emmené prisonnier à Bastia, et comme il était blessé grièvement, il mourut au bout de quelques jours. Parce qu'il s'était toujours comporté humainement à la guerre, le commissaire le fit soigner avec beaucoup d'attention (1) tant qu'il fut en vie, et lorsqu'il fut mort, on le renvoya avec honneur à sa compagnie. Anton Matteo succomba dans un engagement (2), sans tomber entre les mains des ennemis, et son corps fut emporté dans son pays pour y être enterré. Giovan Giacomo Da Mare était allé avec un brigantin prendre l'autre canon en Balagne et quatre jours après il le débarquait à Saint-Florent. Le canon fut amené par terre en toute hâte à Belgodere. Masses, qui craignait de ne pouvoir tenir tête à lui seul aux ennemis, fit un appel

(T. 335) (P. IV, 103)

---

1) MS. de Ceccaldi : « fu fatto... *dal Commissario diligentemente curare.* » Les mots soulignés ont été omis dans les éditions italiennes.

2) MS. de Ceccaldi : « ... spirò in fatti. » — Editions italiennes ... « ... spirò in campo. »

à tous les capitaines des montagnes et aux populations du pays qui arrivèrent sous la conduite de Giovan Michele Pertuso, alors juge du Deçà des Monts, qui avait son tribunal à Campoloro. Le nombre des Corses montait à cinq cents environ. Lorsqu'ils furent arrivés, Masses fit braquer son canon contre l'église et commença à battre les murs.

Les Génois qui étaient à Bastia crurent défendre l'église en tirant eux-mêmes sur Belgodere. Ils pointèrent de ce côté trois gros canons et commencèrent à battre vivement, de Bastia, les maisons du village. Mais cette tactique n'eut aucun succès. Le jour même, sans que le canon français eût tiré plus de trente-neuf coups, ceux de l'église voyant que les murs étaient trop faibles pour tenir longtemps, se mirent à sonner la cloche pour demander du secours à Bastia. Les Génois sortirent en effet de la place en ordre de bataille pour aller les soutenir. Mais en voyant la multitude des assaillants, ils jugèrent qu'il leur était impossible de les secourir sans s'exposer à un grave danger et prirent le parti de rentrer dans la place. En se voyant ainsi abandonnés, ceux de l'église se rendirent aussitôt. C'était le dix-huit janvier 1557.

La prise de l'église faillit être marquée par un grave incident. Il y avait dans ce poste des Espagnols, des Sardes, des soldats d'autre nationalité et quelques Corses. Masses, qui avait promis aux autres la vie sauve, la leur accorda; quant aux Corses, sur les instances, croit-on, de Raffaello Gentile qui ressentait plus de douleur pour la perte récente de son frère que d'affection à l'égard de ses compatriotes (1),

(T. 335) (P. IV, 104)

---

1) MS. de Ceccaldi : « ... più spinto dal dolore... che dall'amore della
» patria sua etc. » — Editions italiennes : « che dal *timor* della patria
» sua. »

il les envoya aussitôt au gibet pour qu'ils fussent pendus. Mais les Corses amis des Français, qui avaient prévu cette mesure, se soulevèrent tous ensemble et crièrent bien haut qu'ils ne voulaient pas que les autres fussent mis en liberté, et que les Corses seuls fussent punis. Ils commencèrent à faire un tel bruit que les soldats de Bastia, mis au courant de la chose, s'avancèrent en ordre de bataille et crièrent aux Corses de ne rien craindre, qu'ils leur offraient leur appui. Alors Masses, voyant cette intervention et envisageant la grandeur du péril qui le menaçait, se trouvant, d'un autre côté en désaccord avec le Juge, qui s'était montré favorable aux Corses, pensa qu'il était plus sage de condescendre à la volonté de tous qu'au désir d'un seul et remit en liberté les Corses, qui retournèrent dans leurs maisons. Le Juge se rendit à Ajaccio pour visiter un nouveau président qui venait d'arriver dans l'île au nom du roi. C'était un homme d'une grande autorité, qui était de la ville d'Avignon et s'appelait Pietro Panizza. Il avait le titre de président général en Corse, jugeait en appel et les autres juges étaient soumis à son syndicat. Pour ajouter à son prestige, il emmena avec lui deux docteurs, dont l'un devait être procurateur du fisc et l'autre l'assister en son conseil.

Lorsque le Juge et les autres Corses eurent quitté Belgodere, Masses démantela l'église Saint-Antoine, puis, pour se ménager un refuge en cas de besoin, il commença à construire sur la hauteur un fort qu'il entoura de solides bastions et acheva en peu de temps.

La trêve allait être rompue partout, et de tous côtés on faisait de grands préparatifs pour recommencer la guerre. Le roi Henri dirigea sur le royaume de Naples, afin de secourir le pape, une puissante armée composée de nombreuses troupes de cavalerie et d'infanterie et commandée par Monseigneur le Duc François de Guise, pair et grand chambellan de France. Le Duc, avec cette armée, rompit ouvertement la trêve, franchit les Alpes, et, avant que l'ennemi eût eu le temps de se mettre sur ses gardes, il s'empara de Valenza en Lombardie, puis traversa le centre de l'Italie, sans rencontrer de résistance. L'armée impériale qui avait déjà occupé Ostie et bâti un fort dans le Tibre, se retira en ne laissant dans ces postes que de faibles garnisons. Aussi le pape, qui avait déjà réuni beaucoup d'infanterie, les reprit-il sans difficulté.

Ensuite les deux armées, celle du pape et celle du roi, marchèrent sur le royaume de Naples, malgré la résistance de l'armée impériale qui avait grossi et leur disputait le passage en plusieurs endroits. Si cette partie de l'Italie était ainsi bouleversée, le Piémont (car la guerre avait recommencé partout) n'était pas plus tranquille; Monseigneur de Brissac, général du roi, et Francesco d'Avalo, marquis de Pescara, fils d'Alfonso marquis de Vasto, et lieutenant du duc d'Albe, qui commandait les troupes impériales, se livraient de sanglants combats, dans lesquels l'avantage restait le plus souvent à Brissac. La trêve se trouvant rompue et la guerre, comme je l'ai dit, ayant recommencé partout, deux galères françaises prirent dans le golfe de Saint-Florent deux navires de Raguse chargées de marchandises génoises.

Le mois de mars se passa tout entier sans qu'il arrivât dans l'île rien de remarquable, à part les escarmouches qu'on se livrait habituellement autour de Bastia et de Calvi. Le huit avril, arrivèrent dans le golfe de Saint-Florent trente-deux galères françaises, chargées de troupes qu'elles transportaient dans le royaume de Naples.

Elles passèrent par Erbalunga qu'elles prirent avant de s'éloigner de l'île; le pays était d'ailleurs presque abandonné, parce que les habitants s'étaient retirés à Bastia (1) ; par l'ordre de Raffaello, ennemi des seigneurs de ce lieu, le village fut brûlé et toutes les maisons rasées jusqu'aux fondements. Il ne resta debout qu'une tour, où les Français mirent une garde. Outre Erbalunga, les galères françaises prirent encore la tour de Grigione, de sorte qu'il ne resta plus aux Génois que la tour de Casaiuola et celle d'Ampuglia, au Cap-Corse, qu'ils avaient occupée quelques jours auparavant.

Après ces événements, comme les Français cantonnés autour de Bastia ne recevaient pas de vivres du continent et souffraient beaucoup de la disette, Sampiero se mit aussitôt à en chercher parmi les populations, avec Masses, et le Juge de Campoloro. Le douze avril, ils arrivaient à Vescovato (2), village où les provisions étaient plus abondantes que dans les autres endroits. Ils y réunirent une grande quantité de vivres, puis ils s'arrêtèrent pendant quelques jours afin d'éteindre une inimitié nouvellement survenue entre les familles Ceccaldi et Biaggi. Un grand nombre de Corses étaient déjà descendus des montagnes afin de prendre parti pour l'une ou l'autre famille. On les fit enfin consentir à une trêve pour un certain temps. Ce

(T. 337) (P. IV, 108)

---

1) MS. « ... passarono per Herbalunga *et quella avanti la loro partita dell'Isola presero che era quasi abandonata essendosi gli habitanti ritirati nella Bastia, la qual terra di Herbalunga* par ordine di Raffaello etc. » — Les mots soulignés ont été omis dans les éditions italiennes.

2) MS. de Ceccaldi : « ... si trovarono in un tratto a ricercarne tra i popoli San Piero, il Masses et il Giudice di Campoloro e i 12 di aprile al Vescovado etc. » — Edition de Tournon : « ... Sampiero, il Masses, con il Giudice di Campoloro, e' dodici al Vescovado etc. » — Edition de Pise : « ... Sampiero, il Masses col Giudice, e i Dodici al Vescovado etc. »

n'était pas seulement à Vescovato qu'il y avait des inimitiés; il n'y avait guère de familles en Corse où il n'y en eût pas et il ne se passait pas de jour sans qu'il en éclatât quelqu'une.

Pendant ce temps, les Génois et les Français se livraient, comme je l'ai dit, des escarmouches continuelles et sanglantes qu'il serait trop long de raconter en détail. Il y périt de part et d'autre un grand nombre de soldats et d'officiers distingués, Corses et étrangers, aussi bien autour de Lischia (1) qu'autour de Bastia et de Calvi. Parmi ceux qui étaient avec les Génois à Bastia, succombèrent le Génois Battista Casanova, chef d'une compagnie, Virgilio et Fabio Gentile d'Erbalunga, tous deux fils d'Alessandro. L'un périt en voulant sauver l'autre blessé à mort, et mourut presque en même temps que lui; c'étaient deux hommes d'une bravoure singulière. Du côté des Français, deux jeunes gens pleins de valeur qui faisaient leur apprentissage dans le métier des armes, trouvèrent aussi à Lischia une mort glorieuse; ce furent Francesco d'Omessa d'abord, ensuite Marco Maria Ceccaldi de Vescovato; l'un était lieutenant du corps de cavaliers, et l'autre lieutenant d'infanterie dans les compagnies de Raffaello Gentile de Brando; car depuis la mort d'Altobello, Raffaello avait les deux compagnies. Un peu plus tard, à Calvi, dans une embuscade que les Français tendirent à ceux de la place, périt Lazzaro Villanova, capitaine renommé, sergent-major des soldats génois en ce lieu.

Pendant que ces choses se passaient, Giordano Orsino arriva au commencement de juin avec huit galères qui transportèrent à Civitavecchia Ferrante San Severino, précé-

---

1) C'est l'île de l'étang de Biguglia, que l'on appelle ordinairement Ischia.

demment prince de Salerne, qui venait lui aussi de la cour de France. Baccio Martelli revint en Corse avec six de ces mêmes galères qui devaient rester sous ses ordres pour veiller à la sûreté de l'île. Il prit dans nos eaux un vaisseau génois, puis passa en Sardaigne, et prit à Porto-Torres encore deux navires et deux brigantins. Giordano était venu en Corse avec une grande réputation; s'il était grand lorsqu'il en partit, il revint plus grand encore. Le roi Henri lui avait conféré l'ordre de Saint-Michel qui ne se confère d'ordinaire qu'à des personnes de famille illustre ou distinguées par leur mérite; il l'avait confirmé dans ses fonctions de lieutenant royal dans l'île. Les ambassadeurs corses qui revinrent avec lui avaient été sur sa recommandation faits chevaliers et avaient fait agréer par le roi la plupart de leurs demandes. La première chose que fit Giordano en arrivant en Corse, fut d'aider les Balanais à faire leur récolte; il envoya à cet effet cinq compagnies, tant corses que françaises, à Mozzello, au-dessus de Calvi, pour empêcher les Génois de sortir de la place. Il fit payer ensuite aux compagnies une partie de leur solde, car elles n'avaient rien reçu depuis qu'il était parti de l'île.

Sur ces entrefaites, les Génois avaient résolu de se servir, aussitôt qu'ils le pourraient, de la flotte impériale alors employée dans la guerre de Naples. Ils étaient décidés à faire une nouvelle expédition en Corse, et attendaient seulement que la flotte fût disponible. Giordano, informé de leurs intentions, jugea que celui qui se fortifierait le premier à Saint-Florent s'assurerait un grand avantage. Ayant donc reçu du roi l'autorisation de fortifier cette place, il s'y rendit par mer et déploya la plus grande activité pour la mettre en état de défense. Il fit un appel à tout le Cap-Corse pour travailler aux ouvrages. Les travaux furent commencés pendant le mois de juillet, et comme pendant cette saison l'air est malsain en cet endroit et que l'on manquait de commodités pour se loger, Giordano allait passer la nuit à Poggio di Casta et descendait tous les matins.

On apprit à Gênes que l'on fortifiait Saint-Florent; le gouvernement, comme se reprochant à lui-même de s'être laissé enlever aussi sottement, au plus fort de la guerre, une forteresse d'une pareille importance, commença à augmenter le nombre des troupes qu'il entretenait à Bastia en y transportant des renforts avec les petits navires dont il pouvait disposer. Et comme un grand nombre des principaux Corses dévoués aux intérêts génois se trouvaient à Gênes, il les exhortait à prendre part à l'expédition que l'on projetait dans l'île, en leur faisant voir d'une manière claire comme le jour, que les Corses étaient tellement las et fatigués des procédés des Français, qu'au moindre signe indiquant que les Génois ne voulaient pas les abandonner, tous ou du moins le plus grand nombre prendraient les armes en leur faveur. Les Génois prirent alors à leur solde le comte Girolamo Lodrone, homme distingué, brave et expérimenté dans les choses de la guerre. Ils le nommèrent commandant des troupes en Corse, et lui promirent qu'au bout de quelques jours il aurait sous ses ordres six mille fantassins outre les Corses qui se joindraient à lui. Le comte Girolamo arriva à Bastia vers le milieu du mois d'août, amenant avec lui deux compagnies. A son arrivée, il donna encore commission de lever des compagnies à Alfonso et Ercole Gentile d'Erbalunga, à Sansonetto de Biguglia, Pier Andrea de Belgodere, et Anton Francesco Coppole de Bastia (1); Francesco Sorna-

---

1) MS. de Ceccaldi: « ... et Anton Francesco Coppole dalla Bastia, » essendovi di già Francesco Sornacone con la sua, tutti Corsi, i » quali etc. » — Le texte des éditions italiennes est beaucoup moins clair.

cone se trouvait déjà dans cette ville avec sa compagnie. Ils étaient tous Corses et recrutèrent un grand nombre de soldats de nationalité corse ; chaque jour des frégates ou des brigantins amenaient des renforts de terre ferme, si bien qu'il y avait en tout treize compagnies dont l'effectif s'élevait à plus de quinze cents hommes.

Les postes occupés par les Français étaient Furiani, Belgodere, Cardo et San Martino di Lota. Raffaello Gentile de Brando logeait alors à Furiani avec les cavaliers, ainsi que Leonardo de Corte avec sa compagnie ; à Belgodere, étaient deux compagnies gasconnes et celle d'Antonio de Saint-Florent ; à Cardo, la compagnie de Sampiero, dont le lieutenant était Giacomo Mancino de Bastelica, et Achille de Campocasso avec la sienne. La compagnie d'Achille avait été retirée à Raffaello Gentile, auquel Orsino, après son arrivée, avait donné les cavaliers de son frère. Achille avait donc été établi à Cardo avec cette compagnie ; à San Martino de Lota, se trouvait, comme je l'ai dit, une compagnie de Gascons.

Il n'y avait pas huit jours que le comte Girolamo était arrivé que, conformément aux exigences de la guerre qui ne comportent aucun retard, il ne voulut pas se laisser resserrer plus longtemps par les ennemis. Il partit donc une nuit de Bastia, emmenant à Cardo tous les soldats disponibles en dehors de la garnison, et fit traîner derrière lui à bras une demi-pièce. Dès qu'il fut arrivé, on échangea quelques coups d'arquebuse qui ne tuèrent qu'un des hommes cantonnés dans le village. Mais lorsque ceux-ci se virent cernés par tant de monde, lorsqu'ils aperçurent, au dessous de Cardo, le demi-pièce que l'on amenait et qu'ils comprirent la grandeur du péril, ils perdirent courage, et, cédant à la nécessité, ils commencèrent à entrer en pourparlers avec de nombreux Corses qui étaient au dehors et en particulier avec les seigneurs d'Erbalunga, parents d'Achille. Pendant ces pour-

parlers, Achille et Giacomo, par imprudence ou de dessein
prémédité (1), sortirent sans avoir demandé la parole du
comte qui les retint aussitôt. Ils rentrèrent pêle-mêle avec
les Génois dans le fort qui fut pris sans coup férir avec la
plus grande partie des soldats. Les autres s'enfuirent du
côté opposé, en franchissant les murs, avec l'*alfiere* de Sampiero; celui-ci avait eu la précaution d'enterrer l'enseigne,
dont on n'entendit plus jamais parler.

Les Génois occupèrent ce fort pendant plusieurs jours; à
la fin jugeant qu'on ne pouvait le garder ni bien ni commodément, ils le ruinèrent et le rasèrent avec une partie du
village. Les prisonniers furent fort bien traités; Achille et
Giacomo furent seulement retenus sur parole; les Génois
demandèrent aux autres s'ils voulaient recevoir d'eux une
paye et leur firent beaucoup de caresses pour se donner la
réputation de traiter les Corses avec humanité et les attirer
ainsi dans leur parti. Quelques-uns restèrent avec eux et
acceptèrent une solde, puis s'enfuirent. Giacomo Mancino
s'enfuit lui-même quelques jours après; mais il fut repris et
envoyé pour être mis aux fers à Gênes sur une frégate qui
fit naufrage en route. Il rentra plus tard chez lui avec une
renommée assez peu brillante. Achille fut si bien caressé
par le comte Girolamo qu'il resta auprès de lui tant qu'il
fut en Corse; on prétendit même que le comte l'emmenait
avec lui lorsqu'il allait engager quelque combat.

Orsino, de son côté, avait fait annoncer une assemblée
générale pour le 25 août à Vescovato. Au jour indiqué, les
populations accoururent en foule, et Sampiero avec elles.
Mais l'affaire de Cardo ayant eu lieu sur ces entrefaites,

(T. 339) (P. IV, 116)

---

1) MS. de Ceccaldi : « ... non si sa se inconsideratamente, o con
» malitia etc. » — Editions italiennes : « ... o con *mano liscia*. »

Giordano avait remis l'assemblée au mois de septembre. Sampiero passa alors du côté de Saint-Florent, non pour voir Giordano, auprès duquel il n'était guère en faveur (1), mais pour voir le Président son ami, qui était arrivé en même temps que Giordano. Voici comment était survenue cette inimitié entre Giordano et Sampiero. Lorsque le premier s'était rendu l'année précédente, comme je l'ai dit, à la cour du roi, Sampiero aurait voulu qu'il le laissât à sa place dans l'île avec le titre de lieutenant royal, titre qu'il se flattait d'avoir mérité par les nombreux services qu'il avait rendus pendant la guerre de Corse. Mais Giordano voulait le laisser simplement gouverneur du Delà des Monts et non de toute l'île; il voulait qu'il n'eût d'autre titre que celui de son propre lieutenant et non celui de lieutenant du roi. Sampiero refusa d'accepter cette situation, et on prétendit que dans son mécontentement il avait envoyé des émissaires à la cour pour contredire Giordano sur un grand nombre de points et qu'entre autres choses, il avait fait demander au nom des populations un Président, en mettant en avant les intérêts de l'île. Mais d'autres pensèrent qu'il l'avait fait plutôt pour affaiblir l'autorité de Giordano que pour toute autre raison, car le Président, une fois arrivé en Corse, fit beaucoup d'opposition à Giordano. Comme celui-ci avait l'autorité suprême sur toutes choses, il obligea le Président à se comporter avec plus de respect, et garda la plus vive rancune contre Sampiero, qu'il regardait comme l'auteur de toutes ces choses. Aussi lorsqu'ils se parlaient, n'échangeaient-ils que des propos fort peu courtois.

(T. 339) (P. IV, 118)

---

1) MS. de Ceccaldi : « ... non per vedersi con Giordano *per esser molto in disgratia sua, etc.* » — Éditions italiennes : « ... *per esser molto sdegnati insieme etc.* »

Le jour même que Sampiero passait dans le Nebbio avec une faible escorte, le comte Girolamo, à Bastia, voulant se débarrasser également des ennemis cantonnés à Furiani, passa de ce côté avec les troupes qu'il avait menées contre Cardo et deux pièces d'artillerie. Il arriva à l'aurore et commença à battre vigoureusement le fort du village en tirant d'un vallon situé près d'une église qui était sous le vocable de Saint-Antoine. L'engagement dura jusqu'à l'heure des vêpres. Leonardo de Corte était dans Furiani avec sa compagnie, comme je l'ai déjà dit, et la veille au soir Antonio de Saint-Florent y était arrivé également. Ils défendaient courageusement les remparts, repoussant les ennemis qui venaient les attaquer. Ils ne perdirent qu'un homme, et Leonardo fut blessé à la tête, tandis que les assaillants eurent plusieurs blessés et plusieurs morts.

Giordano avait appris à Saint-Florent que Furiani était attaqué ; il monta aussitôt à cheval avec ses gentilshommes et se dirigea de ce côté, en ordonnant à Masses de le suivre avec l'infanterie. Masses avait été nommé gouverneur de Saint-Florent et s'y était retiré avec quatre compagnies ; il en avait laissé deux autres dans le fort de Belgodere. Pendant que Giordano courait en toute hâte du côté de Furiani, il vit passer de loin Sampiero du côté de Saint-Florent. Il lui fit faire des signes et fit sonner la trompette pour qu'il le rejoignît. Mais soit qu'il n'eût pas entendu, soit, ce qui est plus probable, qu'il n'eût pas voulu entendre, Sampiero continua son chemin. Lorsque Giordano arriva à Furiani, les ennemis, qui avaient été informés de son approche ainsi que de l'approche de quelques galères qui arrivaient par le Cap-Corse, étaient déjà partis. Comme Masses n'était pas encore arrivé, Giordano prit aussitôt avec lui quelques soldats de la garnison de Furiani et se mit à la poursuite des Génois qu'il repoussa jusqu'à Lupino, près de Bastia. Ceux-ci marchaient autant que possible en ordre de bataille ; ils avaient embarqué l'artillerie à l'Arenella, car ils craignaient d'être attaqués par les Français qui étaient sortis de Belgodere. Mais les Français, quelle qu'en soit la raison, ne les attaquèrent point. Pendant cette retraite, quelques hommes furent tués parmi les Génois et parmi les cavaliers français.

On dit que, si Sampiero avait été instruit de cette attaque le matin à Vescovato, s'il eût emmené avec lui seulement les cavaliers, qui étaient arrivés pour assister à l'assemblée, et dont le nombre dépassait une centaine, s'il eût coupé la retraite aux Génois au-dessous de Furiani, il les aurait sans aucun doute battus et taillés en pièces. Giordano rentra à Furiani le soir, et après avoir considéré combien il était difficile de garder cette position, comme son intention principale était de fortifier Saint-Florent, et qu'il fallait une nombreuse garnison dans une place de guerre si importante, il ordonna aux soldats de Furiani de n'y pas rester plus d'un jour et de partir pendant la nuit. Après quoi, il retourna à Saint-Florent. Instruit de ce fait, le comte Girolamo envoya deux nuits plus tard deux de ses compagnies s'établir à Furiani. Le jour suivant, c'est-à-dire le vingt-huit août, les compagnies établies à Belgodere ayant également reçu de Giordano l'ordre d'évacuer le fort, elles attendirent la nuit, et chargèrent démesurément le canon que l'on avait apporté, comme je l'ai dit, lorsque fut prise l'église Saint-Antoine ; elles voulaient le faire éclater pour que les ennemis ne pussent s'en servir. Elles mirent le feu à la charge, mais le canon n'éclata point. Alors les soldats, craignant qu'à Bastia les Génois n'eussent compris qu'ils se retiraient, s'enfuirent honteusement. Ils abandonnèrent beaucoup d'armes, et les marchands laissèrent beaucoup de denrées qui devinrent la proie des soldats du comte. Ceux-ci entrèrent dans le fort la nuit même et s'y établirent.

(T. 340) (P. IV, 121)

A propos du fort de Belgodere, j'ai entendu dire plusieurs fois à Giordano (1) que Masses en faisant cette dépense avait montré peu de réflexion, parce que ce fort était si près de Bastia qu'il aurait toujours été difficile à garder et fort difficile à défendre. Les Génois, qui avaient pris un convoi de vivres envoyé par Giordano au fort de San Martino di Lota, attaquèrent ce poste à son tour. La garnison se rendit en obtenant la vie sauve et regagna Saint-Florent avec armes et bagages. Dans l'espace de huit jours, le comte occupa, outre les postes déjà nommés, la tour de Grigione située à la marine au-dessous de Lota, et celle d'Erbalunga, parce qu'on achève vite une chose à laquelle on travaille sans relâche. Ainsi les Génois se trouvaient maîtres des villages voisins de Bastia et de tout le Cap-Corse, tant sur une côte que sur l'autre, et aucun seigneur particulier ne pouvait leur tenir tête. Giordano n'en continuait pas moins de fortifier Saint-Florent, parce qu'il savait que c'était là le point capital. Comme on lui avait fait savoir que le principal espoir des Génois et du comte Lodrone était fondé sur le soulèvement de certains chefs corses, il résolut de leur enlever cet appui. Il envoya Sampiero, avec lequel il s'était réconcilié par l'intermédiaire du Président, à Vescovato, en le chargeant de convoquer tous les principaux habitants de l'île et de les inviter à amener le plus de monde qu'ils pourraient.

Sur l'appel de Sampiero, les chefs corses se rendirent à Vescovato, mais avec des partisans fort peu nombreux si on les comparait aux foules qui accouraient autrefois. Sampiero

(T. 341) (P. IV, 123)

---

1) MS. de Ceccaldi : « Questo forte intesi io più volte dire al Signor » Giordano, che il Masses etc. » — Éditions italiennes : « Del forte di » Belgodere disse più volte l'Orsino che il Masses etc. »

s'en étant plaint, ils répondirent qu'on n'avait jamais vu les populations faire la guerre à leurs frais pour le compte des princes, et que, si les populations corses l'avaient faite jusqu'alors, elles ne voulaient pas la faire plus longtemps, après avoir été si mal récompensées. Les chefs offraient donc de servir de leurs personnes, mais ils déclaraient ne pouvoir contraindre les autres. On s'aperçut bientôt, en effet, que leur zèle n'était plus le même; deux jours ne s'étaient pas encore écoulés qu'il ne restait plus qu'un petit nombre de chefs. Sampiero reconnut combien leur dévouement s'était refroidi; il écrivit à Giordano et joignit à sa lettre un grand nombre de plaintes que les chefs corses faisaient contre Giordano lui-même; puis, pour empêcher qu'ils désavouassent ensuite ce qu'ils avaient dit, il leur fit signer la lettre. En la recevant, Giordano resta fort surpris; néanmoins il répondit à Sampiero avec beaucoup de bienveillance. Mais Sampiero ayant envoyé une seconde lettre en répétant toutes les plaintes qu'il avait déjà faites, Giordano lui envoya une réponse conçue en termes couverts et fort mordants, rejetant toute la faute sur Sampiero. Puis, comme il devait se rendre peu de temps après à Vescovato pour y tenir l'assemblée générale, ils ne s'écrivirent pas davantage.

Sur ces entrefaites, Sampiero était parti avec plus de cinquante cavaliers pour aller reconnaître les ennemis jusque sous les murs de Bastia. Mais ayant appris en route qu'un gros détachement lui avait préparé une embuscade à la Mortola, comme cet endroit ne se prêtait pas au maniement des chevaux, il résolut de ne pas aller plus loin. Il se rendit à cheval à Biguglia pour examiner l'ancienne forteresse et voir s'il n'était pas opportun de s'y fortifier. Mais ayant reconnu qu'il y avait peu d'avantage à le faire, il renonça à son idée et retourna à Vescovato. Le lendemain, le comte Girolamo, mû par la même pensée, se rendit aussi à Biguglia avec un

(T. 341) (P. IV, 124)

gros détachement d'arquebusiers; il ne jugea pas non plus cet endroit propre à être fortifié, et retourna à Bastia. Le surlendemain, Giordano s'y rendit à son tour avec plus de soixante cavaliers; il ne s'y arrêta pas davantage et retourna à Saint-Florent. Après avoir laissé les ressources nécessaires pour continuer les travaux de défense dans cette place, il se rendit quelques jours après à Vescovato pour y tenir l'assemblée qu'il avait annoncée. (1)

Les sages ont pensé toujours et partout qu'il est plus avantageux pour un prince qui veut conquérir une province d'avoir l'appui armé des populations que d'avoir à les combattre avec ses propres armes; parce que, grâce à cet appui, la conquête est plus prompte, les dépenses beaucoup moins considérables, le prince voit grandir ses propres forces et diminuer celles des ennemis, la possession de la province est plus sûre et moins précaire. L'appui des populations venant à manquer, c'est tout le contraire qui arrive. Mais, d'un autre côté, si le prince acquiert, comme je viens de le dire, une province avec le concours des populations, ces mêmes populations, le regardant comme leur obligé, ne reçoivent jamais assez de bienfaits; quelque importants et quelque nombreux qu'ils soient, elles les trouvent toujours minces et rares. Il arrive souvent par là que ceux qui pendant la guerre n'ont pas pris les armes en faveur du prince, ou

(T. 342) (P. IV, 129)

---

1) MS. de Ceccaldi : « Dove lasciata la conveniente provisione per
» seguire quella fortificatione da ivi a pochi giorni per fare la veduta
» ordinata passò al Vescovado. » — Le texte des éditions italiennes est un peu moins complet.

même l'ont combattu, jugeant ensuite que pour acquérir ses faveurs ils doivent lui rendre de grands services, montrent tout le dévouement dont ils sont capables, afin d'effacer la mauvaise impression produite par leur conduite passée. Et ainsi le prince trouve en eux un concours plus efficace que dans ceux qui s'étant soumis tout d'abord sont assurés de n'être point mal vus et négligent ses intérêts. Ceux-ci, en effet, pour avoir contribué à l'élévation du prince, deviennent si orgueilleux et si insolents qu'ils se regardent comme associés à la souveraineté et ne sont jamais satisfaits.

De cette manière, il arrive souvent qu'à la fin ils sont précipités du comble de la faveur dans la plus profonde disgrâce, parce qu'aussitôt que, la paix étant rétablie, la justice reprend ses droits, l'inégalité ne peut exister entre les sujets, comme elle existait pendant la guerre. De là mécontentement chez ceux qui sont auprès du prince; ils n'étaient pas contents de leur premier maître, ils sont encore moins contents du second. Il devient alors plus facile de se faire des amis de ceux qui étaient tout d'abord suspects parce qu'ils étaient satisfaits de leur condition antérieure, et on trouvera en eux plus de zèle et plus de fidélité que dans ceux qui étaient tout d'abord des confidents, c'est-à-dire ceux qui en prenant part à la lutte écoutaient plutôt leur intérêt particulier qu'une affection naturelle pour le prince. Je prétends donc qu'un prince qui conquiert des provinces ou des pays quelconques sans l'assistance des populations, rencontre sans doute plus de difficulté au début de la conquête, mais exerce ensuite une autorité plus libre et plus dégagée de toute dépendance.

Les Corses avaient pour la plupart aidé de toutes leurs forces le roi Henri à conquérir leur île et ils avaient fait aux Génois une guerre vraiment terrible, qui leur avait causé à eux-mêmes de grandes pertes. Ayant eu à envoyer pour cette raison des députés à la cour, ils firent au roi toutes les demandes qui leur vinrent à la pensée. Le roi, tout en reconnaissant que beaucoup de ces demandes étaient déplacées, et en ne voulant pas les approuver toutes, désirait néanmoins conserver l'affection des Corses. Afin de leur témoigner sa bienveillance, il leur accorda la plus grande partie de leurs demandes, ou autorisa à les accorder Giordano, son lieutenant dans l'île. Toutes ces choses devaient être publiées dans l'assemblée générale qui allait se tenir. Lorsque les Corses furent réunis sur la place de Vescovato, Giordano, revêtu du prestige que lui donnaient son titre de général en chef, l'ordre que lui avait conféré le roi et le renom de ses exploits militaires (1), leur adressa la parole en ces termes :

« Nobles assistants, si je trouvais des paroles capables de vous exprimer l'amour, la bienveillance et l'affection singulière dont Sa Majesté Très Chrétienne m'a donné des preuves à votre endroit pendant mon voyage en France, je ferais naître en vous non seulement la joie, mais un véritable étonnement. Sa Majesté a reçu vos ambassadeurs avec la plus grande cordialité, et puisqu'ils sont ici présents, ils pourront vous expliquer eux-mêmes en détail l'accueil qu'Elle leur a fait et les faveurs qu'Elle leur a accordées. Elle a pris ensuite connaissance de vos demandes, Elle les a communiquées au Grand Conseil, et le Conseil et Son Altesse les ont accueillies comme si elles étaient exprimées par de véritables fils. Sa Majesté a confirmé, comme vous le demandiez, tous vos anciens statuts, toutes vos anciennes

(T. 343) (P. IV, 132)

---

1) MS. de Ceccaldi : « ... il signor Giordano *riguardevole per la signoril presenza*, per l'ordine datogli dal Re et per la *fama degli eccellenti fatti suoi* parlò in questa sentenza. » — Tous les mots soulignés ont été omis dans les éditions italiennes.

lois ; et toutes les demandes que vous lui avez faites, ou Elle les a approuvées elle-même généreusement, ou Elle s'en est remise à moi son lieutenant.

» Fidèles Corses, de toutes les requêtes que vous avez faites, il n'en est que trois que Sa Majesté, pour de justes raisons, ne vous a pas accordées. Par la première requête vous demandiez à être à perpétuité exemptés des tailles. Sa Majesté vous a accordé cette exemption pour dix ans seulement, non pas qu'elle ait l'intention de vous imposer jamais ces tailles, mais pour se ménager à elle-même ou à ses successeurs l'occasion de vous accorder une nouvelle grâce, car, plus les bienfaits sont récents, et mieux on en garde le souvenir.

» Dans la seconde, vous demandiez que la justice du roi laissât impunis tous les délits commis dans l'île depuis le commencement de la guerre. Sa Majesté n'a point approuvé cette demande, non pas qu'elle désire tremper ses mains dans votre sang, mais parce que les limites de la justice ne comportent pas d'exception et que vous êtes intéressés vous-mêmes à ce refus. En effet, la guerre dure toujours et ceux dont les méfaits seraient restés impunis se sentiraient encouragés et d'autres avec eux à commettre une infinité d'autres méfaits dont ils espèreraient à la fin obtenir le pardon.

» Dans la troisième et dernière, vous demandiez de pouvoir faire du sel dans l'île. Le roi n'a pas approuvé cette requête, parce que c'est là un droit que les rois se réservent dans leurs provinces, et qu'il n'y a pas de pays au monde où les populations aient le droit de faire du sel elles-mêmes.

» Toutes vos autres demandes, Sa Majesté, comme je vous l'ai dit, les a approuvées par lettres patentes, ou s'en est reposée sur moi, sur moi, dis-je, à cause du rang que j'occupe, comme vous le verrez dans ces patentes qui seront lues toutes. Mais je ne veux pas taire ce que le roi m'a dit en terminant: il m'a défendu de me prononcer sur aucune question avant d'avoir consulté vos Douze, anciens et nouveaux, et d'avoir pris leur avis.

» Vous élirez donc vos Douze suivant l'ancien usage ; avec eux se réuniront en séance le sieur Pietro Panizza, président dans l'île, le sieur Michele Ribieri, intendant général des finances et des munitions, le colonel Sampiero et les Douze de l'année passée ; les décisions seront prises à la majorité des voix. Vous devez donc, mes amis, remercier et louer le Dieu très bon et très puissant, qui a voulu vous faire naître dans un temps où, moyennant la grâce et les bienfaits de Dieu lui-même et de Sa Majesté, la République de Gênes qui vous commandait avec tant d'orgueil, n'est plus en état de pouvoir vous donner de nouvelles lois.

» Cette République, qui se faisait un titre de gloire de vous appeler sujets de ses *Compere*, dénomination humiliante pour votre nation, se trouve aujourd'hui tellement resserrée par nos armes, qu'elle vous a laissés dans votre ancien état. Après vous avoir, par ses marchands citoyens, enlevé vos possessions, vous avoir dépouillés de vos bénéfices ecclésiastiques, avoir vidé vos bourses, vous avoir privés de vos biens, elle ne vous laisse ajourd'hui en partant que le souvenir impérissable des injustices et des torts que vous en avez reçus. Vous pouvez être sûrs maintenant, aussi longtemps que les forces ne manqueront pas à Sa Majesté, que l'on ne vous prendra aucun des objets qui vous appartiennent.

» Vous devez donc vous féliciter d'avoir servi un Roi, si juste appréciateur de vos bons services, un Roi si invincible et si puissant, un Roi aussi favorisé de la fortune, auquel on ne peut, à cause de ses succès, comparer ni en réputation ni en gloire aucun roi depuis Charlemagne. Vous n'avez pas à craindre que les Génois redeviennent jamais vos maîtres, car ils n'ont à attendre qu'une fin triste et misérable. Vous avez pu voir ou entendre raconter comment ce Roi, depuis qu'il a commencé à régner, a par une suite de glorieux succès réprimé l'orgueil d'un Charles-Quint, jusque-là le maître du monde, pour ainsi dire, et l'orgueil d'un Philippe II, roi d'Espagne, son fils. Imaginez-vous ce qu'il peut faire d'une république aussi faible que celle de Gênes. Jamais elle ne pourra lui résister; vous pouvez en être sûrs, et vous pouvez aussi vous promettre à vous-mêmes les plus beaux avantages. En effet, le Roi, pour vous donner une pleine assurance et pour enlever tout espoir aux Génois, a incorporé cette île à la couronne de France, faveur qu'il n'a jamais voulu accorder à un grand nombre des provinces qui font partie de ses Etats. Ce fut une chose admirable de voir, aussitôt que la proposition en a été faite, comment tout le Conseil a été unanime à l'approuver, ce qui peut-être ne s'était jamais vu. Cette incorporation à la couronne vous a étroitement unis au royaume de France; il implique pour le Roi l'obligation de ne pouvoir vous abandonner qu'en abandonnant sa propre couronne.

» Et ce n'est pas là, mes chers amis, la seule chose qu'il se propose de faire pour vos intérêts. Pour récompenser la fidélité inébranlable dont vous lui avez donné tant de preuves et les grands services que vous lui avez rendus pendant cette guerre, son intention est de dépenser du sien en tout temps dans votre île plutôt que de vous prendre du vôtre. Si bien que, si vous réfléchissez mûrement, vous qui composez une nation si fidèle, vous n'aurez pas à envier l'état ou la condition des républiques libres, parce que celles-ci sont toujours en lutte entre elles et ont toujours à craindre que quelqu'un ne leur enlève par la violence ou par la ruse une liberté dont il vaudrait mieux parfois ne pas jouir. Tandis que vous, sous la protection et avec l'appui d'un si grand roi, vous vivrez en paix, sans avoir ces craintes, dans un état plus que libre. Sous son autorité, tous, nobles, roturiers et plébéiens, pourront satisfaire leurs désirs; ceux qui voudront suivre la carrière des armes ne manqueront pas de moyens de s'illustrer; ceux qui voudront s'adonner aux études ou vivre de leurs sueurs, pourront le faire sans que personne le leur défende. En un mot, si vous ne vous manquez pas à vous-mêmes, vous avez la pleine assurance de trouver tout ce que réclament vos besoins. Ne croyez pas d'ailleurs que vos haines et vos inimitiés, jusqu'ici interminables, puissent durer toujours; le roi a l'intention d'y mettre heureusement un terme et de faire régner ensuite un repos absolu; il ne saurait permettre en effet que ces discordes civiles règnent parmi vous.

» Il n'y a donc pas en Europe de province plus heureuse que la vôtre; non, il n'y en a aucune, si vous savez reconnaître, comme j'en ai la certitude, les bienfaits insignes que le roi vous accorde et qu'il est prêt à vous accorder pour assurer définitivement votre bonheur, si vous voulez ne plus regretter (1) cette République qui vous a traités si mal. En outre, pour ce qui me regarde personnellement, je vous rappellerai, vaillants insulaires, la longue et solide amitié qui unit ma famille à votre nation, et au nom de laquelle je demande à être écouté et cru par vous. Sachez que je vous suis assez attaché pour défendre vos intérêts avec autant de soin que ma propre vie, et que je n'oublierai

(T. 345) (P. IV, 138)

---

1) MS. de Ceccaldi; « ... che per riuscimento finale il vostro Re vi fa » et è per farvi, e se vorrete non mai volger gli occhi etc. » — Edition de Tournon: « ... il vostro Re vi fa et è per farvi non mai volger gli » occhi etc. » — Edition de Pise: « ... il vostro Re vi fa, ed è per farvi; » onde non mai volger gli occhi. »

jamais de vous regarder, de vous traiter et de vous aimer comme mes propres fils.

» Pour résumer en peu de mots bien des choses que j'aurais à vous dire, appliquez-vous à vivre contents, puisque vous êtes l'objet d'une pareille faveur de la part de votre souverain. Si vous l'avez jusqu'ici servi avec une fidélité singulière, si le salut de la patrie vous est cher, si vous tenez à vos enfants et à vos biens, (1) enfin si vous voulez obtenir tous les avantages que vous pouvez désirer, montrez encore, à partir de ce moment, s'il est possible, plus de zèle et plus de dévouement. »

Lorsque Giordano eut achevé son discours, les ambassadeurs exposèrent l'un après l'autre en termes fort éloquents l'accueil qu'ils avaient reçu du Roi; ils parlèrent de la grandeur de son royaume, de l'estime qu'il avait pour la Corse, de l'amour qu'il avait pour ses populations, en un mot de toutes les faveurs qu'il avait accordées avec tant de bienveillance.

On lut ensuite les demandes qui avaient été faites et les faveurs octroyées par la patente. Cette lecture fut écoutée avec la plus vive satisfaction par tous les assistants. Les Corses élurent ensuite suivant l'usage les Douze auxquels se réunirent les Douze de l'année précédente, Giordano Orsino, le Président, Sampiero, l'intendant général des finances et les ambassadeurs. Pendant les quelques jours qu'ils tinrent leurs séances, ils réglèrent comme ils le jugeaient à propos tous les points que le roi avait laissés indécis, et entre autres choses ils décidèrent qu'aucun officier ne pourrait

(T. 345) (P. IV, 139)

---

2) MS. de Ceccaldi : « ... se la dolcezza de' vostri figliuoli e della » vostra robba vi resta nel petto. » — Dans les éditions italiennes les mots *della vostra robba* ont été remplacés par ceux-ci : *della moglie.*

rester en charge plus de deux ans. Giovan Michele Pertuso, juge de la juridiction de Corte, ayant été ainsi relevé de ses fonctions, on nomma suivant l'usage neuf syndicateurs, six Corses et trois Français, qui examinèrent la manière dont il avait rempli sa charge, mais ne trouvèrent rien à lui reprocher.

Pendant que ces choses se passaient en Corse, les souverains se livraient en Picardie et en Italie des combats importants. Il y avait déjà plusieurs mois que l'empereur, après avoir joui de son grand empire, avait voulu en gagner un autre beaucoup plus grand encore en servant Dieu, et s'était retiré, en l'enrichissant de revenus considérables, dans un monastère de Religieux, en Espagne, sans plus vouloir entendre parler des choses du monde. Il ne tarda pas à y rendre glorieusement son âme à Dieu. Avant de s'enfermer dans ce monastère, il avait laissé à Philippe, son fils, tous les royaumes et tous les Etats qu'il possédait en n'importe quel pays. Quant aux insignes impériaux il les avait renvoyés en Allemagne aux Electeurs.

On avait élevé au trône impérial Ferdinand d'Autriche, déjà roi des Romains et de Hongrie et frère du dernier empereur. C'était un prince que sa prudence et sa valeur rendaient véritablement digne de ce haut rang. Philippe se trouvait déjà, du chef de sa femme, roi d'Angleterre et par sa mère héritier du trône d'Espagne. Il prit en outre le gouvernement de tous les autres Etats de son père et laissant l'empire plus faible que jamais, il s'occupa de poursuivre contre le roi de France, Henri, la guerre déjà commencée.

Tout d'abord, il s'attacha par divers bienfaits un grand nombre de princes et de seigneurs d'Italie et d'autres pays. C'est ainsi qu'il conserva à Andrea D'Oria son titre d'amiral, qu'il fit rendre au prince de Piombino sa seigneurie tout entière, à l'exception de la forteresse, et que, comme compensation, il accorda au Duc de Florence Sienne et Porto Ercole avec tout ce qui s'y trouvait.

Après s'être attaché plus étroitement ses amis et ses alliés, Philippe poursuivit vigoureusement la guerre sur tous les points contre le roi de France. Son lieutenant était le fameux Emmanuel Philibert, duc de Savoie. Il se présenta avec lui devant Saint-Quentin, ville située sur la frontière française, capitale des Samarobrives et connue pour avoir servi de séjour à César. Le roi Henri envoya, pour ravitailler cette place, le grand connétable de France, Anne de Montmorency, avec une nombreuse armée. On était au mois d'août. Le connétable, en voulant pénétrer dans la place, fut battu par l'armée de Philippe et fait prisonnier avec un grand nombre des seigneurs les plus illustres, parmi lesquels se trouvaient Monseigneur le maréchal de Saint-André, le prince de Mantoue, le duc de Longueville, le prince de Roche-sur-Yon, Monseigneur de Montpensier, le vicomte de Turenne blessé à mort, et Nombron, fils du connétable; Monseigneur d'Angoulême, le comte de Villars et beaucoup d'autres restèrent sur le champ de bataille. Ce qui rendit cette défaite si sensible pour les Français, ce fut moins le nombre de leurs morts que la captivité de tant d'illustres personnages.

Ce ne fut pas là le seul succès que remporta Philippe; quelques jours après il s'empara de la place. A ce moment, Monseigneur François de Guise était en Italie, comme je l'ai dit; avec l'armée que le Roi avait mise sous ses ordres et avec celle de l'Eglise, il poussait vigoureusement la guerre dans le royaume de Naples. Hernando Alvarez de Tolède, duc d'Albe, d'abord général de l'empereur en Italie, puis général du roi Philippe, lui tenait tête vaillamment, mais, par ordre de Philippe, il cherchait à amener une réconciliation avec le pape, auquel il promettait de grands avantages. Le pape était fort disposé à entrer en accommodement, soit à cause des magnifiques propositions qu'on lui faisait (car les princes ne font la guerre que pour en tirer profit), soit à cause de certains démêlés survenus entre lui, ou plutôt entre Don Antonio, marquis de Montebello, son neveu, et le Duc de Guise.

La nouvelle de la prise du connétable et de l'occupation de Saint-Quentin hâta la conclusion de cette paix. Elle fut signée à Cavi au mois de septembre par l'intermédiaire de Guido Ascanio Sforza, cardinal de Santa Fiora, et du cardinal Vitellozzo Vitelli, tous deux dévoués aux intérêts de Philippe. Les conditions furent que Philippe s'inclinerait devant le Souverain Pontife pour lui demander pardon ; que le pape, rendant au roi ses bonnes grâces, se séparerait de l'alliance du roi de France et se maintiendrait à l'avenir dans la neutralité ; que Philippe rendrait démantelés les villes, forteresses, châteaux et bourgs avec l'artillerie prise n'importe en quel lieu, que chacun pardonnerait à tout sujet qui aurait pris pendant la guerre les armes contre son souverain ; que le duc de Paliano, neveu du pape, rentrerait en possession de la seigneurie dont avait été dépouillé Marc'Antonio Colonna, mais que le gouverneur de la forteresse de Paliano serait un gentilhomme napolitain nommé Giovan Bernardino Carbone, dans lequel les deux parties avaient pleine confiance, et qu'il aurait sous ses ordres une garnison de huit cents hommes ; enfin que Marc'Antonio ne jouirait pas du bénéfice de cette paix. Toutes ces clauses furent religieusement observées.

Lorsque la conclusion de cette paix fut publiée, Monseigneur de Guise fut obligé de retirer les troupes du Roi, soit à cause de ce traité, soit encore parce que, Anne de Montmorency étant prisonnier, il était rappelé par le Roi pour prendre la direction des affaires. Quelques-uns prétendent que le pape ne consentit à traiter qu'après y avoir été contraint par le départ forcé du Duc de Guise, et non pour servir ses propres intérêts. Quoi qu'il en soit, une partie des troupes françaises retourna en France par le canton des Grisons ; une partie gagna Montalcino et Grosseto qu'occupaient des garnisons royales. Une autre partie (c'était la cavalerie) rejoignit Ercole, duc de Ferrare. En effet, comme la guerre était terminée dans le royaume de Naples, Ercole, qui avait laissé trop voir ses sentiments français, s'attendait à être vigoureusement attaqué par le Duc de Florence et par le Duc de Parme, Ottavio Farnese, soutenus par le roi Philippe. Le reste de l'infanterie française passa à Civitavecchia ; une partie s'embarqua pour Marseille sur dix-sept galères françaises avec Monseigneur de Guise et d'autres personnages de haut rang ; l'autre partie attendit le retour des galères.

Monseigneur de Guise passa avec ses galères pendant ce même mois de septembre devant le golfe de Saint-Florent, tandis que Giordano Orsino se trouvait à Vescovato. Celui-ci, informé de l'arrivée du Duc, partit précipitamment pour Saint-Florent. Mais Guise était trop pressé pour descendre à terre. Il se contenta d'envoyer une galère pour demander si l'on avait quelque chose à demander en France. Giordano le fit prier d'envoyer, une fois arrivé à Marseille, des approvisionnements en vivres, en artillerie, et en munitions, parce que les fortifications de Saint-Florent étaient achevées, après quoi le Duc poursuivit son voyage. Dès qu'il eut débarqué, il se rendit à la cour et fut créé lieutenant-général du royaume. Il envoya en Corse vingt-une galères pour escorter le convoi des approvisionnements destinés à Saint-Florent. Ce convoi se composait de neuf barques portant cent soixante charges de blé, mesure d'Arles, et mille charges, mesure de Marseille. Deux autres barques arrivèrent également à Saint-

Florent sous l'escorte d'un brigantin ; enfin un troisième convoi transporta cinq cents charges et une grande quantité de poudre à canon, d'arquebuses et de plomb. Les galères devaient aller jusqu'à Civitavecchia pour ramener le reste des troupes françaises.

Les Génois avaient l'espoir (et le roi Philippe, après que la guerre contre le pape fut terminée, leur avait fait des promesses à ce sujet) d'être soutenus par la flotte tout entière ou par une bonne partie de l'infanterie pour continuer la guerre en Corse. Leurs officiers s'attendaient donc à être promptement secourus, et en attendant ils commencèrent à élargir dans l'île le cercle de leurs opérations. Le colonel de Calvi fit enrôler à Anton Paolo de Sant'Antonino et à Andrea de Speluncato environ soixante hommes chacun, puis il envoya Rinuculo, à la place d'Andrea, son frère, qui se trouvait indisposé, se fortifier dans une tour située à Monticello, au centre de la Balagne.

Giordano fut informé de ce mouvement à Vescovato ; il se transporta aussitôt à Saint-Florent et envoya du côté de Monticello le mestre de camp, Monseigneur de Cros, avec cent vingt arquebusiers d'élite qu'il détacha de la place. De Cros embarqua sa troupe sur deux brigantins et prit avec lui deux demi-pièces d'artillerie. Arrivé en Balagne, il emmena encore trois compagnies cantonnées à la Corbaia sous les ordres de Monseigneur de Beaujourdain. C'étaient la compagnie de Beaujourdain lui-même, celle de Moreau, tous deux Français, et celle du Corse Andrea de Speluncato, qu'il ne faut pas confondre avec l'autre Andrea que nous avons nommé plus haut. L'un était au service des Français, et l'autre au service des Génois.

Le mestre de camp marcha avec ces troupes du côté de la tour où était Rinuculo. Lorsqu'il eut fait amener ses deux demi-pièces et tirer quelques coups, la garnison de la tour se rendit à discrétion. Rinuculo fut tué aussitôt par ses ennemis particuliers; les autres prisonniers, Corses et Italiens, au nombre de quarante-six, furent remis en liberté, à condition que les Corses paieraient pour eux tous une rançon de mille écus et s'engageraient par caution à passer en terre ferme pour servir le roi de France. Il est vrai que l'un des Corses fut exclu de cette convention; comme il avait commis personnellement plusieurs méfaits, il fut pendu.

Pendant que cet événement se passait et que Giordano Orsino était encore à Vescovato, le comte Girolamo Lodrone, à Bastia, soit pour se rendre maître du Cap-Corse, soit pour resserrer la place de Saint-Florent, envoya Francesco Sornacone avec sa compagnie dans le village de Farinole, situé sur la côte occidentale, et Ercole Gentile, d'Erbalunga, à Nonza. Ils se fortifièrent dans ces deux endroits qui sont naturellement faciles à défendre. Masses, qui était alors gouverneur de Saint-Florent, comme je l'ai dit, et menait les travaux de fortification avec toute la rapidité possible, ne pouvait plus guère se servir des habitants du Cap-Corse, auxquels on ne demandait que de travailler à ces ouvrages. Irrité contre ces populations, il envoya un détachement dans le village de Canari qui avait montré plus de désobéissance que les autres et le fit entièrement saccager. Il arriva alors que Masses envoya de ce côté du grain qu'il voulait faire moudre à Barettali, endroit voisin de Canari. Le comte en fut informé et fit partir un détachement sous les ordres d'Ercole d'Erbalunga et d'Anton Francesco Coppole. Le convoi de grain fut pris tout entier. Mais les Français qui étaient alors à Canari l'ayant su, ils se mirent à la poursuite des Génois et les obligèrent à relâcher une bonne partie de leur prise dont les paysans firent leur profit.

Le comte Girolamo avait à Bastia des troupes nombreuses, car chaque jour, il lui arrivait des renforts; aussi ne se contentait-il plus de s'étendre dans le pays. Un jour que Giordano voulait retourner de Saint-Florent à Vescovato, voyage qu'il faisait souvent, il envoya un fort détachement pour lui tendre une embuscade sur le mont de Stella. Mais Giordano en fut avisé et resta à Saint-Florent plusieurs jours ; les ennemis se retirèrent enfin, et Giordano en s'en allant emmena quelques compagnies corses et gasconnes qu'il retint ensuite par précaution. En même temps il chargea Sampiero, qui n'avait pas quitté Vescovato, de reconstituer sa compagnie. Celui-ci avait fait à Giordano une opposition déclarée au sujet des réformes concernant les affaires de la justice ; il prétendait que le président, son ami, ne devait pas être, comme les autres officiers, soumis au syndicat. Les Corses, trouvant qu'en cette circonstance il consultait plus son désir personnel que l'intérêt public, contrairement à ce qu'il avait toujours fait, refusèrent de l'écouter non seulement dans cette affaire, mais encore dans beaucoup d'autres qu'il proposait pour le bien général. Les populations agissaient encore ainsi pour faire plaisir à Giordano. En effet, dès qu'il fut arrivé à Vescovato, elles se déclarèrent, dans toutes les lettres qu'elles écrivirent, disposées à se conformer à ses désirs plutôt qu'à ceux de Sampiero, parce que les faveurs présentes touchent plus que les faveurs passées, ou que celles que l'on peut attendre (1). Sampiero mécontent se retira dans le Delà des Monts ; ensuite

(T. 348) (P. IV, 150)

---

1) Il y a ici une lacune dans les éditions italiennes. Voici comment il faut rétablir le texte d'après le MS. de Ceccaldi : « ... che egli per univer-
» sale utilità proponeva. E questo medesimamente per sodisfare a Giordano
» al cui volere come arrivò al Vescovado (con tutte le lettere si scrissero)
» più che a quel di San Piero concorsero perciòchè i presenti favori più
» che i passati, o la speranza di quelli da venire si considerano. Donde
» San Piero etc. »

une galiote, sur laquelle se trouvait un ambassadeur que le Grand Turc envoyait au Roi de France, ayant abordé à Ajaccio, Sampiero, qui jugeait dangereux de prolonger son séjour en Corse, où il était en lutte avec son supérieur, monta sur cette galère et se rendit à la cour. (1) Il y fut bien reçu, dit-on, et se plaignit longuement de Giordano; il insista surtout pour que le Président ne fût pas nommé pour un an seulement et ne fût pas soumis au syndicat. Mais le roi, sachant que son lieutenant n'avait rien fait que sur la demande des Douze de l'île et des populations, ne voulut rien innover. (2) Il décida seulement que le Président et ses successeurs seraient nommés pour deux ans, comme les autres officiers, mais qu'ils resteraient soumis au syndicat.

Giordano, voyant que les Génois s'étendaient ainsi en Corse, songea à conserver la réputation de bravoure qu'il s'était faite dans d'autres guerres. Vers la fin d'octobre, il passa de Vescovato à Saint-Florent, résolu de chasser les ennemis des positions qu'ils avaient occupées récemment. Sept galères étant arrivées de France avec trois compagnies de Gascons, il réunit ces compagnies à celles de Saint-Florent et marcha sur Farinole avec un corps d'environ six cents hommes. Il avait fait débarquer des galères quelques pièces d'artillerie avec lesquelles il se présenta devant le fort. Mais Francesco Sornacone qui le commandait, comme je l'ai dit, était un vieux capitaine qui avait une longue expérience

(T. 349) (P. IV, 152)

---

1) MS. de Ceccaldi : « ... San Piero *giudicando il star suo all'hora in Corsica (disputando con chi governava) pericoloso; su quella si lanciò et alla Corte del Re passò.* » — Les mots soulignés ont été omis dans les éditions italiennes.

2) Le texte du MS. de Ceccaldi diffère un peu du texte des éditions italiennes : « Ma quel Re per sodisfare a Giordano luogotenénte suo, et ancora a popoli, volle che colui sicome gli altri ufficiali etc. »

des choses du monde. Reconnaissant que ce lieu était trop faible pour qu'on pût s'y défendre, et pensant que, s'il y a de la lâcheté à ne point vouloir mourir quand il le faut, il y a de la folie à se faire tuer sans nécessité, il abandonna le fort et se retira du côté de Bastia. Pendant qu'il gravissait la montagne, Masses ne cessa de le harceler avec une troupe d'arquebusiers d'élite et aurait continué de le poursuivre avec le même avantage, si le comte Girolamo ne fût sorti de Bastia avec plus d'un millier d'hommes pour aller à son secours et ne se fût avancé jusque sur la montagne. Masses fut vigoureusement repoussé et obligé de retourner sur ses pas.

En apprenant le succès des Français, les Génois qui étaient à Nonza abandonnèrent à leur tour ce village. Nonza et Farinole, favorables au parti génois, eurent à souffrir de ce changement, surtout Farinole. En effet, lorsque les soldats y furent entrés, ceux des galères, à l'insu de Giordano, saccagèrent une tour où les gens du village avaient déposé une grande partie de leurs biens. (1) Après avoir chassé les ennemis de ces deux positions, Giordano songea à reprendre Furiani, où se trouvaient Sansonetto de Biguglia, et Anton Francesco Coppole avec leurs compagnies. Le comte Scipione Fiesco étant parti avec quatre galères pour parcourir ces mers, Giordano fit embarquer sur les trois autres, que commandait Baccio Martelli, deux pièces d'artillerie et une cinquantaine de soldats pour chacune. Les galères devaient contourner le Cap-Corse et se trouver à la marine au-dessous de Furiani au moment où arriveraient les compagnies qui prenaient le chemin de terre. Giordano voulait pouvoir se

---

1) MS. de Ceccaldi : « messero una torre *dove era ridutta* buona parte » della robba di quella *villa* a sacco. » — Les mots soulignés manquent dans les éditions italiennes.

servir des canons, dans le cas où leur emploi deviendrait nécessaire pour battre la place.

Giordano partit donc de ce côté, le 30 octobre, avec toutes les troupes qu'il put prendre à Saint-Florent et dans la Balagne, et avec toute la cavalerie. Ces troupes, précédées par Monseigneur de Cros qui occupait avec une avant-garde les passages dangereux, parurent le matin de bonne heure sur la montagne. Le comte Girolamo avait, dans l'intervalle, envoyé à Furiani trois compagnies commandées par Paolo Buonfante, Alfonso d'Erbalunga et Agostino Leardo, auxquels il avait donné toutes les instructions nécessaires. Dès leur arrivée, ceux-ci avaient mis une vedette sur la montagne, et aussitôt qu'ils aperçurent le signal qui leur annonçait l'approche des ennemis, ils firent, comme ils en avaient reçu l'ordre, mettre le feu à toutes les maisons du village à l'exception de celles du fort, afin que, si les Français venaient à l'assiéger, il ne pussent le resserrer plus étroitement en se servant des maisons. Les capitaines auraient mis leur plan à exécution, si les habitants du village, dont quelques-uns faisaient partie de ces compagnies soudoyées, ne s'y fussent énergiquement opposés. (1) Pour empêcher qu'on mît le feu à leurs maisons, ils commencèrent à tourner leurs armes contre les capitaines; et ils pouvaient le faire à ce moment, parce que les Français n'étaient plus qu'à une faible distance. En présence de cette attitude, les trois capitaines évacuèrent aussitôt le village, et prirent la route pour se replier sur Bastia. Sansonetto et Anton Francesco Coppole étaient restés dans le fort avec leurs gens. Lorsqu'ils virent leurs amis s'éloigner et leurs ennemis approcher, comme ils avaient peu l'expérience des

(T. 350) (P. IV, 155)

---

2) MS. de Ceccaldi: « ... valorosamente opposti. » Editions italiennes: » ... opposti. »

choses de la guerre, en se voyant abandonner des leurs, ils quittèrent leur poste et sortant du village, ils rejoignirent ceux qui étaient partis avant eux. Il arrive souvent en effet qu'au moment du danger, lorsqu'il faut surtout déployer de l'énergie, les hommes ne se mettent plus que timidement à une œuvre qu'ils avaient entreprise, avant le danger, avec entrain et résolution.

Les habitants de Furiani firent des signes aux Français pour leur faire comprendre que, les Génois étant partis, ils devaient se hâter. Aussitôt Giordano, ne voulant point perdre de temps, prit avec lui les cavaliers, et courut à toute bride à la poursuite des Génois, espérant les atteindre avant qu'ils se fussent retirés en lieu sûr. Mais ils avaient déjà fait leur jonction avec le comte Girolamo qui, en vaillant capitaine, était allé à leur rencontre avec toute son infanterie jusqu'au dessous de la Corbaia, en se tenant toujours à proximité du maquis pour avoir moins à redouter une charge des cavaliers. Giordano n'en fondit pas moins aussitôt sur les troupes du comte, et il les mit dans un tel désordre qu'il l'obligea à se retirer. En effet, l'élan des Français fut si irrésistible que, de l'aveu de chacun, le comte aurait été facilement battu, si Bastia avait été un peu plus éloigné. C'est ainsi que la négligence et la lâcheté des soldats rendent souvent inutiles les plus sages mesures que peuvent prendre les capitaines.

Le comte Girolamo rentra donc à Bastia. Indigné de la conduite de Sansonetto et d'Anton Francesco, il n'écouta que sa colère et les fit jeter immédiatement en prison, dans l'intention de les faire pendre le lendemain matin (1). Et il

(T. 350) (P. IV, 156)

---

1) MS. de Ceccaldi : « ... affine d'impiccarli la mattina seguente per la gola. » — Éditions italiennes : « ... a fine di fargli la seguente mattina morire. »

l'aurait fait certainement, si les prières d'un grand nombre de personnes ne l'eussent enfin fléchi. Néanmoins il les garda en prison tant qu'il resta en Corse. A son départ il les emmena à Gênes, et ils furent, à leur grande honte, mis sur les galères; [il est vrai qu'ils y restèrent peu et qu'ils ne ramèrent jamais]. (1) D'autre part, Giordano Orsino, tout heureux d'avoir repris si facilement Furiani, chargea de garder cette place le capitaine français Vignola et Antonio de Saint-Florent avec leurs compagnies. Il n'avait pas eu besoin des galères, qui d'ailleurs n'avaient pu, à cause des vents contraires, dépasser le Cap-Corse, et avaient dû retourner à Saint-Florent. Le soir même Giordano rentrait à Vescovato. Il y demeura encore plusieurs jours. Après qu'il eut achevé de prendre les mesures nécessaires, il emmena avec lui tous les principaux habitants du pays qui étaient engagés dans des inimitiés et les conduisit à Ajaccio. Il voulait, en les retenant dans cette ville, les obliger à faire la paix entre eux, chose à laquelle ils paraissaient fort peu disposés. Ce n'étaient pas les seuls qu'il voulait obliger à se réconcilier, suivant les instructions qu'il avait reçues du roi; il voulait imposer la paix à tous les habitants de l'île entre lesquels il existait des inimitiés. C'étaient particulièrement les familles de Casta et de la Brocca, lesquelles, voyant qu'elles ne pouvaient résister à cette injonction, firent la paix chez elles. Pour terminer l'inimitié d'Omessa, les partis hostiles durent rester à Ajaccio plusieurs jours, au bout desquels ils finirent par se réconcilier; celle de Vescovato se termina également au bout de quelques mois par un accord en partie garanti par des cautions. Quant aux autres inimitiés moins importantes, Giordano, à son départ de

---

1) Les mots entre crochets ont été ajoutés par Filippini.

Vescovato, chargea de les terminer Antonio Morelli, de nationalité française, nouveau juge du Deçà des Monts, et il l'établit à Venzolasca pour qu'il administrât la justice aux populations.

Giordano, d'après certaines informations, soupçonnait que les Génois avaient l'intention de faire une expédition en Corse. En prévision de ce danger, dès qu'il fut arrivé à Ajaccio, il commença à faire creuser autour de cette place un fossé continu et fort large. Il chargea Masses de prendre la même précaution à l'égard de Saint-Florent. Celui-ci, voyant que les Cap-Corsins, qui attendaient l'arrivée des Génois, étaient peu disposés à se prêter à ces travaux, envoya un détachement au village d'Olmeto qu'il fit saccager pour servir d'exemple aux autres.

D'un autre côté, à Bastia, le comte Girolamo et le commissaire, (1) ainsi que le commandant de la place de Calvi, avaient le ferme espoir de voir bientôt les Génois mettre la main à l'œuvre. Cet espoir devint même une certitude, quand la *Signoria* et l'Office envoyèrent au commencement de novembre, à Bastia, un nouveau commissaire, Ambrogio Spinola, qui amena avec lui un renfort de troupes fraîches, si bien que toutes les forces réunies dans cette ville composaient un effectif dépassant mille sept cents hommes. (2) L'arrivée prochaine des troupes expéditionnaires

(T. 351) (P. IV, 159)

---

1) MS. de Ceccaldi : « Stavano dall'altra parte il conte Girolamo et il » Commissario, cosi eglino etc. » — Les mots *et il Commissario* ont été omis dans les éditions italiennes.

2) Voici le texte du MS. de Ceccaldi qui diffère un peu de celui des éditions italiennes : « Perciocchè la Signoria et l'Officio mandando nel » principio di novembre per nuovo Commissario nella Bastia Ambrogio » Spinola il quale arrecò freschi soldati talmente che in quello passavano » il numero di mille e settecento glie ne dava sicura certezza. »

était donc regardée comme certaine; aussi le gouvernement génois commençait-il à envoyer à Bastia une foule d'approvisionnements militaires, pendant que le roi Henri et ses capitaines en envoyaient autant de France en Corse. Giordano, qui se trouvait à court d'argent, n'était pas sans inquiétude, mais les choses devaient tourner d'une autre manière.

Don Hernando, duc d'Albe, après avoir conclu la paix avec le pape, était resté avec la flotte et les troupes sans faire aucun mouvement jusqu'à la fin du mois de décembre suivant. Les mauvais temps qui bouleversaient la mer lui faisaient redouter quelque sinistre. Mais son intention n'était pas, comme le bruit en courait et comme l'espéraient les Génois, de passer en Corse pour commencer l'expédition; il se proposait d'attaquer Ercole, duc de Ferrare. Comme il était, à ce que l'on crut, peu disposé à donner satisfaction aux Génois, il les engagea à prendre patience, et envahit avec toutes ses troupes la seigneurie de Ferrare. Sa véritable intention était, disait-on, de faire débourser au Duc quelque somme d'argent avec laquelle il pût payer son armée. Dans ce dessein, il se fit donner par Cosme, duc de Florence, un corps d'infanterie que celui-ci avait promis au Roi Philippe lorsqu'il lui avait accordé Sienne, et après avoir ainsi renforcé son armée, il commença les hostilités. Mais voyant à la fin que le Duc de Ferrare, qui pouvait se défendre seul, ne voulait payer aucune contribution, et qu'après avoir construit un fort sur le Pô pour défendre sa capitale, il s'était mis en campagne avec une armée de vingt mille hommes composée des restes de l'armée française et de troupes levées dans ses propres états, il laissa au Duc de Parme, Ottavio Farnese, le soin de continuer l'entreprise et envoya les galères hiverner dans leurs ports respectifs. Après avoir mis ordre aux affaires de Lombardie, en confirmant le marquis de Pescara dans le gouvernement de cette province, et à celles du royaume de Naples, où venait d'arriver un nouveau vice-roi, il se transporta à la cour de Philippe, où il s'occupa d'autres affaires. La guerre de Ferrare dura peu ; malgré les grands préparatifs faits de part et d'autre, après quelques incursions, elle se termina par une trêve, sur l'intervention du pape et du gouvernement vénitien. Aux termes de l'accord, le fils aîné du Duc de Ferrare épousa, quelques mois plus tard, la fille du Duc de Florence.

On peut penser si les Génois éprouvèrent un vif mécontentement contre Philippe qui leur avait fait attendre inutilement son assistance, d'autant plus qu'ils venaient d'avoir la douleur de perdre le Corse Giocante de la Casabianca, qui, chargé d'ans et de gloire, s'était éteint lentement de la goutte dans son lit, les jours précédents, au milieu des regrets de toute la population de Gênes. Ce ne fut qu'après avoir perdu ce fidèle soldat que les Génois comprirent tout ce qu'il valait. En envisageant dans la mort de Giocante les actes, les mœurs, les qualités et la fin du chrétien, on fut généralement convaincu de son salut. Il ne me semble pas hors de propos de mentionner quelques-unes de ses brillantes qualités, d'abord parce que c'est de nos jours qu'il a illustré sa patrie, et ensuite, parce qu'étant mon parent, il a mérité ma reconnaissance par divers services qu'il m'a rendus. Il se distingua donc de son vivant par ses nombreuses vertus et se fit une grande réputation dans la carrière des armes. Il était vaillant, libéral et d'une extrême prudence même dans sa jeunesse; patient dans l'adversité, modéré dans la prospérité, ne cherchant jamais à jouir du fruit de la sueur des autres, très réservé dans les plaisirs du corps, il ne versait le sang humain que lorsqu'il y était forcé ; ami de la justice et des hommes vertueux, ennemi des méchants même lorsqu'ils étaient ses plus proches parents, il se

(T. 351) (P. IV, 161)

montra par-dessus tout bon chrétien et rigide observateur de sa parole. Il ne permit jamais qu'on le louât en sa présence ; avec sa famille, il était si enjoué et si plaisant qu'il ne parlait jamais avec elle sans charmer tous ceux qui l'écoutaient. C'était même là un sujet d'étonnement pour beaucoup de gens. En le voyant si sérieux dans les choses graves, si gai dans ses divertissements, on était tout surpris qu'un homme pût associer à ce point deux qualités si opposées. (1) Mais pour en revenir à l'histoire, les Génois

(T. 351) (P. IV, 161)

---

1) Filippini a supprimé entièrement le passage dans lequel Ceccaldi vante les qualités de Giocante de la Casabianca. Nous le donnons ici d'après le manuscrit :

« I Genovesi dall'altra parte se restareno dolenti del vano aspettato
» aiuto di Filippo, è da immaginarsi, i quali già erano con sommo affanno
» ancora per la morte di Giogante dalla Casabianca Corso, che d'anni e
» di gloria carco con molta scontentezza di tutti quei cittadini i passati
» giorni una notte nel letto di goccia morì. Donde la perdita di un tal
» fidato guerriero dopo che fu morto che noi conobbero mentre era con
» loro. Nella cui morte considerati i christiani gesti, modi, qualitadi, et il
» fine di esso, fu larga e generale opinione della salute sua. Et perchè
» non mi pare fuori di proposito notare alquanta delle eccellenti attioni
» sue sia per haver egli ne' nostri tempi questa patria illustrata, e sia
» ancora che per essermi di sangue congiunto con varij beneficij mi si
» fece sempre obligato, ne toccarò parte. Fu pertanto costui mentre che
» visse in moltissime virtù chiaro, e nella professione d'armi chiarissimo.
» Perciocchè era valoroso della persona, liberale, et massime nella sua
» gioventù prudente, patiente nell'avversità, e nelle prosperità temperato,
» non avido del sudore d'alcuno, negli atti venerei continentissimo, non
» violento del sangue humano se non in casi di necessità, amico della
» giustitia e de' virtuosi, et inimico de' tristi ancorchè gli fossero strettis-
» simi parenti, e sopra tutto buon christiano, e grandissimo osservatore
» della parola sua. Non comportò mai costui di essere in presentia lodato ;
» et era con la famiglia sua tanto giocoso e faceto, che non parlava mai
» con quella che non desse piacere ai circonstanti ; il che fu a molti
» d'ammiratione, perchè considerandolo nelle ardue cose grave, et in

privés d'un capitaine distingué, et, ce qui était plus grave, ayant perdu en outre tout espoir de pouvoir faire une expédition en Corse, se trouvèrent dans la situation de ceux qui ne reçoivent pas à temps de leurs alliés le secours dont ils ont besoin. Ils rappelèrent de Bastia le comte Girolamo Lodrone avec toute l'infanterie et ne laissèrent dans cette place, comme dans celle de Calvi, qu'une garnison de quatre cents hommes.

Le commissaire de Bastia, qui ne voulait pas être resserré dans la place, comme l'avaient été ceux qui s'y trouvaient l'année précédente, résolut de démolir avant le départ du comte les villages voisins dans lesquels les Français avaient coutume de s'établir. Afin de donner suite à son projet, il fit partir de nuit un détachement pour occuper Furiani. Mais les Français étaient sur leurs gardes, et le détachement retourna à Bastia sans avoir pu rien faire. Le commissaire renvoya un détachement plus nombreux qui prit toutes les maisons situées hors du fort, et les brûla avec l'église du village et l'église Saint-Pierre, située près de l'étang. Il envoya également démolir le fort de San Martino di Lota avec l'église qui se trouvait comprise dans l'enceinte; puis il fit démolir à Pietra di Bugno l'église de Sainte Félicité. Ces destructions furent opérées avec une singulière rapidité avant le départ du comte. Ensuite, lorsque le comte eut passé à Gênes, Ambrogio Spinola fit raser jusqu'aux fondements le village tout entier de Belgodere, qui était l'un des plus beaux de la Corse et dépassait deux cents feux. Il mit dans le fort Alfonso d'Erbalunga, le seul Corse qui eût conservé sa compagnie.

(T. 352) (P. IV, 163)

» simili trastulli tai leggerezze usare, pareva vedere in un huomo due
» qualità diverse con maraviglioso modo congiunte. Ma per tornare
» all'ordine delle cose, come i Genovesi furono privi etc. »

De l'autre côté, Giordano Orsino, assuré que les Génois ne prendraient pas l'offensive, aurait volontiers marché sur Bastia pour leur faire ce qu'il avait redouté de leur part; mais il était dépourvu de munitions et d'artillerie, et, ce qui était encore pis, d'argent. Craignant donc de ne pouvoir se faire obéir des soldats, auxquels il devait douze payes, il resta dans l'inaction. Redoutant même quelque mutinerie, il envoya à la cour le mestre de camp, Monseigneur de Cros, avec quelques autres Français pour obtenir qu'on approvisionnât mieux qu'on ne l'avait fait jusqu'alors les troupes françaises qui étaient dans l'île. Afin que le roi n'ignorât rien, Giordano chargea de Cros de lui expliquer en détail l'importance de la Corse. Non seulement le roi y trouverait des troupes et des ports dont il pourrait se servir pour faire la guerre en Italie; mais, ce qu'on savait moins, il y trouverait des mines de métaux et en particulier d'argent dans la piève de Caccia plus qu'en aucun autre endroit (et il en envoyait la preuve sensible); ces mines étaient certainement très abondantes et on pourrait en tirer des richesses infinies. Le roi Henri concéda plus tard cette mine à Giordano pour trois ans; mais celui-ci, quelle qu'en fût la raison, n'entreprit aucun travail. Les soldats furent rassurés par le départ du mestre de camp, et plusieurs mois se passèrent à l'attendre. Pendant ce temps le commissaire avait ruiné tous les villages dont j'ai parlé plus haut pour que les ennemis ne pussent s'en servir, puis poursuivant l'exécution du même plan, il envoya brûler au commencement de janvier de l'an 1558 tous les villages de Pietra di Bugno et de Lota.

Masses fut informé à Saint-Florent par les malheureux paysans des intentions du commissaire; la nuit précédente, avec les soldats qu'il put emmener, il s'embusqua au-dessous de ces villages. Le matin, Cristoforo de' Negri, qui avait été maintenu dans ses fonctions de sergent général, allait avec un détachement de la garnison de Bastia, commencer l'incendie lorsqu'il fut attaqué par les soldats français. L'engagement dura longtemps avec des succès divers, mais enfin les Génois furent repoussés par des forces supérieures ; il y eut des morts des deux côtés. On disait que, si Masses avait mis plus d'ordre dans son attaque, s'il avait attendu un peu plus pour assaillir l'ennemi, Cristoforo et ses gens auraient été certainement taillés en pièces. Après cet engagement, Masses construisit un fort à la Guaitella et un autre à Lota, et y mit quatre compagnies : celle de Sampiero, dont le lieutenant était Pierre Giovanni de Calvese, celle d'Antonio de Saint-Florent et deux compagnies françaises. Celle de Leonardo de Corte et Raffaello avec ses cavaliers restèrent à Borgo.

Pendant que les Français, avec toutes leurs forces, resserraient Bastia de ce côté, le commissaire travailla à s'étendre de l'autre. Il envoya, en effet, dans le Cap-Corse Melchiore Gentile avec une frégate chargée de soldats. Melchiore avait des intelligences dans le pays ; il fit sonder ceux qui gardaient la tour de Santa Severa, laquelle commandait ces parages ; il s'en empara et y mit une garnison. Toutes les tours, depuis le Cap-Corse jusqu'à Bastia, se trouvaient ainsi occupées par les Génois. C'était pour eux un grand avantage ; leurs navires qui, en venant de terre ferme, passaient par l'île de Capraia, se sentaient plus d'assurance parce qu'ils avaient des lieux de refuge tout prêts. Informé de l'occupation de cette tour, Giordano résolut de la reprendre avec toutes les autres. (1) A cet effet, il envoya sur trois brigantins une troupe d'arquebusiers d'élite, formée avec une

(T. 353) (P. IV, 166)

---

1) MS. de Ceccaldi : « ... Giordano si risolse di farla insieme con tutte le altre appresso ricuperare etc. » — Editions italiennes : « con l' altre *opere* etc. »

partie de la garnison d'Ajaccio et une partie des soldats cantonnés en Balagne. Ce détachement était commandé par Chiapparone, sergent-major dans les troupes françaises. Mais cette expédition eut une issue malheureuse. Deux brigantins furent pris au Cap-Corse, mais sans les soldats qui les montaient, par treize galères génoises et espagnoles qui, sous la conduite de Giovan Andrea D'Oria, parcouraient ces mers en attendant deux vaisseaux chargés de blé qu'elles devaient escorter.

Les galères firent ensuite voile pour Calvi, et de là, sur la prière du colonel de la place, elles allèrent se présenter devant l'Algaiola où elles tirèrent une quarantaine de coups de canon sur une tour encore occupée par une petite garnison française. Giovan Andrea voulut encore débarquer de ses galères quelques soldats pour faire des dégâts dans le pays, mais ils furent vigoureusement repoussés par les Français. Les galères partirent vers le milieu de janvier et passèrent en Sardaigne où elles trouvèrent leurs vaisseaux qu'elles emmenèrent. La prise de ces deux brigantins causa quelque joie aux Génois de Bastia et de Calvi; mais cette joie était loin d'égaler le chagrin que leur faisait éprouver la perte de tant de vaisseaux et autres bâtiments enlevés à leur République. En effet, outre un brigantin qu'une frégate française avait pris pendant ces jours dans les bouches de Bonifacio, le comte Fiesco avait encore pris deux vaisseaux avec ses galères. Il ne se passait guère de jour sans que les Génois perdissent quelque navire.

Ces événements qui avaient tous ou du moins pour la plupart tourné en Corse à l'avantage des Français rassurèrent tout-à-fait Giordano. D'ailleurs il y avait à ce moment dans l'île au service du roi vingt-une compagnies, sans compter la compagnie à cheval. Ces compagnies, dix-sept gasconnes et quatre corses, étaient réparties de la manière suivante : quatre compagnies gasconnes étaient à Ajaccio où Monseigneur de Harlay de Beaumont était gouverneur; deux autres tenaient garnison à Bonifacio où le gouverneur était Monseigneur Jean de Cros, mestre de camp dans les troupes françaises, lequel était parti, comme je l'ai dit, pour se rendre à la cour ; une autre compagnie, gasconne également, était cantonnée à Portovecchio, que le roi avait donné à Monseigneur Antoine de Reali, seigneur de Capazzola, de nationalité française. Trois autres compagnies, une corse et deux gasconnes, étaient cantonnées en Balagne, dans les environs de Calvi, sous les ordres de Monseigneur de Beaujourdain ; quatre autres, également gasconnes, se trouvaient à Saint-Florent, enfin trois corses et trois gasconnes étaient autour de Bastia ; ces six dernières compagnies étaient commandées par Monseigneur Bertrand de Masses qui avait le titre de gouverneur.

Giordano, ayant ainsi des forces tellement supérieures aux Génois qu'il n'avait plus rien à craindre, indiqua pour le trois janvier une autre assemblée générale dans le Delà des Monts. Tous les habitants, ou du moins la plus grande partie, seigneurs, gentilshommes et plébéiens se rendirent à cette assemblée. Giordano leur fit dans son palais une courte harangue, dont le sens était que les ambassadeurs avaient fait autant pour les intérêts du Delà des Monts que pour les intérêts du Deçà; il ajouta que quiconque avait à se plaindre de mauvais traitements ou d'exigences vexatoires de seigneur à vassal ou de toute autre personne, pouvait se présenter devant lui, parce qu'il entendait réformer toutes choses.

Après quoi, il consacra plusieurs jours à l'examen des griefs. Avant que toutes les affaires eussent été complètement réglées, il se passa deux mois, janvier et février, pendant lesquels il n'arriva en Corse aucun événement remarquable, si l'on excepte quelques légères escarmouches autour de Bastia.

Mais si les choses étaient tranquilles dans cette île, il n'en était pas de même ailleurs. Monseigneur François de Guise se trouvait en France à la tête d'une puissante armée composée de troupes levées en Italie ou soudoyées en France même. Il voulait essayer de reprendre Saint-Quentin, d'où l'armée de Philippe s'était éloignée. Mais ayant trouvé, contrairement à ce qu'il pensait, cette ville bien fortifiée et bien approvisionnée, il marcha tout à coup, sans qu'on s'y fût attendu, au commencement de janvier, sur Calais, ville située sur les confins de la Flandre. Cette place était fort importante, car les Anglais avaient là un port de débarquement. Arrivé à l'improviste, (1) Guise mit aussitôt en position son artillerie, et après une vive et continuelle canonnade, la garnison, qui n'avait pas eu le temps de se préparer à la défense, s'inquiétant beaucoup plus du danger qui était près, que de la fidélité à garder au roi Philippe ou du secours à attendre des Anglais qui étaient loin, se rendit en obtenant la vie sauve. Ce fut ainsi que le roi Philippe perdit cette place, non par manque de prudence, mais par la jalousie des Anglais qui n'avaient pas voulu y laisser entrer des troupes pour la garder. Calais avait été enlevé par les Anglais au roi Philippe de Valois vers l'an 1347 et depuis ce temps aucun roi de France n'avait pu le reprendre. Ce ne fut pas la seule place dont Philippe eut à déplorer la chute imprévue; il perdit encore Guines, à trois lieues de Calais, que Monseigneur de Guise prit avec la même promptitude et le même bonheur.

(T. 354) (P. IV, 170)

---

1) MS. de Ceccaldi : « Nella cui improvisa giunta etc. » — Editions italiennes ; « Nella quale impresa giunto etc. »

Ces victoires firent oublier aux Français la défaite de Saint-Quentin et la captivité de Montmorency ; aussi fit-on des réjouissances magnifiques dans toutes les provinces et surtout en Corse. Pendant les jours où l'on apprit ces nouvelles, Orlando d'Ornano et Niccolò de Levie, qui étaient avec les Génois, et bientôt après Vincenzio Catacciuoli, de Bonifacio, cédèrent aux sollicitations de Giordano qui pensait que, si un ennemi nous fait du mal tant qu'il est notre ennemi, il peut aussi nous rendre de grands services en devenant notre ami. Trouvant que les Génois leur donnaient une solde insuffisante, (1) ils ne voulurent pas rester plus longtemps avec eux; munis d'un sauf-conduit, ils passèrent dans l'île pour se mettre au service des Français. Ajoutons qu'Orlando, à la suite d'un événement malheureux et fort rare, fut condamné à passer une vie pleine de tristesse. Au commencement de la guerre, deux de ses frères, Anton Paolo et Anton Guglielmo, jeunes gens braves et distingués, étaient restés dans leurs maisons. Ils avaient épousé tous deux des femmes fort belles et devinrent extrêmement jaloux l'un de l'autre, si bien qu'un jour ils mirent les armes à la main et s'entretuèrent; je veux dire qu'Anton Guglielmo tua Anton Paolo et qu'un serviteur d'Anton Paolo le tua à son tour.

Ce furent là les seuls événements, avec quelques autres aussi peu importants, qui eurent lieu pendant tout cet hiver. Au printemps suivant, il se passa quelques faits plus remarquables. C'est ainsi que vers la fin de février seize

---

1) MS. de Ceccaldi : « ... tirate tutte *da Giordano, il quale giudicava*
» *che nemico che noce mentre è nemico, diventato amico giova assai,*
» *donde* non essendo eglino pagati etc. » — Éditions italiennes : « tirati
» tutti *da quell' amor ch'ognun suole, dell' amata patria,* non essendo
» eglino tenuti e pagati etc. »

galères arrivèrent en Corse sous les ordres de François de Lorraine, Grand Prieur de France et parent du roi. Depuis la captivité du connétable, la maison de Lorraine était plus en faveur qu'aucune autre maison de France; le roi avait nommé François commandant de dix galères, pour le nommer ensuite capitaine général, comme il fit plus tard.

Le Grand Prieur, arrivé à Ajaccio, renvoya un certain nombre de galères à Marseille, et parcourant avec les autres les mers de Toscane, il prit un navire génois. Il compensait ainsi en partie la perte de quatre navires français pris à leur retour du Levant, vers ce même temps, par un galion de Visconte Cicala qui était en course. Le Grand Prieur était rentré à Ajaccio au commencement d'avril, lorsqu'arrivèrent de Marseille trois galères qui lui apportèrent sa nomination, non pas d'amiral (c'était le comte de Tende qui avait alors ce titre), mais de capitaine général de toutes les galères royales. Le baron Paulin de La Garde, qui connaissait le désir du roi, avait renoncé de lui-même à cette charge, et avait été revêtu d'autres fonctions. Le Grand Prieur en éprouva une joie fort vive; il fit des cadeaux de grand prix à celui qui lui avait apporté la bannière, et donna à Monseigneur de Carses, son lieutenant, pour qu'ils se la mît au cou, une chaîne de cinq cents écus.

Les trois galères avaient encore escorté en route quarante barques chargées de blé; ce convoi était destiné à subvenir aux besoins de la Corse, de Montalcino et des autres places que le roi occupait encore de ce côté. Le Grand Prieur, emmenant avec lui le nombre de barques qu'il jugea nécessaire, et sept galères pour escorter toutes ces barques, (1)

(T. 355) (P. IV, 173)

---

1) MS. de Ceccaldi : « Donde che il Gran Priore prese quella quantità
» di barche gli parse e sette galee, lasciando etc. » — Editions italiennes:
« Ondechè il Gran Priore per quella quantità di barche, con sette
» galee etc. »

laissa les autres à Ajaccio, et alla ravitailler ces places, après quoi il s'en retourna. Son retour ne s'opéra pas sans danger pour lui et pour ses vaisseaux. Il partit de Monte Argentario le soir, et Giovan Andrea D'Oria, qui avait appris son arrivée et s'était mis en toute hâte à sa recherche, y arrivait deux heures après. S'il l'eût atteint, il aurait été fort difficile au Grand Prieur de s'échapper. De retour à Ajaccio, François de Lorraine passa à Marseille. Lors de son départ, c'est-à-dire vers la fin d'avril, arriva sur une galère Monseigneur de Cros qu'on avait longtemps et inutilement attendu pour payer les soldats, qui se trouvaient dans le dénûment le plus complet. C'était pitié de les voir tout le jour porter du bois, cherchant à le vendre pour soutenir leur vie malheureuse. Je ne crois pas que les soldats d'aucune nation aient jamais montré autant de patience. Giordano m'en parla longuement à plusieurs reprises, car je me trouvais alors au même endroit que lui (1).

Monseigneur de Cros apporta beaucoup de paroles d'espoir pour faire patienter les malheureux soldats, mais aucun numéraire. Soit que le roi eût sur les bras d'autres guerres plus importantes, soit avarice de la part des trésoriers, soit manque d'argent, les espèces sonnantes ne pouvaient venir en Corse. A son arrivée, Monseigneur de Cros contracta une alliance dans l'île ; avec l'autorisation du roi et par l'entremise de Giordano, il épousa Barbara, fille unique de Giacomo Santo Da Mare, qui lui apportait en dot la seigneurie du Cap-Corse. Ce mariage suspendit, pour le moment, le procès que Barbara soutenait contre ses oncles, Carlo et Giovan Gia-

(T. 355) (P. IV, 174)

---

1) MS. de Ceccaldi : « ... del che Giordano più volte meco (che ivi mi
» trovava) a lungo discorse. » — Editions italiennes : « ... del che Gior-
» dano più volte con alcuni suoi famigliari discorrendo, disse che di tanta
» lor costanza fra se stesso stupito rimaneva. »

como Da Mare, lesquels prétendaient avoir droit à une partie de la seigneurie. Ce fut ainsi que le Cap-Corse, après avoir été gouverné pendant trois cents ans ou un peu moins par la famille Da Mare, passa alors, suivant la condition des choses humaines, dans la famille de Cros.

Si Monseigneur de Cros, pour s'être signalé à la guerre, devint seigneur du Cap-Corse, Pier Giovanni d'Ornano, qui était dans ces mêmes jours revenu en Corse avec Sampiero, n'eut pas le même bonheur au sujet de la seigneurie de la Rocca. Pier Giovanni apporta une patente du roi qui lui rendait sa seigneurie, et Sampiero, conformément aux ordres du même roi, devait faire des excuses à Giordano. Mais ils ne furent heureux dans leur démarche ni l'un ni l'autre. Pier Giovanni ne put rentrer en possession de sa seigneurie, parce que tous les habitants ou du moins la plus grande partie l'en empêchèrent, et la cour étant revenue sur sa décision, il resta privé de ses domaines. Sampiero ne fut pas reçu par Giordano, dont il avait blâmé la conduite en présence du roi, et sans plus s'occuper d'aucune affaire, il se retira dans sa maison (1).

L'été approchait et on savait partout que la flotte turque allait revenir pour se mettre, comme à l'ordinaire, au ser-

---

1) Ce passage a été abrégé dans les éditions italiennes ; le voici tel qu'il se trouve dans le MS. de Ceccaldi : « Di questi dui Pier Giovanni arrecò patente dal Re di quella Signoria e San Piero a humiliarsi a Giordano (così commesso dal medesimo Re) venne. Ma l'uno e l'altro da quello fu poco inteso. Pier Giovanni non fu messo in tenere, per trovarsi tutti o la maggior parte degli huomini di quel stato incontro, donde nuovamente alla Real Corte comparendo, Pier Giovanni ne restò privato, e San Piero per havere a esso Giordano avanti al Re nelle sue cose contrariato, non fu da lui voluto udire, e perciò egli a casa sua senza impiegarsi in cosa alcuna si ritirò. »

vice du roi Henri. Le roi Philippe et ses alliés se préparèrent à la résistance. Les Génois avaient déjà envoyé à Calvi Francesco Fornari comme commissaire, et Paolo Emilio de Nove comme sergent-major avec une compagnie d'élite ; ils avaient rappelé Andrea Lomellino qui s'y trouvait avec le titre de colonel. Ils envoyèrent à Bastia comme commandant général des troupes en Corse, le colonel Giorgio D'Oria, jeune homme de grande espérance et qui s'était déjà signalé par sa bravoure. Aussitôt arrivé à Bastia (c'était vers le commencement de mai), Giorgio fit creuser autour de cette place un fossé large et profond qui avait déjà été commencé ; il y fit travailler activement et sans relâche. Il ne voulut pas que ses troupes se fatiguassent tout le jour dans des escarmouches, comme elles faisaient avec les autres capitaines, non pas qu'il manquât de soldats, car il en avait plus d'un millier seulement à Bastia, mais il ne voulait pas les exposer sans profit. Cependant les Génois sortaient encore quelquefois pour aller attaquer les Français cantonnés dans les environs, et un jour Ercole d'Erbalunga, fils d'Alessandro, fut tué.

Cet Alessandro, trouvant que les affaires des Génois prenaient dans l'île une mauvaise tournure, s'était retiré dans l'île d'Elbe avec sa famille.

A Calvi, les escarmouches étaient rares également entre les soldats de la place et les Français cantonnés dans les villages voisins ; aucun des deux partis ne se sentait assez fort. Le commandant français, Monseigneur de Beaujourdain, qui désirait renforcer ses troupes et voulait pour cela se rendre en France afin d'essayer d'en ramener sous ses ordres quelques compagnies soudoyées, laissa à sa place Chiapparone, de nationalité gasconne, et partit avec des galères qui se rendaient à Marseille. Ces galères, ainsi que d'autres galères françaises, avaient pris vers ce même temps quelques navires ennemis (1) ; l'un de ces navires avait été pris par Baccio Martelli (2). Martelli était un homme plein d'audace. Quelques mois auparavant, lorsque le Grand Prieur transporta, comme je l'ai dit, des approvisionnements en Toscane, Martelli s'était séparé de lui (3) avec une galère seulement et parcourait les mers de la Ligurie ; mais il faillit porter la peine de toutes les pertes qu'il avait infligées aux Génois. Il avait pris un soir un navire chargé de marchandises, et le lendemain matin, lorsqu'il n'avait encore retiré du vaisseau prisonnier ni denrées ni équipage, il fut aperçu par quatre galères du prince D'Oria ; il dut abandonner sa prise et les galères lui donnèrent la chasse pendant plusieurs milles.

Tandis que ces choses se passaient sur mer, Giorgio D'Oria était informé, à Bastia, que Raffaello de Brando et ses cavaliers, logés à Lucciana, se gardaient fort négligemment. Afin de se débarrasser de ce voisinage incommode, une nuit, vers la fin de mai, il envoya de ce côté deux cent cinquante fantassins. Ce détachement cerna une maison fortifiée où Raffaello logeait d'ordinaire. Ils avaient, pour

(T. 356)   (P. IV, 178)

---

1) MS. de Ceccaldi : « ... et egli, navigando alcune delle loro galee » a Marsiglia, su quelle trapassò. Havevano queste et altre galee di Francia » prese in quel tempo alcune navi de' nimici ancora etc. » — Edition de Tournon : « et egli navigando passò a Marsiglia. Queste galee onde egli » passò di Francia havevano etc. » — Edition de Pise : « Queste galee, su » cui egli passò già di Francia etc. » — Il est inutile de faire remarquer que la leçon du MS. est la seule bonne.

2) MS. de Ceccaldi : « fra le quali *ne toccò* una a Baccio Martelli. » — Editions italiennes : « fra le quali n'hebbe una Baccio Martelli. »

3) MS. de Ceccaldi : « ... partendosi con una sola galea da egli, » ne' mari di Liguria etc. » — Les mots *da egli* ont été omis dans les éditions italiennes.

prendre cette maison, porté des pics, des barils de poudre et autres engins ; mais ayant reconnu que Raffaello ne s'y trouvait point, ils retournèrent sur leurs pas sans faire aucun mal. Pour se dédommager de l'inutilité de cette tentative, le vingt-un juin, les Génois trompèrent les gardes de la Padulella et s'emparèrent de la tour. Ce fait d'armes, insignifiant en lui-même, avait pourtant une importance considérable ; il permettait désormais aux Génois de tirer des vivres et des rafraîchissements de ce pays qui leur était dévoué. Quelques jours après, les cavaliers de Raffaello, qui dressaient de ce côté des embuscades continuelles, surprirent quelques soldats qui s'étaient éloignés de la tour et les firent prisonniers. Raffaello, qui semblait n'être né que pour faire une guerre d'extermination, exigea qu'ils fussent tous mis à mort.

Pendant que ces événements avaient lieu, on vit paraître en vue du Cap-Corse, le 25 juin, la flotte turque aussi puissante que jamais. Elle était commandée, comme lors de la dernière expédition, par Cassim Bassà, que les Turcs appelaient dans leur langue le Beglierbei, titre que nous traduisons chez nous par amiral ou commandant général de la flotte. En apercevant cette flotte, Giorgio D'Oria, à Bastia, pensa qu'il aurait certainement à en soutenir l'attaque, et sans perdre courage, il déploya toute l'activité possible pour se mettre en état de défense. Il fit travailler aux ouvrages de la place, le jour comme la nuit, hommes et femmes, nobles et gens du peuple indistinctement. Le lendemain du jour où l'on avait aperçu la flotte, il ruina une partie des maisons de Terravecchia ; deux jours après il démolit également celles qui se trouvaient les plus rapprochées de la forteresse ; il agissait ainsi pour enlever aux ennemis un avantage et non par défiance contre le pays, car il ne laissait commettre aucune exaction. Il est vrai qu'on l'accusait de fermer les

(T. 357) (P. IV, 180)

yeux sur les excès commis par quelques Corses de son parti (1). C'est ainsi qu'un jour ceux-ci ayant brûlé à Biguglia quelques maisons appartenant à leurs ennemis particuliers et ayant massacré cruellement leurs femmes, Giorgio D'Oria, soit qu'il n'en sût rien, soit pour toute autre raison, ne fit aucune enquête. La flotte turque, à son arrivée, n'alla point à Bonifacio pour prendre des instructions, comme le Beglierbei en était convenu dans une entrevue qu'il avait eue avec Monseigneur de Boistaillé dans la mer Egée que nous appelons aujourd'hui Archipel.

Monseigneur de Boistaillé avait été envoyé par le roi Henri au-devant du Beglierbei; il l'avait rencontré où nous venons de dire, puis, après avoir réglé le plan de l'expédition, il l'avait quitté pour s'en retourner par terre. Mais le Beglierbei (on le conjectura alors, et on en eut la certitude plus tard) avait été, en route, corrompu à prix d'argent par les ennemis du roi Henri. Arrivé au Cap-Corse, il oublia tout ce qui était convenu et ne s'arrêta point; il envoya seulement deux galères à Ajaccio pour annoncer sa venue. Le Grand Prieur se trouvait alors dans ce golfe avec la flotte royale; il partit aussitôt pour rencontrer et recevoir la flotte turque, mais il ne put en avoir aucune nouvelle pendant plusieurs jours, bien qu'il eût fait tous ses efforts pour la trouver. Enfin Monseigneur de Carses, envoyé par le Grand Prieur, la rencontra. Le Beglierbei avait d'abord touché à Toulon; trouvant les préparatifs inachevés, il était parti et était allé battre la riche cité de Minorque; il l'avait prise après

(T. 357)   (P. IV, 181)

---

1) MS. de Ceccaldi : « ... e ncn per sinistra opinione che col paese
» havesse dove alcun danno non acconsentiva. Fu ben vero che gli era
» dato alquanto carico, sopportandolo, perciochè alcuni Corsi, che seco si
» trovavano facevano diversi mali etc. » — Le texte des éditions italiennes est un peu différent.

plusieurs assauts dans lesquels il avait perdu beaucoup de monde. Après avoir pillé et saccagé cette ville, il avait fait voile pour la Provence. Ce fut là qu'il trouva la flotte du roi Henri avec le Grand Prieur, qui avait bien peu de munitions et de soldats pour être en état d'attaquer les forts de Villefranche, de Nice, de Savone et peut-être de Gênes, sans compter la Corse, au retour de la flotte turque. Parmi les personnages qui avaient accompagné le Grand Prieur à son départ d'Ajaccio, se trouvait Sampiero qui l'avait rejoint en toute hâte et occupait auprès de lui un rang honorable et distingué.

Le Grand Prieur envoya au Beglierbei tous les vivres et tous les rafraîchissements qu'il avait, pour le disposer à montrer dans cette expédition plus de zèle qu'il n'en avait montré dans les autres; mais tout fut inutile. Comme il avait pris des engagements avec les Génois, il soulevait toutes les difficultés imaginables afin de ne rien faire pour le service du roi. Le Grand Prieur conçut des soupçons; il garda les cadeaux qu'il devait lui faire en argent et en étoffes au nom de son roi, et regretta vivement de lui avoir déjà donné quelque chose. Ses soupçons devinrent une certitude lorsqu'il entendit raconter et qu'il apprit de source sûre que près de Piombino, dans le canal de l'île d'Elbe, par l'entremise de l'ambassadeur génois, Francesco Costa, et par l'organe de Malanca, rénégat génois, originaire de Santa Margherita, comte général de toute la flotte, le Beglierbei avait reçu des présents d'une frégate génoise, et qu'à Calvi, il avait encore reçu un riche cadeau d'un brigantin qui était allé le trouver après avoir reçu de lui un sauf-conduit.

Mais ce qui fit surtout découvrir la vérité, c'est qu'à l'île Sainte-Marguerite près d'Antibes, en plein jour, devant toute l'armée française, le Beglierbei permit à deux frégates

(T. 358) (P. IV, 183)

génoises d'aborder sa capitane avec le pavillon de la *Signoria* de Gênes, qu'il les fit à leur départ accompagner par quatre galiotes, et que plus tard il reçut encore, mais en les faisant accompagner de deux galiotes seulement, quatre autres frégates génoises sur lesquelles se trouvait le susdit Francesco Costa. On dit que les présents que les Génois lui envoyèrent en argent, satin, brocart et autres étoffes de soie, montèrent à la somme de douze mille écus, et qu'ils mirent tant d'habileté dans leurs négociations avec le susdit rénégat qu'ils devinrent pour le Beglierbei des amis intimes et que celui-ci promit de les recommander au Grand Seigneur.

Le Grand Prieur, se trouvant aussi mal servi par le Beglierbei, se rendit à bord de la capitane pour lui exposer ses griefs. Le roi, disait-il, n'était pas satisfait en voyant si mal tenues les promesses que le Grand Turc lui avait faites dans une lettre; il l'avait assuré que sa flotte ferait tout ce que lui prescriraient les commandants français. Le Beglierbei répondit d'un ton si menaçant que le Grand Prieur éprouva une crainte fort vive pour lui-même et pour la flotte royale. Il prit congé du Beglierbei avec des manières polies, et dès qu'il fut sur son esquif, il se hâta de prendre le large. Mais on lui tira plusieurs coups d'arquebuse et son bouffon, nommé Paccoletto, qu'il avait emmené avec lui, fut tué. Le danger qu'il courut en regagnant ses galères était donc bien réel; dès qu'il fut remonté à bord, il ordonna à sa flotte de s'éloigner. Le Beglierbei, sans prendre congé d'aucune manière, fit mettre à la voile et partit avec toute sa flotte dans la direction du Levant. Il ne chercha nullement à inquiéter les localités devant lesquelles il passa. Il fit plus; ayant rencontré au Phare de Messine quelques vaisseaux génois, il leur demanda complaisamment les vivres dont il avait besoin, et paya tout jusqu'à la dernière obole.

(T. 358) (P. IV, 185)

Pendant tout ce voyage, la flotte turque eut continuellement à ses trousses Giovan Andrea D'Oria qui, avec vingt-quatre galères rapides, s'attacha vaillamment à sa poursuite jusqu'au Phare de Messine, attendant que la fortune lui offrît quelque occasion dont il pût profiter.

Voilà à quoi se bornèrent pendant cette année les opérations de la flotte turque, que l'on en voie la cause dans l'habileté des Génois ou dans l'orgueil des Français inconciliable avec l'orgueil turc. Tous les capitaines français firent entendre de longues plaintes et particulièrement Giordano Orsino en Corse. Il espérait cette fois, avec l'appui de la flotte turque, chasser complètement les Génois; mais cette flotte étant partie, il ne put donner suite à son dessein. Giorgio D'Oria au contraire, n'ayant plus rien à craindre des Turcs et se trouvant à la tête de nombreux soldats, obligea, pendant le mois de juillet, les troupes françaises établies à la Guaitella à se retirer. Il y avait cinq compagnies; Masses envoya celles de Leonardo de Corte et d'Antonio de Saint-Florent loger à Borgo où étaient déjà les cavaliers de Raffaello; la compagnie de Sampiero qui s'y trouvait déjà également passa en Balagne; une compagnie française s'établit à Oletta, mais elle y resta peu et passa ensuite à Saint-Florent; une autre s'établit à Farinole et une autre encore dans le fort de Furiani; un détachement alla à Nonza. Masses avait pris ces dispositions pour empêcher les Génois d'occuper ces postes, comme ils avaient fait précédemment.

Giorgio D'Oria devait bientôt se priver d'une partie de ses soldats, parce que la *Signoria* de Gênes, n'ayant plus rien à craindre de la flotte turque, ne voulait pas entretenir des troupes aussi nombreuses pour défendre les places de l'île. Afin de se signaler par quelque coup d'éclat avant que ses forces fussent réduites, un matin du mois d'août, il partit à l'aurore avec huit cents fantassins et vingt-deux cavaliers et marcha sur Borgo, où était logée, comme je l'ai dit, une partie des troupes françaises. Mais avant d'arriver au village, pour cerner plus complètement les ennemis et empêcher qu'aucun d'eux n'échappât, il envoya par les hauteurs Giovanni Spinola avec sa compagnie, tandis que lui-même, suivant la route au-dessous de Borgo, attaqua la partie basse du village. Leonardo et Antonio comptaient sur les sentinelles qu'ils avaient placées au bas de la pente à quelque distance des maisons. Mais celles-ci eurent beau décharger leurs arquebuses dès qu'elles aperçurent les ennemis, ils crurent à une fausse alerte, parce que, pendant les nuits précédentes, les Génois les avaient fait courir aux armes à plusieurs reprises de cette même manière. Les soldats français qui étaient dans le village furent donc attaqués avant d'avoir cru à la présence des Génois. Aussi, sans songer à résister, tous, chefs et soldats, prirent la fuite du côté opposé, dans la direction de Stella. Mais au sortir du village, les derniers rencontrèrent les Génois qui descendaient par la hauteur et qui prirent seize d'entre eux; les autres parvinrent à s'échapper.

Si les prisonniers ne furent pas en plus grand nombre, c'est que les Génois qui venaient par la hauteur avaient été retardés par les difficultés du chemin. S'ils fussent arrivés un peu plus tôt, Leonardo, Antonio et tous les autres auraient été faits prisonniers. Giorgio D'Oria, voyant que son plan n'avait réussi qu'en partie, jugea à propos de se retirer; il craignait d'être attaqué à son retour par les troupes de Saint-Florent et par les gens du pays. Sans avoir laissé commettre dans le village le moindre dégât, il descendit dans la plaine, et rangeant ses troupes en bataille, il reprit le chemin de Bastia. Le président Pietro Panizza, et l'ancien juge, Giovan Michele Pertuso, alors procureur et avocat du roi, se trouvaient à ce moment à Venzolasca. Informés de l'attaque de Borgo, ils prirent avec eux une nombreuse troupe de gens de pied, environ quarante cavaliers du pays et une soixantaine des arquebusiers de Leonardo et d'Antonio, qu'ils trouvèrent ralliés, et marchèrent sur les Génois. Ils les attaquèrent vivement en queue et ne cessèrent de les harceler jusqu'au-dessous de Biguglia. Mais Giorgio, ayant fait avec son avant-garde un vigoureux mouvement offensif, eut peu à souffrir de cette poursuite. Il continua sa retraite en pressant le pas et fit rentrer peu à peu ses troupes dans Bastia. Dès qu'il fut dans la place, il rendit courtoisement la liberté aux prisonniers.

Dans cette journée (1), Achille de Campocasso se trouvait dans les rangs des Français, tandis que les deux frères Ottaviano et Rinuccio étaient du côté des Génois. Achille et Ottaviano avaient suivi des partis contraires à la suite d'événements divers. Lors de la prise de Cardo, Achille avait, comme je l'ai dit, été fait prisonnier par les Génois; il avait été si bien traité à Bastia par le comte Girolamo que c'était une opinion générale parmi les Français qu'il avait pris plusieurs fois les armes pour combattre dans les rangs des Génois. Lorsque le comte quitta l'île, Achille avait passé avec lui en terre ferme. Quel que fût le motif de ses regrets, il se repentit alors de sa conduite et retourna en Corse se jeter dans les bras de Giordano Orsino. Celui-ci, qui ne trouvait pas le moment opportun pour approfondir les choses, le retint pendant quelques jours à Ajaccio et lui pardonna. Ottaviano et son frère avaient fait la même chose

(T. 360) (P. IV, 189)

---

2) MS. de Ceccaldi : « Era con i Francesi il giorno Achille da Campocasso etc. » — Edition de Tournon : « Era con Francesi Achille da Campocasso il giorno etc. » — Edition de Pise : « Achille da Campocasso *il giovine* etc. »

qu'Achille et avaient depuis plusieurs mois déjà abandonné le parti de Gênes. Voyant en effet que les affaires des Génois étaient moins florissantes qu'ils ne l'auraient peut-être voulu, ils s'étaient retirés à Biguglia avec leurs familles et s'étaient engagés par de bonnes cautions à ne plus rentrer au service des Génois. Mais bientôt ils furent vivement persécutés par Raffaello de Brando qui était très influent auprès des Français. Ottaviano, le premier, se souvint de son ancien courage et rompit ses engagements; Rinuccio imita son exemple, et ils retournèrent tous deux à Bastia reprendre les armes en faveur de leurs premiers maîtres. Ce fut le jour de l'attaque de Borgo qu'ils se déclarèrent tous les trois, Achille pour les Français et les deux frères pour les Génois. Quelques jours après, Giorgio D'Oria, conformément aux instructions de la *Signoria* et de l'Office, licencia une partie des troupes, et ne garda que six cents hommes environ pour la défense de la place. Un certain nombre de soldats accompagnèrent Cristoforo de' Negri, précédemment sergent-major à Bastia et envoyé à Calvi avec le même titre; les autres retournèrent en terre ferme.

Bien que ses forces fussent considérablement réduites, Giorgio ne restait pourtant pas inactif; à deux reprises il envoya un détachement au Cap-Corse. La première fois, ses soldats firent prisonnier Giovanni d'Ortinola, lieutenant dans la seigneurie de Monseigneur de Cros, lequel racheta sa liberté à prix d'argent. La seconde fois, ils prirent Giacomo Negrone qui résidait dans sa seigneurie; comme il était d'origine génoise, on se contenta tout d'abord de le priver de la liberté, après quoi on lui permit de se racheter à son tour. En outre, comme des négociations étaient entamées entre les grands monarques pour conclure la paix, Giorgio D'Oria qui voulait, dans le cas où elle serait signée, se trouver en possession de Brando et du Cap-Corse, envoya

(T. 360) (P. IV, 191)

pendant le mois de septembre Alfonso d'Erbalunga, pour faire quelques travaux de fortification dans ce village, bien qu'il n'y eût plus que des ruines. Masses, en ayant été informé, rappela de la Balagne une partie de la compagnie de Sampiero, fit venir d'autres troupes d'Ajaccio et ayant formé ainsi un corps de six cents hommes, il se mit en marche pour aller fortifier le Castello, résidence des seigneurs d'en haut, en vue d'Erbalunga. En apprenant que Masses se dirigeait de ce côté, Giorgio D'Oria prit le chemin de terre avec environ cinq cents hommes. Il voulut contrarier les travaux des Français et il y eut entre les deux partis une lutte fort longue dans laquelle il y eut des morts de part et d'autre. Mais à la fin, les Français ayant l'avantage, les Génois se retirèrent dans le fort d'Erbalunga, d'où ils regagnèrent Bastia par mer. Les Français travaillèrent pendant plusieurs jours à relever de leur mieux les murs ruinés du rocher où se trouvait le Castello, car ils avaient grand besoin de s'y fortifier.

Les choses restèrent en cet état pendant quelque temps ; il y eut alors plusieurs maisons particulières brûlées d'abord par les Génois à Borgo et à Biguglia, puis par les Français encore à Biguglia. Pendant tout ce temps, aucune somme d'argent n'était arrivée en Corse pour payer la solde des Français. Le roi avait bien envoyé pendant ces jours sur une galère dix mille écus pour faire patienter les troupes; mais assaillie par une horrible tempête, la galère sombra et tous ceux qui la montaient furent noyés. Au mois d'octobre arrivèrent à Ajaccio neuf galères françaises avec quatre cents fantassins que Monseigneur de Beaujourdain emmenait en Balagne; car il était allé en France, comme je l'ai dit, pour soudoyer des troupes. Giordano Orsino, voyant que l'argent n'arrivait pas davantage pour payer la solde de ce renfort et que l'on ne pouvait plus espérer en recevoir, craignit qu'à la fin ce retard ne lui devînt fatal, et laissa dans l'île comme son lieutenant Claude de Harlay, seigneur de Beaumont, gouverneur d'Ajaccio. Il fit voile pour Marseille avec trois galères, dans l'intention de se rendre à la cour du roi Henri, afin d'obtenir de l'argent, ou de se faire relever de son commandement en Corse.

Après le départ de Giordano, il resta dans l'île six galères; trois, commandées par Baccio Martelli, transportèrent quelques vivres en Toscane pour les places que le roi possédait encore de ce côté; les trois autres restèrent pour reprendre les tours que les Génois occupaient au Cap-Corse. Ce fut Masses qui commanda l'expédition contre les tours; il embarqua un ou deux canons sur les galères qu'il fit partir de Saint-Florent avec ordre de contourner le Cap-Corse (1) pour passer sur la côte orientale. Quant à lui, emmenant un corps suffisant, qu'il forma avec des troupes prises en Balagne, à Saint-Florent et dans les villages occupés, il se mit en marche par terre.

La première tour attaquée fut celle de Grigione; après quelques coups de canon qu'on lui tira des galères, elle se rendit à discrétion. Quatre hommes furent tués ensuite dans cette tour. De là, les Français allèrent attaquer celle d'Erbalunga. Ceux qui la défendaient ayant laissé débarquer le canon avant de consentir à se rendre, Masses, irrité, repoussa toute condition; il prit la tour (2), fit jeter six hommes par dessus les murs et en fit pendre un autre.

(T. 361) (P. IV, 194)

---

1) MS. de Ceccaldi : « Costui messo su le galee uno o due cannoni le » mandò da San Fiorenzo girando il Cavo a quella volta. » — Editions italiennes : « Costui, messi due cannoni su le galee, le mandò girando il » Capocorso da San Fiorenzo a quella volta. »

2) MS. de Ceccaldi : « ... il Masses sdegnato con essi presala final- » mente etc. » — Le mot *presala* a été omis dans les éditions italiennes.

Effrayée par cet exemple, la tour de la Casaiuola se rendit aussitôt et la garnison fut remise en liberté. La tour d'Ampuglia capitula également au deuxième coup de canon qu'on lui tira des galères; celle de Santa Severa fut abandonnée par la garnison. Après avoir ainsi repris ces tours, les Français ruinèrent celles de Grigione, d'Erbalunga et de la Casaiuola; mais ils mirent une garde dans celles d'Ampuglia et de Santa Severa. Les Génois ne conservèrent plus de ce côté que Bastia, le fort de Belgodere et Ischia dans l'étang; car ils brûlèrent eux-mêmes et abandonnèrent la tour de la Padulella, et les Français y mirent aussitôt un poste. Giorgio D'Oria avait cru que les galères voulaient attaquer, comme le bruit en courait, non les tours, mais Ischia, ou que du moins une opération n'aurait pas lieu sans l'autre. Il avait donc mis dans ce fort Niccolò de' Negri, et pour qu'il pût s'y défendre, il avait fait construire des ouvrages avec toute l'activité possible. C'est ainsi qu'il commença un ouvrage avancé en avant de la courtine du côté où l'on pouvait battre le fort. Si cet ouvrage eût été achevé, on croit généralement que la garnison en aurait tiré un grand parti. Mais les choses se passèrent pour le moment d'une autre manière. Après s'être rendu maître des tours, Masses avait encore l'intention de se servir des galères pour attaquer Ischia. Déjà Monseigneur de Beaumont, qui devait concourir à cette expédition et se rendre à Ischia par mer, avait envoyé par terre ses cavaliers d'Ajaccio à Saint-Florent; Fabio Coperchio, auditeur de la guerre et homme distingué, était déjà arrivé. Mais l'hiver commençait à se faire sentir, le temps devenait fort mauvais, et les galères ne pouvaient tenir la mer devant cette place; l'attaque fut donc remise à un autre moment. Les galères se réunirent à celles de Baccio Martelli qui étaient revenues après avoir pris en route une caravelle génoise, et retournèrent à Marseille.

(T. 562) (P. IV, 196)

Les Génois ne possédant plus de ce côté, comme je l'ai dit, que Bastia, le fort de Belgodere et Ischia, Masses s'efforça de les resserrer dans leurs positions en occupant le Castello de Brando, Lota, où l'on avait construit un nouveau fort, et Furiani sur la côte orientale ; sur la côte occidentale, Farinole et Nonza. Il mit dans le Castello Antonio de Saint-Florent avec sa compagnie ; à Lota, le capitaine La Rochette avec deux compagnies françaises ; à Furiani, Leonardo de Corte ; à Farinole, Troilo Orsino, et à Nonza un simple peloton détaché des compagnies de La Rochette. Pour que le mestre de camp pût prendre possession, au Cap-Corse, de la seigneurie de sa femme, on établit encore un détachement dans le château ruiné de San Colombano, dont les fortifications furent relevées en fort peu de temps.

Pendant que ces choses se passaient en Corse, la Picardie et l'Italie étaient en feu. En Picardie, le roi Philippe et le roi Henri étaient en campagne avec deux armées puissantes ; Philippe voulait reprendre Calais et Henri voulait l'en empêcher. Pour attirer ailleurs les forces de Philippe, Henri lui enlevait d'autres places. C'est ainsi qu'il s'empara de Thionville par la force des armes ; il est vrai que ce succès lui coûta cher, car le maréchal Pietro Strozzi, l'un de ses meilleurs capitaines, fut tué dans l'attaque. D'un autre côté les troupes de Philippe avaient dans un combat défait une armée française de dix mille fantassins et de quatre mille cavaliers, et fait prisonnier, avec un grand nombre d'autres personnages illustres, le maréchal Paul de Thermes que le roi avait laissé à Calais pour commander les troupes. En Italie, c'est-à-dire en Piémont, avaient également lieu des événements importants. Une inimitié avait éclaté à Milan entre Francesco et le cardinal de Trento, grand favori de Philippe. Le roi, pour les mettre d'accord, les manda tous deux auprès de lui et envoya à Milan un nouveau général, Consalvo Ferrante, duc de Sessa.

Consalvo, abondamment approvisionné par son roi, avait des forces bien supérieures à celles des Français, auxquels il enleva un grand nombre de places; les plus importantes étaient celles de Centale et de Moncalvo. Il les rasa toutes à l'exception de celles de Moncalvo. En Toscane, les troupes de Cosme, non moins heureuses, avaient également enlevé aux Français Talamone et Castiglione della Pescara. D'un autre côté, les Génois, contre lesquels Alfonso del Carretto, marquis de Finale, s'était révolté, soudoyèrent des troupes et l'investirent si étroitement que, ne pouvant plus attendre de secours d'aucun côté, il fut obligé de se rendre. Malgré la vigueur avec laquelle étaient menées les opérations militaires, on ne laissait pas de faire de grands efforts pour amener la paix. Le seul négociateur était Anne de Montmorency, grand connétable de France; il avait toujours éprouvé le plus vif désir de réconcilier les deux rois, surtout à ce moment où il était, comme je l'ai dit, prisonnier du roi Philippe. On croyait la paix prochaine plutôt parce que les deux partis étaient épuisés que pour toute autre raison (1).

Pendant que l'on croyait partout que la paix serait bientôt signée, Monseigneur de Beaumont, en Corse, envoyait au Grand Prieur, à Marseille, des lettres pressantes pour l'engager à s'emparer d'Ischia avant que la paix fût conclue. Il lui exposait que, n'ayant pas eu pendant le cours de la guerre l'occasion de se signaler par quelque glorieux fait d'armes, au moment où la guerre allait finir, cette entreprise était assez belle pour qu'on en retirât de la gloire;

---

1) MS. de Ceccaldi : « ... di Filippo prigione; *la qual pace hormai più perchè le parti erano tutte stanche che per altra cagione,* fermissimamente *si credeva.* » — Les mots soulignés ont été omis dans les éditions italiennes.

d'autant plus que Giordano Orsino n'étant pas alors en Corse, l'honneur du succès lui reviendrait tout entier. En tenant ce langage, Monseigneur de Beaumont cherchait moins à faire sa cour au Grand Prieur qu'à signaler le temps pendant lequel il était en charge par quelque action d'éclat. Il oubliait celui de qui il tenait ses fonctions et qui lui avait fait part de son projet d'attaquer Ischia à son retour. Mais aujourd'hui l'ambition et la jalousie règnent tellement dans les hommes, que Monseigneur de Beaumont n'avait pas ces défauts à un degré plus élevé que tous les Français qui se trouvaient dans l'île. Car tous, ou la plus grande partie, voyaient de mauvais œil qu'Orsino, qui était italien, fût lieutenant du roi en Corse. Cette jalousie fit échouer bien des choses qui eussent été profitables aux intérêts du roi, parce que là où les esprits sont en désaccord, l'ensemble manque également dans les opérations.

Le Grand Prieur partit donc de Marseille avec quinze galères, bien décidé à reprendre Ischia; mais ayant pris en route un vaisseau ennemi qu'il avait rencontré, il renvoya quatre galères pour l'escorter et arriva à Ajaccio avec onze seulement. Il fit embarquer quatre canons qu'il prit dans cette place et dans celle de Saint-Florent, et tira des forteresses et des villages occupés un corps d'un millier d'hommes. Il partit lui-même par mer avec les galères, tandis que Monseigneur de Beaumont, Monseigneur de Masses, Monseigneur de Beaujourdain et Monseigneur de Cros prenaient avec ces troupes le chemin de terre. Ils se présentèrent devant le fort d'Ischia le 11 décembre. Dans une situation si critique, Giorgio D'Oria, pour faire face au danger, s'était empressé de mettre dans le fort d'Ischia Ettore Ravaschiero, de Chiavari, jeune homme plein de résolution et précédemment sergent major à Bastia. Il lui avait donné autant de soldats que pouvait en contenir un lieu aussi étroit, des approvisionnements suffisants en munitions et en vivres, et l'avait assuré qu'il serait secouru, soit qu'il comptât qu'à une si courte distance de Bastia, avec les forces qu'il avait et en montrant du courage, il pourrait, toutes les fois qu'il voudrait, s'ouvrir quelque passage au travers des ennemis, soit qu'il espérât encore recevoir du secours de Gênes; il avait appris en effet que les troupes étaient rentrées de Finale et qu'il y avait dans le port de nombreuses galères.

Mais ce double espoir fut déçu. La *Signoria* qui, à ce que l'on crut alors, avait l'intention d'entreprendre en Corse quelque chose de plus grand et de plus glorieux que la défense d'Ischia, position sans importance, resta dans une inaction complète. D'un autre côté, Giorgio ayant voulu dès le premier jour reconnaître les ennemis qui arrivaient, ses gens furent repoussés par la cavalerie et par l'infanterie françaises qu'il n'avait pas cru aussi nombreuses et qui lui firent même quelques prisonniers. Monseigneur de Beaumont ne crut pas le succès encore assez assuré. Il envoya en toute hâte plusieurs chefs corses pour réunir des partisans aussi nombreux que possible. Giovan Michele Pertuso, procureur du roi, fut particulièrement chargé de cette mission; il revint au bout de deux ou trois jours avec plus de cinquante cavaliers et de cinq cents hommes de pied. Le Grand Prieur passa à Capraia et à l'île d'Elbe pour s'informer si les Génois faisaient quelque mouvement; mais avant son départ, il avait débarqué l'artillerie à l'Arenella. Les soldats la transportèrent à bras ou sur le dos des bœufs du pays; ils en conduisirent une partie du côté du Pineto, et l'autre au-dessus de Puntale, point plus rapproché d'Ischia (1).

(T. 363) (P. IV, 202)

---

1) MS. de Ceccaldi : « e di spalla di buoi del paese *prima parte di verso il Pineto, e parte di sopra* al Puntale più vicino a Ischia si condusse. » — Les mots soulignés ont été omis dans les éditions italiennes.

Les pièves voisines approvisionnaient de vivres le camp français. Pendant que les canons, mis en batterie, tiraient sans relâche sur le fort, quelques gondoles françaises prirent une nuit d'autres gondoles qui appartenaient aux assiégés et parcouraient l'étang pour aller chercher les provisions nécessaires. La prise de ces embarcations fit perdre aux assiégés les dix hommes qui les montaient; car les uns furent faits prisonniers et les autres prirent la fuite. Quand les Français eurent pris ces gondoles et d'autres encore, ils construisirent sous la direction d'un de leurs ingénieurs nommé Giovan Pietro Paloia (1), de Casale, afin de pouvoir donner l'assaut, certains ouvrages en bois ressemblant à des forts et dont je vais décrire la disposition insolite et fort ingénieuse. Ils fixèrent ensemble deux gondoles (ces embarcations ne leur manquaient pas puisqu'ils en avaient à eux et qu'ils en avaient encore pris d'autres aux ennemis); en travers des gondoles, ils attachèrent ensemble plusieurs grosses pièces de bois, qui dépassaient par chaque bout le bord d'environ deux brasses, et les recouvrirent d'un plancher assez large pour contenir quarante hommes. A l'extrémité de ces pièces de bois, ils élevèrent une sorte de palissade verticale, plus haute que la taille d'un homme et faite avec d'énormes planches à l'épreuve des coups d'arquebuse. Ces planches étaient assujetties si solidement que les hommes qui étaient derrière pouvaient s'approcher du fort sans danger; en tirant par des meurtrières qui avaient été pratiquées, ils ne permettaient à aucun des assiégés de se montrer. En outre, une petite porte avait été ménagée à l'avant et disposée de manière à pouvoir s'ouvrir et se fermer; les assiégeants pouvaient ainsi assaillir le fort toutes les fois qu'ils le désiraient. La manière dont on faisait avancer ou

---

2) Éditions italiennes: *Paloca*.

reculer cet engin n'était pas moins ingénieuse, car ceux qui le dirigeaient étaient placés au-dessous du plancher et le conduisaient où ils voulaient. L'autre engin (car on n'en construisit que deux et on employa pour chacun deux gondoles seulement) était construit sur le même plan que le premier; il avait de plus une échelle assez large pour que quatre hommes y pussent monter de front. Le pied de cette échelle était appuyé sur le plancher à la poupe; elle était soutenue par de grosses et longues poutres et son sommet s'élevait au-dessus de la proue. Cette échelle était aussi dans toute sa longueur entourée de grosses planches, et formait à son sommet un plateau, couvert comme tout le reste, où pouvaient tenir environ huit hommes. Sur ce plateau on avait encore ménagé une porte comme à l'étage inférieur. Le plateau de cette échelle dominait tellement le fort que personne à l'intérieur ne pouvait se cacher sans être découvert et atteint par les coups d'arquebuse que l'on tirait à travers les meurtrières, ou brûlé par les pièces d'artifice que l'on avait préparées. Outre ces engins, les Français construisirent encore des radeaux de formes étranges et diverses sur lesquels ils se firent des abris avec de grosses planches, avec des matelas et avec des gabions. Tous ces ouvrages avaient pour but de resserrer plus étroitement les ennemis.

Les Génois avaient élevé autour du fort une double palissade, à une distance de dix pas environ, pour que les Français ne pussent donner l'assaut. Ceux-ci, pour se débarrasser de la palissade, préparèrent quelques-uns des radeaux qui étaient surmontés d'un abri de grosses planches, et ceux qui les montaient, munis d'une long câble, s'avançaient sans courir aucun danger jusqu'aux pieux qu'ils voulaient arracher. Ce câble était roulé autour d'un cabestan fixé à terre, et la partie qui était sur l'esquif se divisait en douze ou

quinze cordes plus petites. Ces cordes avaient un nœud
coulant à leur extrémité, et ceux qui dirigeaient l'esquif les
attachaient sans difficulté aux pieux les uns après les autres,
après quoi ils se retiraient. Alors, de la terre, avec le
cabestan, on tirait le câble avec tant de force que tous les
pieux auxquels on avait attaché les cordes étaient arrachés
du sol et abattus. Tous les pieux furent enlevés de cette
manière les uns après les autres. Les Français pouvaient
travailler à leur aise, car dès le premier jour leur artillerie
avait démonté une moiane qui était dans le fort. Les Génois
ne pouvaient tirer qu'avec leurs arquebuses, que les ouvrages
dont j'ai parlé rendaient tout à fait inoffensives. Malgré
cela, Ettore, sans perdre courage, se défendait vaillamment.
Il faisait des efforts, insuffisants sans doute, mais aussi
vigoureux que possible, pour résister et encourager ses gens.

Les Français établis au-dessus d'Ischia avec leurs canons,
et au-dessous, et le Grand Prieur, qui était de retour, avec
deux moianes ou demi-pièces, avaient tiré sur le fort environ
six cents coups et ouvert une large brèche. A la fin, voyant
que les assiégés se défendaient obstinément, ils ordonnèrent l'assaut. Ils rangèrent leurs troupes en bataille et firent
amener les embarcations. En présence du danger, la garnison perdit courage, et malgré Ettore qui voulait au moins
attendre l'assaut pendant quelque temps, elle se rendit, le
19 décembre, librement et sans conditions, à Monseigneur
de Cros qui était en tête des assaillants. La plus grande
partie des prisonniers fut relâchée moyennant rançon. Dès
qu'Ischia eut succombé, les troupes françaises retournèrent
dans leurs cantonnements respectifs, et les galères elles-
mêmes furent obligées par une tempête qui se déclara subi-
tement de s'éloigner beaucoup plus tôt que ne l'auraient
voulu leurs capitaines. Elles durent laisser un canon qu'elles
n'eurent pas le temps d'embarquer ; le canon fut transporté

dans le fort, où Troilo Orsino resta avec sa compagnie. Comme le fort avait été à peu près ruiné par les canons, Masses, sur l'ordre de Beaumont, le fit réparer par les populations voisines.

La chute d'Ischia décida les Génois à faire à tout prix une expédition en Corse, et à mettre une bonne fois la main à l'œuvre afin de reconquérir ou de perdre définitivement cette île; c'était le duc de Florence, Cosme, qui les poussait surtout à prendre ce parti. Ils envoyèrent demander du secours au roi Philippe, et lui exposèrent que, s'il leur laissait ainsi subir des pertes continuelles, il serait cause qu'un jour ils ne possèderaient plus rien. Mais ce monarque, dont la bonté et la bienveillance égalaient la puissance, les encouragea à avoir patience encore pendant quelques jours, parce qu'il devait, sans aucun doute, conclure à bref délai la paix avec le roi de France; il promettait aux députés génois, sur sa couronne, que la paix ne serait signée que si la Corse leur était rendue; ils devaient donc avoir bon espoir, car la paix ou la guerre leur conserverait la possession de cette île. Cette promesse arrêta les préparatifs que faisaient les Génois pour une expédition en Corse, d'autant plus qu'ils ne pouvaient guère s'entendre sur la nomination des chefs, et qu'Andrea D'Oria, à la suite de certains griefs, paraissait peu disposé à les appuyer avec sa flotte.

A Bastia, Giorgio D'Oria, tant pour exercer ses troupes que pour les empêcher de languir dans l'oisiveté, envoya un jour un détachement de soldats d'élite avec Carlo Da Mare, qui s'était joint à eux, au Cap-Corse, au château ruiné de San-Colombano, que Monseigneur de Cros faisait relever, et où il entretenait, comme je l'ai dit, un peloton de Gascons. Mais cette expédition fut inutile, parce que les Français qui étaient dans le château se défendirent vigoureusement et repoussèrent les Génois, tant était grande la hardiesse que les soldats français avaient acquise pendant cette guerre. Loin de pouvoir enlever les positions des autres, Giorgio D'Oria faillit même pendant ces jours perdre la place dont il avait la garde.

Les Français avaient noué des intelligences dans la place de Bastia avec un certain Silvestro Romano, soldat appartenant à l'une des compagnies génoises. Silvestro, sans considérer qu'il y avait une véritable folie à exposer à un pareil danger son honneur et sa vie, avait promis de leur livrer la porte de la place un jour que presque tous les soldats, suivant leur habitude, seraient allés chercher des fascines. Au jour fixé, Antonio de Saint-Florent et quelques hommes choisis et prêts à tout entreprendre, après s'être déguisés en paysans, s'étaient rapprochés du bourg de Terravecchia. Ils se tenaient là, n'attendant plus que le signal pour s'avancer et s'emparer de la porte. Mais l'intrigue avait été découverte, et il arriva tout le contraire de ce qu'ils avaient espéré. Celui qui dirigeait le complot au nom des Français était le capitaine La Rochette, qui occupait avec sa compagnie le fort de Lota. Celui-ci, après avoir reçu enfermée dans un poisson la lettre par laquelle Silvestro l'informait que tout était prêt, eut l'indiscrétion (défaut commun à la plupart des Français) de révéler la chose à plusieurs soldats, si bien que le complot fut connu d'un Espagnol réfugié qui était avec La Rochette. Celui-ci, avec la promptitude que réclamait le danger, courut à Bastia et prévint Giorgio D'Oria qui fit aussitôt arrêter Silvestro. Convaincu de trahison, Silvestro fut pendu. Ce fait eut lieu le premier mars 1559.

Pendant le mois d'avril, Giordano Orsino arriva dans l'île avec de nombreuses galères et de nombreuses barques chargées de vivres, dont une partie était destinée à la Corse, et l'autre à Montalcino et à Grosseto, en Toscane. Ce qui valait mieux pour les Français, c'est qu'il apportait dix-sept soldes pour les compagnies qui étaient dans l'île. Ce fut un grand soulagement pour les malheureux soldats qui avaient tant souffert. A son arrivée, Orsino ordonna que tous les capitaines des présides et des postes occupés allassent toucher leur solde à Ajaccio; il fit appeler également tous les créanciers corses qui avaient à recevoir de lui et des autres Français plus de trente mille écus pour les prêts qu'ils avaient faits en argent, en grain et en vin.

Pendant que capitaines et créanciers étaient à Ajaccio, et que Giordano travaillait à régler ses comptes, arriva une nouvelle qui arrêta toutes les opérations militaires. Dieu, dont la bonté est éternelle (1), avait voulu que, par l'entremise d'Anne de Montmorency, grand connétable de France, les deux monarques, Henri et Philippe, conclussent enfin pendant le mois d'avril la paix dont on avait tant besoin. Pendant plusieurs années, cette paix avait été plutôt désirée qu'espérée, et les princes, comme je l'ai dit ailleurs, avaient eu à ce sujet de longues négociations. Voici en résumé quelles en étaient les conditions : Les deux princes devaient oublier complètement toute haine et toute rivalité et s'unir par les liens d'une étroite parenté; le roi Henri promettait de donner en mariage au roi Philippe Elisabeth, sa fille aînée, avec une dot de quatre cent mille écus, de contracter également des liens de parenté avec Emmanuel Philibert, duc de Savoie, cousin et lieutenant du roi Philippe, en lui donnant en mariage Madame Marguerite, sa sœur, avec une dot de trois cent mille écus et la jouissance à vie du duché de Berti.

Les autres conditions étaient que les deux monarques feraient tous leurs efforts pour amener la réunion d'un con-

---

1) MS. de Ceccaldi : « ... per la gratia dell'ottimo e sempiterno Iddio etc. » — Editions italiennes : « ... per la gratia del sommo etc. »

cile général, dans lequel on opèrerait toutes les réformes nécessaires pour ramener la chrétienté à une vie sainte et parfaite, parce qu'elle était déjà corrompue par la funeste hérésie des Luthériens; que le roi de France rendrait au roi Philippe le comté de Charolais, réuni à celui de Bourgogne, Thionville, Marienbourg, Thuin et Montmédy ; en Italie, Valenza qui fait partie du duché de Milan, et les places qu'il occupait en Toscane et dans l'état de Sienne ; que le roi Philippe conserverait en Flandre, dans l'état où il se trouvait, Hesdin avec le village, patrimoine antique de ses aïeux, et que le roi de France renoncerait à toutes les prétentions qu'il pouvait avoir sur cette place; qu'Henri rendrait au duc de Savoie, à l'occasion de son mariage, tous les pays qu'il lui avait enlevés et qu'il occupait, à l'exception de Turin, Pignerol, Chieri, Villanova d'Asti, que le roi pourrait garder trois ans en attendant qu'on examinât les droits qu'il prétendait avoir sur ces places; mais toutes les autres places devaient être démantelées et le duc reconnu comme prince naturel; le roi Philippe devait garder dans le Piémont Asti et Verceil jusqu'à ce que le roi de France eût rendu les places qu'il occupait.

D'un autre côté, le roi Philippe devait rendre au roi Henri Saint-Quentin, le Catelet, Ham et Thérouanne, mais démantelés; à l'évêque de Liège, Bouillon, et au dauphin Crèvecœur.

Chacun des deux monarques s'engageait à rendre au duc de Mantoue ce qu'il lui avait pris, particulièrement dans le marquisat de Montferrat, avec faculté de raser toutes les fortifications; chacun pourrait retirer l'artillerie, les munitions et les vivres qui lui appartenaient dans les places qu'il devait rendre; quant aux sujets qui avaient suivi le parti de l'un ou de l'autre prince, on devait leur rendre leurs biens, confirmer leurs anciens privilèges, et leur accorder à tous un libre pardon, à l'exception des bannis de Naples, de Sicile et de Milan. Les deux princes se confirmèrent encore l'un à l'autre les collations de bénéfices qui s'étaient faites pour raison de guerre, et on garantit à l'infant de Portugal, fils de la reine de France, qu'il pourrait jouir de la dot de sa mère et de ce qui restait des biens paraphernaux. Pour ce qui regardait les Anglais, il fut convenu que le roi de France garderait Calais pendant huit ans, au bout desquels il rendrait librement cette place avec seize pièces d'artillerie, ce qu'il garantirait par une caution de cinq cents mille écus, et qu'en outre pendant cet espace de temps les hostilités cesseraient complètement entre les deux peuples. Quant à ce qui concernait l'Angleterre et l'Ecosse, les Ecossais devaient raser les forts qu'ils avaient élevés sur leurs frontières contre l'Angleterre. Il fut enfin convenu entre les princes que des commissaires désignés à cet effet détermineraient les frontières et autres choses semblables.

Voilà pour ce qui regardait les pays étrangers; mais pour en venir au nôtre, le roi Philippe ne voulut point oublier ce qu'il devait aux Génois et il exigea que le roi Henri s'engageât à rendre la Corse sans démolir aucun ouvrage. Le roi y consentit quoique à regret, mais à condition qu'il pourrait retirer des places occupées l'artillerie, les munitions et les vivres, que les Génois vivraient désormais avec lui en bonne amitié, qu'ils accorderaient un libre pardon à tous les Corses qui avaient suivi le parti français et qu'ils ne pourraient ni directement ni indirectement user de ressentiment à l'encontre de leurs sujets de l'île de Corse, à l'occasion du service, quel qu'il soit, qu'ils pourraient avoir fait audit Roi et à tous ses alliés en cette guerre, mais qu'ils devraient en demeurer absous et quittes, et que chacun d'eux pourrait jouir de ses biens, sans que par voie de justice ni autre ou leur pût demander aucune chose, ni aucunement les inquiéter (1).

Le roi de France s'engagea à rendre le premier les places désignées, mais sans donner d'otages; cette restitution devait commencer à s'opérer avant la fin du premier mois et être

(T. 368) (P. IV, 216)

---

1) Nous donnons ici l'article XXIV du traité de Cateau-Cambrésis qui concerne spécialement la Corse :

« Ledit Roy très-Chrestien recevra en faveur de cette dite Paix et
» pour plus grand repos de la Chrestienté les Gennois en sa bonne grâce
» et amitié, oubliant toutes causes de ressentiment qu'il pourrait avoir à
» l'encontre d'eux, et en cette considération leur restituera toutes les
» places que premièrement il tient en l'Isle de Corsique, et qui ont été
» par luy occupées, detenuës et fortifiées depuis la dernière guerre en
» l'estat qu'elles sont sans rien démolir, retirant préalablement les gens
» de guerre, munitions et vivres qu'il a ès dites places, bien entendu que
» doresnavant lesdits Gennois tiendront le respect qu'ils doivent audit
» Seigneur Roy très-Chrestien, vivant en bonne amitié, tant avec lui
» qu'avec ses subjets : Et pourront respectivement tant ceux dudit Roy
» que d'eux, hanter et converser librement et marchandement les uns
» avec les autres; non toutefois à mains fortes et ports d'armes, qui
» puissent donner ombre de soupçon, ès parts et pays les uns des autres,
» où ils seront favorablement traités en la sorte et manière que propres
» subjets pourraient être : A la charge aussi que lesdits Gennois ne
» pourront directement ny indirectement user de ressentiment quel-
» quonque à l'encontre de leurs dits Subjets, soit de ladite Isle de Cor-
» sique ou autres, à l'occasion du service, que comme qu'il soit, ils
» peuvent avoir fait audit Seigneur Roy très-Chrestien, et à ceux de son
» côté en cette dite guerre, ou pour avoir suivy son party, ainsi en demeu-
» reront absous et quittes, et jouiront paisiblement de tous et chacuns
» leurs biens, sans que par voye de justice ny autrement on leur puisse
» demander aucune chose, ny aucunement les inquiéter : Et seront tenus
» iceux Gennois, s'ils veulent jouir du bénéfice de ce que dessus est
» disposé en leur faveur par ce traité, bailler rectification contenant
» expresse obligation d'observer inviolablement le contenu. »

(Copié aux archives du Ministère des Affaires Etrangères, sur une pièce imprimée. Vol. *Gênes*, de 1241 à 1686).

achevée à la fin du deuxième. Le roi d'Espagne ne devait commencer à rendre les places qu'un mois après que le roi de France aurait achevé la restitution, et il devait livrer comme otages quatre personnages au choix des Français.

Plusieurs pensèrent au sujet de cette paix qu'elle n'avait d'autre cause que le sentiment religieux ; la fin d'une guerre si terrible, et par conséquent de tous les maux qu'elle engendrait, leur paraissait être pour toute la chrétienté un soulagement, un plaisir, une joie, une satisfaction. Mais d'autres qui, ayant l'expérience des choses passées, jugeaient plus sainement les choses présentes, estimèrent que la vraie cause de la paix avait été le besoin d'argent dans lequel se trouvaient les deux princes, et que la raison pour laquelle le roi Philippe avait obtenu tant d'avantages sur le roi de France, tenait, non aux alliances de famille qui furent contractées, mais à la captivité de tant de barons distingués que Philippe avait faits prisonniers en deux rencontres; le prix de leur rançon montait à une somme si élevée que le roi se trouvait fort embarrassé. En effet, la guerre, à la longue, met bien des choses sous la dépendance de la fortune, et ce qui fait son importance, c'est moins la force des armes que l'abondance des ressources financières.

La nouvelle de la paix produisit une grande joie en Corse ; on pensait qu'elle serait plus solide que ne l'avait été la trêve précédente ; car les trêves sont faites seulement pour différer les malheurs et la paix pour y mettre un terme. Mais comme l'issue des choses est souvent contraire à nos désirs, les Corses, qui avaient soutenu précédemment le parti français, éprouvèrent un vif mécontentement en apprenant que la Corse était rendue aux Génois. Il leur sembla que les magnifiques promesses du roi Henri aboutissaient à des effets fort minces, puisqu'après leur avoir mis les armes à la main pour combattre leurs anciens maîtres, il trompait ainsi leur espoir en les abandonnant.

Ceux qui se trouvaient à Ajaccio allèrent, fort effrayés, se plaindre à Giordano qui avait fait publier la nouvelle de la paix. Giordano, quoique sachant fort bien à quoi s'en tenir, assurait sans perdre contenance que la Corse n'était pas rendue à Gênes, et affirmait avec les serments les plus solennels qu'il n'avait pas été informé de cette clause. Mais la chose se manifestait d'elle-même. Giordano, qui n'avait pas encore achevé de payer les soldats, interrompit tout à coup le paiement des soldes; en outre, il fit attendre ceux des créanciers corses qui n'avaient encore rien reçu, il alléguait pour excuse que l'argent lui manquait. Mais ses intentions n'étaient pas honnêtes; il sortait rarement, prétextant qu'il était en deuil de sa femme, Emilia Cesis, personne ornée des plus belles et des plus précieuses qualités (1), laquelle était morte en couches à Ajaccio, pendant le mois de décembre précédent, lorsque lui-même était à la cour.

Giordano niait pour deux raisons que la Corse dût être rendue aux Génois : la première, c'est qu'il craignait de n'être plus obéi pendant que l'île était sous son autorité; la seconde, c'est qu'il craignait quelque mutinerie, et il n'avait pas tort d'en craindre une de la part des soldats français, qui n'avaient pas encore reçu leur solde entière, d'autant plus qu'il était d'une nation différente. Un jour que nous nous trouvions tous deux dans l'embrasure d'une fenêtre, nous entretenant de la défiance dont il était l'objet, il me dit lui-même que dans les réunions et sur les places publiques

(T. 368) (P. IV, 219)

---

1) MS. de Ceccaldi : « donna veramente dotata di molti honorati et » valorosi costumi etc. » — Ces mots ont été omis dans les éditions italiennes.

les Français ne parlaient pas d'autre chose, et il ajouta (1) qu'en toutes choses la fin est ordinairement mêlée de quelque amertume. Quelque peu rassurés par les paroles de Giordano, les Corses étaient bien décidés à faire tout ce qu'ils pourraient pour ne point retourner sous la domination des Génois; ils savaient qu'ils les avaient gravement offensés et se sentaient trop coupables envers eux pour consentir à se replacer jamais sous leur autorité. Bien qu'ils eussent déjà, quelques jours auparavant, écrit à cet effet au roi des lettres fort suppliantes, ils décidèrent de lui envoyer encore deux ambassadeurs, qui furent Giacomo de la Casabianca et Marco d'Ambiegna; l'un avait déjà été autrefois chargé de négociations semblables; l'autre était un vieux soldat plein d'expérience et parfaitement au courant des affaires de la cour.

Un grand nombre des Corses qui se trouvaient à Ajaccio leur firent une procuration au nom de l'île entière. Néanmoins quelques autres qui connaissent mieux ce qu'exigeaient les convenances et la raison, déconseillèrent vivement une pareille démarche. Dans un entretien où je me trouvais seul avec Giordano, je jugeai à propos de lui faire des représentations à ce sujet. J'étais étonné, lui dis-je (2), qu'il permît

(T. 369)   (P. IV, 220)

---

1) MS. de Ceccaldi : « perciochè (com'egli mi mostrò un giorno dalla
» fenestra ritrovandomi io quivi, e discorrendo noi sopra di questo suo
» sospetto, dove egli diceva che tutt'i fini segliono esser mescolati di
» qualche amarezza) ne' circoli e nelle piazze fra quelli d'altra cosa non
» si ragionava. » — Le texte des éditions italiennes est un peu différent;
il n'y est plus question de la personne de Ceccaldi.

2) MS. de Ceccaldi : « ... i quali questa gita sommamente sconforta-
» rono et io fra gli altri solo mi parse di dirlo al Signor Giordano mara-
» vigliandomi con esso lui come egli comportasse che quattro o sei i
» quali etc. » — Nous ferons la même observation que pour la note précédente.

que quatre ou six hommes qui avaient eu des grades dans les troupes françaises et qui craignaient, à cause de leur conduite notoire, d'être exposés à la haine et aux dénonciations, fussent cause que tous les Corses excitassent encore une fois dans les esprits déjà irrités des Génois un mécontentement qu'il faudrait ensuite chèrement expier. C'était chose connue (et l'événement vérifia cette prévision) que, lorsqu'on reçoit des affronts, le dernier est toujours regardé comme le plus grave. Giordano devait donc les avertir que, la paix étant conclue et les conditions arrêtées, leur démarche ne pouvait, à tout prendre, que leur occasionner des frais et des dépenses, car on savait bien que dans une affaire d'une telle importance, ils ne seraient même pas écoutés. J'ajoutai que Giordano, qui avait alors l'île entière sous son autorité, aurait à rendre compte à Dieu, s'il n'empêchait pas que des populations innocentes, tenues en dehors de ce qui se passait, ne se rendissent coupables d'une nouvelle injure à l'égard des Génois qui devaient, disait-on, aux termes du traité, rester leurs maîtres et seigneurs ; la première révolte n'avait déjà que trop excité leur colère ; elle serait punie, on pouvait s'y attendre, par les châtiments les plus rigoureux. Voici ce que me répondit Giordano : « Marc'Antonio, toutes vos raisons sont assurément excellentes (1) ; mais je suis décidé, et cela pour des motifs graves, à laisser, à la fin

---

1) MS. de Ceccaldi : « Ma il signor Giordano mi rispose queste parole : « Marc'Antonio, cosi è come tu dici senza fallo alcuno, ma io mi sono » risoluto, ... quanto ancora nel principio e nel mezzo continuamente » ho fatto. Inteso questo, io uscii fuori, e lo dissi subito a tutti. Nondi- » meno come colui che appresso di loro restai sempre sospetto, non vi » fui punto inteso, ma accozzati etc. » — Ce passage a été remanié comme les précédents par Filippini, qui y a supprimé, ainsi que dans les autres passages, ce qui était personnel à Ceccaldi.

de mon gouvernement, comme je l'ai toujours fait dès le principe et depuis, les Corses arranger leurs affaires comme ils l'entendront. » Je sortis après avoir entendu cette réponse que je communiquai aussitôt à tous les Corses. Mais on ne m'écouta point, plutôt parce que j'étais regardé comme suspect que pour une autre raison ; des particuliers se cotisèrent, pour fournir l'argent nécessaire, et les députés, s'embarquant sur un brigantin, déployèrent toute la diligence possible pour atteindre le but de leur voyage.

La clause du traité concernant la restitution de la Corse était donc parmi les Français douteuse et incertaine, ou plutôt tenue secrète, tandis qu'à Calvi, où le gouverneur était alors Marco Gentile, homme distingué (1), ainsi qu'à Bastia, à la suite d'informations fort précises arrivées de Gênes, on parlait publiquement de cette restitution comme d'une chose certaine. Néanmoins on passa tout cet été à attendre la notification officielle de la clause qui réglait le sort de la Corse, les Français refusant d'abandonner la possession de tout ce qu'ils occupaient alors dans l'île (2).

[Tels furent les événements qui eurent lieu pendant la guerre que se firent dans l'île de Corse le roi de France Henri et la République de Gênes, d'après ce que raconte notre compatriote Marc'Antonio Ceccaldi. Je puis moi-même certifier l'exactitude de son récit et l'appuyer de mon témoignage, parce que ces événements se sont passés de mon vivant comme du sien. Ceccaldi, à cause de sa mort prématurée, s'est arrêté ici (son manuscrit semble du moins l'indiquer), et a laissé inachevée l'histoire de son temps, comme on le dira en son lieu.

(T. 369) (P. IV, 223)

---

1) MS. de Ceccaldi : « Marco Gentile, *persona honorata*. » Les mots soulignés ont été omis dans les éditions italiennes.

2) Le MS. de Ceccaldi s'arrête ici. Ce qui suit a été ajouté par Filippini.

Pour moi, qui avais l'intention de continuer son œuvre, autant que le permettaient mes forces, et de raconter les événements dont j'ai été témoin après qu'il eût cessé de vivre; qui, le jour comme la nuit, n'ai épargné ni peines ni fatigues pour transcrire d'abord le récit des événements anciens et des choses mémorables arrivées dans l'île, que nous a laissé Giovanni della Grossa et qui se trouve au commencement du présent ouvrage, puis l'œuvre de Pier Antonio Monteggiani, et en dernier lieu celle de Ceccaldi, je ne me suis pas fait faute, grâce à d'actives et continuelles recherches, d'ajouter à ce qu'ils ont écrit beaucoup de choses qu'ils avaient oubliées ou négligées ou racontées d'une manière inexacte comme pourra s'en convaincre quiconque voudra comparer leurs manuscrits avec la reproduction que j'en donne ici (1).

Et pour reprendre le récit à l'endroit où l'a interrompu la mort de Ceccaldi, j'ajouterai que Giordano Orsino, parfaitement renseigné sur les clauses du traité, se tenait, comme je l'ai dit, renfermé dans sa maison, pour toute sorte d'excellents motifs. Néanmoins, il encourageait, quoique sans sujet, à persévérer dans leur fidélité, tous les Corses qui avaient combattu au service du roi, en affirmant que tout ce que l'on disait relativement au traité était inexact. Il entretenait ainsi en eux quelque espérance, d'autant plus que les ambassadeurs étaient partis depuis peu de temps. Mais cet espoir fut de courte durée: quelques jours plus tard huit galères françaises arrivèrent à Ajaccio et apportè-

(T. 370) (P. IV, 224)

---

1) Il ne faut pas prendre à la lettre les éloges que Filippini se décerne ici. Il est vrai qu'il a transcrit les chroniques de ses devanciers, mais ce n'était pas là un travail au-dessus des forces humaines. Quant aux passages qu'il a ajoutés, nous les avons signalés tous; on a pu remarquer qu'ils sont en général fort peu importants.

rent la nouvelle positive de tout ce qui avait été conclu entre les deux monarques et l'ordre qui rappelait Giordano avec tous les officiers et tous les soldats français. Ils apportaient en outre à Giordano, revêtue de toutes les marques d'authenticité, comme cela est d'usage en pareil cas, la commission qui le chargeait de rendre aux Génois toutes les forteresses soumises à son gouvernement, conformément aux articles stipulés dans le traité de paix. Après avoir envoyé dans l'île à tous les officiers un avis écrit les invitant à se rendre au plus tôt à Saint-Florent, il s'embarqua sur les galères et se rendit lui-même dans cette ville où tous se trouvèrent réunis au bout de quelques jours].

(T. 370) (P. IV, 225)

TABLE DES NOMS PROPRES

A

Adolentado (*Don Luis de Lugo*), 100, 115, 118.
Agapito de Rhodes, 230.
Ajaccio, pris par Sampiero, 59, — fortifié, 75, 278.
Alesani (piève de), brûlée, 141.
Alessandro de Castelnuovo, 69.
Alessandro de Lento, 50, 236, 243.
Alfonso de Leca, 68, 212.
Algajola (l'), 168, 169, 170, 193, 200, 201, 216.
Ambrogio de Bastia, 43, 68, 88, 98, 144.
Ampuglia (tour d'), 247, 304.
Ampugnani (piève d'), brûlée, 134.
Andrea de Speloncato (du parti français), 85, 236, 270.
Andrea de Speloncato (du parti génois), 201, 270.
Angelo Santo de Levie, 13, 81, 88, 90.

Anton Cristoforo de S. Antonino, 201.
Anton Francesco de Bastia, 100, 151, 191.
Anton Guglielmo de Bozi, 151, 231.
Anton Marco de Campocasso, 34.
Anton Matteo de Vescovato, 243.
Anton Padovano de Brando, 219.
Anton Paolo de S. Antonino, 34, 56, 153, 270.
Antonio de Belgodere ou de Bastia, 161, 177.
Antonio dal Cannetto, 63, 71.
Antonio di Mariano, 68, 218.
Antonio de Reali, 286.
Antonio de S. Florent, 224, 231, 236, 254, 277, 299, 305, 313.
Ariaden Barberousse, amiral turc, 15.
Aurelio d'Elce, 239.
Azzale Giovan Battista, auditeur, 162.

B

Bartolomeo, de Vivario, 13.
Bastia, pris par les Français, 44 à 48, — repris par les Génois, 89, — fortifié, 143, — attaqué par les Français, 194, 195.
Battista de Leca, 12.

Bavaraccio de Matra, 162.
Beaujourdain (Monseigneur de), 238, 270, 286, 292, 302, 307.
Belgodere (près Bastia), 225, 230, 233, 242, 244, 255, 256, 282.
Benedetto de Pino, 43, 44, 45, 76, 89, 166.
Bernardino d'Ornano, 41, 42, 43, 44, 58, 68, 70, 83, 109, 137, 160, 206, 207, 211.
Biaggi (les) de Vescovato, 247.
Biaggio de Borgo, 210, 217.

Biancone de la Volpajola, 209.
Biguglia, 257.
Bonifacio, assiégé par les Turcs, 63 à 65. — capitule, 71.
Borgo, attaqué par les Génois, 299.
Bozi (seigneurs de), 62.
Bozolo Martino, 142, 178, 189.
Brancadoro Orazio, 114, 138, 142, passim jusqu'à 165.
Buonfante Paolo, 275.
Buti ou *Butino Domenico*, 173, 194, 197.

C

Calvi, résidence du gouverneur, 15, — assiégé, 56, 57, — ravitaillé, 70, 73, — fortifié, 143, — attaqué, 178, 188, 189, 191, 192, — délivré, 193.
Camillo de la Casabianca, 76, 104, 126, 127.
Campocasso (Achille de), 48, 50, 6, 192, 251, 252, 300.
Campocasso (Anton Marco), 99.
Campocasso (Teramo de), 45.
Canari (seigneurie et château de), 9, 114.
Capucins (les) en Corse, 11.
Caraffa (Don Carlo), 41, 117.
Cardo, pris par les Génois, 251, 252.
Casacconi (piève de), brûlée, 126.
Casaiuola (tour de la), 225, 247, 304.
Casanova Battista, 248.
Casanova Polo, 80, 121, 125, 142, 151, 165.
Casello Francesco, 116.
Cassim Bassa, 186-187, 294 à 297.
Casta Bernardino, 87.
Casta Giudicello, 49, 50, 86, 171.
Casta Grimaldo, 34, 68.
Casta Raffaello, 49, 50, 86, 171, 228.

Castagna Bernardo, commissaire, 30.
Castellare, 14, 116, 117, 118.
Castello (le) de Brando, 305.
Catacciuoli Domenico, 69, 70.
Catacciuoli Vincenzio, 288.
Cateau Cambrésis (traité de), 314 à 318.
Ceccaldi (les) de Vescovato, 247.
Ceccaldi (le chroniqueur), 3, 77, 148, 151, 157, 158, 160, 319, 320.
Ceccaldi Gasparino, 13.
Ceccaldi Marco Maria, 248.
Chiapparone, 285, 292.
Cibo Achille, 103.
Cicala Giulio, 110.
Cicala Visconte, 139, 185.
Coperchio Fabio, 304.
Coppole Anton Francesco, de Bastia, 258, 271-274, 275, 276.
Corsetto de Caccia, 202, 225.
Corte, pris par les Français, 50, — repris par les Génois, 140, — repris par les Français, 161.
Croce (la), près de Calvi, 46.
Cros (Monseig. Jean de), 176, 206, 207, 223, 238, 270, 275, 283, 286, 290, 307.

D-E

Dragut, fait prisonnier, 14, 32, 36, — prend Portovecchio, 50, — assiège Bonifacio, 63 à 71, — son départ, 72, — revient en Italie, 146, — en Corse, 186, 192, 193.

Emanuele de Vescovato, 12.
Erbalunga, détruit, 247, — la tour occupée par les Génois, 256, 303.
Este (Ippolito d'), 36, 37.

F

Fabrizio de la Brocca, 171.
Fantuzzi Passotto, 41.
Farinole, pris par les Français, 273, 274.
Federico d'Istria, 61.
Ferrari (Pagano de'), 140.
Fiesco Girolamo, 142.
Fiesco Marsilio, 43, 44.
Fiesco Vincenzo, 57.
Figueroa (Don Lorenzo), 115.
Filippini Anton Pietro (le chroniqueur), 219.
Filippini Bastiano, 5, 6.
Filippini Camillo, 10.
Filippini Pedeleve, 158.
Filippini Troilo, 10.
Filippino de la Brocca, 171.
Filippo Maria, 143.
Fornari Antonio, 214, 225, 229.
Fornari Francesco, 292.

Fornari Niccolò, 191.
Fortebuono della Rebbia, 78.
Francesco d'Attallà (Voir *Manomozzo*).
Francesco de Niolo, 48, 50, 88.
Francesco d'Omessa, 248.
Francesco d'Ornano, 21, 57, 68, 102.
Francesco de S. Antonino, 68, 78, 93, 168, 216, 224.
Francesco Maria d'Alesani, 191.
Francesco Maria d'Ortale, 163.
Franchi (Domenico de'), 80, 110.
Frate de Pietricaggio, 34.
Fraticello de Pietricaggio, 63.
Fregoso Aurelio, 60.
Furiani, occupé par les Français, 88, — attaqué par les Génois, 93, 94, 254, — abandonné par les Français, 255-274, 275, 282, 305.

G

Garde (Baron de La), amiral français, 28, 32, 42, — au Cap-Corse, 52, — à S. Florent, 54, 55, — devant Ajaccio, 20, — 105, 106, 176, 177, 213, 214, 226.
Gentile Alessandro, 34, 42, 45, 46, 47, 48, 81, 87, 151, 292.

Gentile Alfonso, 79, 151, 191, 250, 275, 282, 302.
Gentile Altobello, 34, 42, 43, 67, 70, 87, 88, 98, 137, 161, 177, 202, 205, 206, 208, 210, 217, 218, 219, 224, 225, 231, 238, 239, 240, 241.
Gentile Antonio, 164.

Gentile Carlone, 76, 98.
Gentile Ercole, 79, 250, 271.
Gentile Fabio, 100, 248.
Gentile Lodovico, 43, 76, 98, 100, 151, 165.
Gentile Melchiore, 284, 298.
Gentile Orazio, 191.
Gentile Paris, 9.
Gentile Raffaello, 42, 43, 68, 88, 98, 120, 124, 125, 202, 219, 224, 231, 236, 238, 239, 240, 241-244, 251, 293.
Gentile Tullio, 231.
Gentile Virgilio, 248.
Geronimo de Venzolasca, 151.
Ghilfuccio de Cardo, 124.
Giacomo de Bozi, 97, 136, 190.
Giacomo de la Casabianca, 10, 30, 49, 50, 68, 94, 97, 98, 171, 237, 320.
Giacomo de la Fica, 12.
Giacomo de Loppio, 12.
Giglio, capitaine, 91.
Giocante, de la Casabianca, 7, 19, 176, 280.
Giocante de Pastoreccia, 78.
Giocante de Tavera, 79.
Giordano de Pino, 81, 88, 147, 157, 159, 164.
Giordano de Sarla, 81, 88, 144, 151.
Giorgio de la Casabianca, 9.
Giovan Battista de Bastia, 13.
Giovan Battista d'Omessa, 212.
Giovan Filippo della Rocca, 79.

Giovan Giordano de Sarla, 231, 234.
Giovan Luigi d'Istria, 61.
Giovan Matteo de Chiatra, 78, 94.
Giovan Vincenzo de la Casabianca, 171.
Giovanni de Calvi, religieux, 11.
Giovanni d'Ortinola, 301.
Giovanni de Turin, sa querelle avec Sampiero, 21, 22, 41, 43, 46, — tué devant S. Florent, 90, 91.
Giovannone de Fozzani, 212.
Giovannone de Sarla, 78.
Giovannone de Tavera, 78.
Girolamo di Sanguine, 138.
Giulio d'Istria, 61.
Giulio di Pontremoli, 173.
Giustiniano Bonifacio, 217, 218, 228, 230.
Giustiniano Cosimo Damiano, 8.
Giustiniano Leonardo, 173, 189, 201, 207, 208, 211, 214, 215, 217, 223, 229, 230.
Golo (débordement du), 15, 16.
Gonzaga (Don Ferrante), 13.
Gottieri Carlo, 149.
Grechetto (Voir *Giustiniano Leonardo*).
Grigione (tour de), 225, 247, 256, 303.
Guaitella (fort de la), 284.
Guglielmo de la Casabianca, 12, 34.
Guglielmo della Rebbia, 143.

I-L

Imperiale Niccolò, gouverneur, 15.
Ischia (île d'), 238, 304, 307, — prise par les Français, 309 à 311.
Istria (seigneurs d'), 61-62.
Lazaro de Bastia, roi d'Alger, 13.
Leardo Agostino, 275.
Lento, fortifié, 104.

Leonardi (Serafino de'), 100.
Leonardo de Corte, 68, 78, 123, 207, 236, 237, 251, 254, 299, 305.
Lodrone (Alberico comte de), 104, 107, 115, 119, 124, 125, 129, 136, 137, 142, 150, 158, 167, 175.
Lodrone (Girolamo comte de), 250, 271, 272, 274, 276, 282.

Lomellino Andrea, 224, 292.
Lomellino Paolo Vincenzio, 30.
Lota (fort de), 284, 305.
Lucciana, saccagé, 211 — attaqué par les Turcs, 228.

Lucciardo Francesco, gouverneur, 11.
Ludovico Matteo, de S. Florent, 204.

M

Mal'herba Carlo, 12.
Mancino Giacomo, 251, 252.
Manetto de Casacconi, 240.
Manomozzo, 155, 160, 167 à 174.
Marco d'Ambiegna, 320.
Marco d'Omessa, 212.
Marc' Antonio de Bastia, 81, 100, 151, 191.
Marc' Antonio d'Omessa, 212.
Mare (Barbara Da), 227, 290.
Mare (Carlo Da), 312.
Mare (Giacomo Da), avec les Français, 53, 55, — à Calvi, 56-68, 70, 71, 72, — colonel, 78, 96, 98, — à Morosaglia, 128 à 131, 136, 147, 148, 149, 150, — au combat de Tenda, tué, 154 à 157.
Mare (Giorgetta Da), 52.
Mare (Giovanni Giacomo Da) 103, 114, 224, 243.
Mare (Niccola Da), 227.
Mare (Pier Giovanni Da), 144, 177, 187.
Martelli Baccio, 176, 249, 274, 293, 303.

Martino de la Casabianca, 8.
Maso, 113, 118.
Masses (Bertrand de), 237, 242, 244, 245, 254, 271, 274, 278, 283, 286, 302, 307.
Matteo de Biguglia, 81, 96.
Medichino marquis de Marignano, 135, 149, 166.
Merello Vincenzio, 30.
Mola (Monseig. de la), 223.
Moneglia (Polo de), commissaire génois, 16,
Montemaggiore (tour de), prise par les Français, 201.
Montestrucco Alviggi, 144, 152.
Monticello, pillé par les Turcs, 14.
Monticello (tour de), 270.
Morelli Antonio, 278.
Moretto, 41, 72.
Mormillé Cesare, 27, 28.
Morosaglia (combats de), 128 à 130 et 131 à 133.
Mortula (tour de la), 97, 101.

N

Napoleone de Levie, 48, 161, 212.
Nebbio (le), saccagé, 115.
Negri (Cristoforo de'), 229, 231, 283.
Negri (Niccolò de), 304.
Negrone de Cardo, 159.
Negrone Vincenzo, 110.

Negroni Giacomo, 103, 114, 224, 227, 301.
Negroni (Troilo de'), 16.
Neri (les) de la Casabianca, 9.
Niccolò de Levie, 191, 288.
Nonza (seigneurie de), 9.

O

Ocagnani, brûlé, 117.
Orezza, brûlé, 134.
Oria (Andrea D'), au service de Charles-Quint, 6, — nommé capitaine, 80, — assiège S. Florent, 83 à 110, 114, 178, 179, 182, 190, 215.
Oria (Domenico D'), 80.
Oria (Geronimo D'), 59.
Oria (Giorgio D'), 292, 294, 301, 312.
Oria (Giovanni D'), prend Dragut, 14.
Oria (Giovan Andrea D'), 172, 174, 215, 220, 221, 228, 298.
Oria (Imperiale D'), 92, 110.
Oria (Lamba D'), 23, 27, 30, 43.
Oria (Niccolò D'), 204.
Orlando d'Ornano, 61, 77, 144, 168, 231, 288.
Ornano (Seigneurs d'), 62.
Orsattone de Ciamannacce, 79.
Orsino Carlotto, 81, 85, 97, 107, 108.
Orsino Francesco, 41.
Orsino Giordano, 29, 41, — gouverneur de S. Florent, 82, — capitule, 107 à 110, — remplace de Thermes en Corse, 176, — bat un corps d'Espagnols, 179, 180, — au siège de Calvi, 192, — attaque Bastia, 194, — retourne à Ajaccio, 197, — en Balagne, 209, 216, 223, 224, 227, — se rend à la cour de France, 236, 237, — revient en Corse, 248, 249, — en désaccord avec Sampiero, 253, — secourt Furiani, 254, — fait évacuer ce poste, 255, — harangue les Corses à Vescovato, 260 à 265, — à S. Florent, 269, 270, — reprend Furiani, 274, 275, 276, 283, — tient une assemblée générale dans le Delà des Monts, 286, — son mécontentement contre la flotte turque, 298, — retourne en France, 302, — revient en Corse, 313, — son embarras lors de la signature de la paix, 319 à 322.
Orsino Maarbale, 41.
Orsino Troilo, 305, 312.
Ottaviano de Biguglia, 76, 78, 96, 97, 100, 151, 300.

P

Padulella (tour de la), 294, 304.
Pagnale de Pietralarata, 151.
Pallavicino Cristoforo, 55, 74, 114.
Pallavicino Nicolò, 142, 173, 175, 182, 183, 191, 193, 204, 209, 214, 215, 222, 223, 229.
Pallavicino Scipione, 215, 222.
Paloia Giovan Paolo, 309.
Panizza Pietro, 245, 299.
Paolo d'Ornano, 78.
Paolo Emilio de Novi, 292.
Pasquino de Sia, 12.
Passaggio Franco, 23, 24, 30.
Patrimonio, saccagé, 167.
Pernice Benedetto, gouverneur, 16.
Pertuso Giovan Michele, 216, 244, 266, 299, 308.
Petrucci Domenico de Bonifacio, 215.
Pianosa (l'île de), dévastée, 35.
Pier Andrea de Belgodere, 81, 100, 191, 225, 250.
Pier Battista de S. Florent, 9.
Pier Giovanni d'Ornano, 42, 43, 50, 65, 67, 212, 291.

Pieretto d'Istria, 12.
Piero de Pie' d'Albertino, 104.
Pietro Giovanni de Calvese, 284.
Pietro Paolo de la Casabianca, 30, 34.
Pignano, 224, 237.
Pinello Cataneo, 80, 110.

Polidoro de Barettali, 81, 88.
Polidoro de Corte, 104, 208.
Polo Battista de la Casabianca, 170.
Portovecchio, fortifié par les Génois, 14, — repeuplé, 16, — pris par Dragut, 50.

R

Raccaldone Antonio, 130.
Raffaello de Bozi, 61, 77.
Raffaello de Casta, 34.
Raffaello della Rocca, 85.
Raggio Paolo Gregorio, gouverneur, 23.
Ravaschiero Ettore, 307, 311.
Récollets (les), en Corse, 11.
Rinuccio de Biguglia, 100, 191, 300.

Rinuccio d'Istria, 60, 171.
Rinuculo de Speloncato, 201, 270.
Rochette (La), capitaine français, 305, 313.
Rodino Francesco, vicaire, 4.
Romano Silvestro, 313.
Rossi (les), de la Casabianca, 9.
Rostino (piève de), brûlée, 134.

S

Sabione d'Arezzo, 69.
Salerne (le prince de), 43.
Salvago Giovanni, gouverneur, 15.
Salvago Pier Giovanni, gouverneur, 4.
Sampiero de Bastelica, son origine, 12, 20, — sa querelle avec Giovanni de Turin, 21, 22, — retenu prisonnier à Bastia, 22, — pousse à conquérir la Corse, 25, — déconseille l'expédition, 38, 43, 46, 50, 55, 59, 67, 95, 106, 113, 120, — attaque les Génois à Vescovato, 120 à 124, — bat les Génois à Tenda, 154 à 157, 158, 160, — rappelé en France, 160, 177, — revient en Corse, 203, 204, 206, 209, 224, 253, 256, 257, 272, 273, 291, 296.
Saint-Florent, pris par les Français et fortifié, 54, — assiégé par les Génois, 83, 84, 85, 90, 99, 106, — capitule, 110, — fortifié par les Français, 249, 256, — ravitaillé, 269.
San Colombano, occupé par les Génois, 114.
San Martino de Lota, 242, 256, 282.
Sanseverino Ferrante, à la cour d'Henri II, 25, 60.
Sansonetto de Biguglia, 81, 100, 151, 191, 250, 274, 275.
Santa Severa (tour de), 284, 304.
Santo (Don) de Leva, 88, 89.
Sant' Antonino, fortifié, 175.
Sardo Paolo, 222.
Sarla, pillé par les Turcs, 14.
Sassola (fort de la), 87.
Saulo Francesco, 173, 204, 214.
Scipione de S. Florent, 174.
Serillac, officier français, 233.
Simon Piero de la Casabianca, 94.
Somme (le Duc de), 41, 43, 44, 60, 94, 95, 96.
Sorbi Battista, 168.

Sornacone Francesco, 98, 100, 144, 153, 161, 231, 250, 271.
Spinola Agostino, 79, — nommé lieutenant-général, 80, 84, — en Corse, 85, 95, 115, 121, 125, 130, 131, 132, 136, 142, 158, 159, 173, 175.
Spinola Ambrogio, 278.
Spinola Anton Maria, 159, 164, 165.
Spinola Benedetto, 225, 229.
Spinola Ezzelino, gouverneur, 23.

Spinola Giovanni, 299.
Spinola Giovan Maria, gouverneur, 19, 23.
Spinola Luciano, 89, 103, 110.
Spinola Oberto, 57.
Spinola Quilico, 189, 199, 200, 204.
Spolverino Alessandro, 150, 151, 152, 157, 159, 164.
Strozzi Pietro, à la cour de France, 25, 94, 95, 96, 135, 149, 166, 181, 236, 305.

T-U

Taddeo de Pietricaggio, 63, 72, 94, 104, 140.
Tenda (combat de), 154 à 157.
Teramo de Bastelica, 12, 95, — tué par Sampiero, 113.
Teramo de Casta, 8.
Thermes (le maréchal de), à Sienne, 26, 36, — décide la guerre de Corse, 37 à 40, 42, — à Bastia, 48,

— à S. Florent, 54, — se retire de Murato à Vescovato, 104, 105, — à Corte, 112, — à Ajaccio, 133, — rappelé en France, 176, — son départ, 182-305.
Trucco Matteo, gouverneur, 9.
Uso da Mare (Meliaduce), gouverneur, 14.

V

Valentano, 43, 50, 68, 94, 212.
Valerio, d'Orezza, 104.
Vallerone, 36, 50, 55, 75, 83, 107, 110.
Vannina, femme de Sampiero, 21.
Vaucelles (trêve de), 223, — publiée en Corse, 226.
Venulo Morico, juge, 237.
Vescovato, désolé par la peste, 4, 5.
Vetrice (tour de la), prise, 231, 232.
Vignola, 277.

Villa Alfonso, 95, 98, 101, 209.
Villa Francesco, 41, 95.
Villanova (Lazaro de), 224, 248.
Vincenzo de Brescia, 239.
Vincenzo de la Casabianca, 171.
Vincenzo d'Istria, 61.
Virgo de la Penta, 171.
Vistarino Lodovico, 80, 85, 119.
Vitelli Chiappino, 80, 85, 94, 114, 186.
Vitelli Giovanni, 41.
Vitello della Rebbia, 78, 94, 97.

ERRATA

Au lieu de				Lisez
Teramo	page	9,	ligne 8	Tristano
El'mpereur	—	26,	— 8	l'Empereur
El'mpereur	—	29,	— 29	l'Empereur
avaient	—	54,	— 16	avait
cn	—	64,	— 23	en
frère	—	114,	— 21	père
Bastia	—	143,	— 31	Bozio
avec Montestrucco	—	144,	— 4	Montestrucco
cavaliers Sampiero ;	—	156,	— 11	cavaliers ; Sampiero
tour,	—	162,	— 8	tour ;
renvoya	—	170,	— 18	envoya
pied,	—	174,	— 13	pied.
reçut	—	174,	— 20	reçût
Giulio Spinola	—	189,	— 12	Quilico Spinola
Niccolò D'Oria,	—	204,	— 20	Niccolò Pallavicino
le smeurtres	—	229,	— 17	les meurtres
par ordine	—	247,	— 26	per ordine
ajourd'hui	—	262,	— 23	aujourd'hui
demander	—	269,	— 22	s'informer
ou	—	317,	— 1	on
connaissent	—	320,	— 18	connaissaient

Publications de la Société:

Bulletin de la Société des Sciences Historiques et Naturelles de la Corse, années 1881-1882, 1883-1884 et 1885-1886, 3 vol., 724, 663 et 596 pages.

Lettres de Pascal Paoli, publiées par M. le docteur Perelli, 1re série, 400 pages. — Supplément, 201 pages.

Mémoires de Rostini, texte italien avec traduction française par M. l'abbé Letteron, 2 vol., 482 et 588 pages.

Memorie del Padre Bonfiglio Guelfucci, dal 1729 al 1764, 1 vol., 236 pages.

Dialogo nominato Corsica del Rmo Monsignor Agostino Justiniano, vescovo di Nebbio, texte revu par M. de Caraffa, conseiller à la cour d'appel, 1 vol., 120 pages.

Voyage géologique et minéralogique en Corse, par M. Emile Gueymard, ingénieur des mines, (1820-1821), publié par M. J.-M. Bonavita, 1 vol., 160 pages.

Pietro Cirneo, texte latin, traduction de M. l'abbé Letteron, 1 vol., 414 pages.

Histoire des Corses, par Gregorovius, traduction de M. Pierre Lucciana, 1 vol., 168 pages.

Corsica, par Gregorovius, traduction de M. P. Lucciana, 2 vol., 262 et 360 pages.

(Ces trois derniers volumes font partie du même ouvrage).

Pratica delli Capi Ribelli Corsi giustiziati nel Palazzo Criminale (7 maggio 1746). Documents extraits des archives de Gênes. Texte revu et annoté par M. de Caraffa, conseiller, et MM. Lucciana frères, professeurs, 1 vol. 420 pages.

Pratica Manuale del dottor Pietro Morati di Muro. Texte revu par M. de Caraffa, 2 vol., 354 et 516 pages.

La Corse, Cosme Ier de Médicis et Philippe II, par M. A. de Morati, ancien conseiller, 1 vol., 160 pages.

La Guerre de Corse, texte latin d'Antonio Roccatagliata, revu et annoté par M. de Castelli, traduit en français par M. l'Abbé Letteron, 1 vol., 250 pages.

Annales de Banchero, ancien Podestat de Bastia, manuscrit inédit, texte italien publié par M. l'Abbé Letteron, 1 vol., 220 pages.

Histoire de la Corse (dite de Filippini), traduction de M. l'Abbé Letteron, 1er volume, XLVII-504 pages.

Deux Documents inédits sur l'Affaire des Corses à Rome, publiés par MM. L. et P. Lucciana, 1 vol., 442 pages.

BULLETIN

DE LA

SOCIÉTÉ DES SCIENCES HISTORIQUES ET NATURELLES DE LA CORSE

PRIX DU BULLETIN :

Pour les membres de la Société, un an . . . **10** fr.

ABONNEMENTS :

Pour la Corse et la France, un an . . . . . **12** fr.
Pour les pays étrangers compris dans l'union
postale, un an. . . . . **13** fr.
Pour les pays étrangers non compris dans
l'union postale, un an . . . . **15** fr.

NOTA. — Tout abonnement est payable d'avance, et se prend à l'année, du mois de janvier au mois de décembre.

S'adresser pour les abonnements à M. CAMPOCASSO, Trésorier de la Société, ou à la librairie OLLAGNIER, à Bastia.

Prix du fascicule : **3** francs

www.ingramcontent.com/pod-product-compliance
Lightning Source LLC
Chambersburg PA
CBHW060328170426
43202CB00014B/2711